Pamela Obermaier | Gabriele Hasmann

W0305259

Gummibärchen für die Seele

Mystik für Einsteiger und Realisten

GOLDEGG VERLAG

Bildrechte beider Autorenfotos: Gerhard Kunze
Bildrechte Umschlag: Tobik – shutterstock.com

Alle Rechte, insbesondere das Recht der Vervielfältigung und Verbreitung sowie der Übersetzung, vorbehalten. Kein Teil des Werks darf in irgendeiner Form (durch Fotokopie, Mikrofilm oder ein anderes Verfahren) ohne schriftliche Genehmigung des Verlags reproduziert werden oder unter Verwendung elektronischer Systeme gespeichert, verarbeitet, vervielfältigt oder verbreitet werden.

Die Autoren und der Verlag haben dieses Werk mit höchster Sorgfalt erstellt. Dennoch ist eine Haftung des Verlags oder der Autoren ausgeschlossen. Die im Buch wiedergegebenen Aussagen spiegeln die Meinung der Autoren wider und müssen nicht zwingend mit den Ansichten des Verlags übereinstimmen.

Der Verlag und seine Autoren sind für Reaktionen, Hinweise oder Meinungen dankbar. Bitte wenden Sie sich diesbezüglich an verlag@goldegg-verlag.com.

Der Goldegg Verlag achtet bei seinen Büchern und Magazinen auf nachhaltiges Produzieren. Goldegg Bücher sind umweltfreundlich produziert und orientieren sich in Materialien, Herstellungsorten, Arbeitsbedingungen und Produktionsformen an den Bedürfnissen von Gesellschaft und Umwelt.

Gedruckt nach der Richtlinie des Österreichischen Umweltzeichens „Druckerzeugnisse“, Druckerei Theiss GmbH, Nr. 869

FSC
www.fsc.org
MIX
Papier aus verantwortungsvollen Quellen
FSC® C012536

ISBN Print: 978-3-902991-10-2
ISBN E-Book: 978-3-902991-27-0

© 2014 Goldegg Verlag GmbH
Friedrichstraße 191 • D-10117 Berlin
Telefon: +49 800 505 43 76-0

Goldegg Verlag GmbH, Österreich
Mommsengasse 4/2 • A-1040 Wien
Telefon: +43 1 505 43 76-0

E-Mail: office@goldegg-verlag.com
www.goldegg-verlag.com

Layout, Satz und Herstellung: Goldegg Verlag GmbH, Wien
Druck und Bindung: Theiss GmbH

Für alle bedeutenden Lehrer und
Mentoren meines bisherigen Lebens.
Allen voran für meine Eltern Felicitas und Walter,
meinen Stiefvater Hans und meinen
väterlichen Freund Herfried,
der diese Welt heuer viel zu früh verlassen hat
und immer in meinem Herzen sein wird.
Sie alle haben mich auf unterschiedlichen Ebenen
begleitet und unterstützt
und dadurch vieles erst möglich gemacht.
Pamela Obermaier

Für meine Familie und Freunde, die mich
zu dem allen Möglichkeiten gegenüber
offenstehenden und respektvollen Menschen
gemacht haben, der ich heute bin und trotz
geistiger Flexibilität nie den Sinn
für die Realität verloren hat.
Gabriele Hasmann

Ein spiritueller Weg, der nicht in den
Alltag führt, ist ein Irrweg.
Willigis Jäger
*(*1925, deutscher Benediktinermönch, Zen-*
Meister der Sanbo-Kyodan-Linie und Mystiker)

Wenn aber der Verkehrte die rechten Mittel
gebraucht, so wirkt das rechte Mittel verkehrt.
Chinesische Weisheit

Wenn wir über Kenntnisse hinausgegangen
sind, werden wir Erkenntnis haben. Denken
war der Helfer; Denken ist das Hindernis.
Sri Aurobindo
in „Kaskaden des Lichts“, (1872–1950, indischer
Politiker, Philosoph und Hindu-Mystiker)

Danken …

… möchten wir an dieser Stelle nochmals ausdrücklich allen Experten, die uns mit ihren Erfahrungen und ihrem Wissen bei der Entstehung dieses Buches zur Seite gestanden sind, und in deren Hände wir uns mit unseren Selbstversuchen mehr als vertrauensvoll begeben haben.

Ohne die verschiedenen Energetiker gäbe es dieses Nachschlagewerk auf die hier vorliegende Art und Weise nicht, denn sie sind es, die entgegen vieler Vorurteile mit beiden Beinen fest am Boden stehen und Mystik für jeden verständlich und lebbar machen.

Ein ganz besonderes Dankeschön geht an dieser Stelle auch an Karin Benkö für ihren Einsatz als Versuchskaninchen.

Danke!

Inhaltsverzeichnis

Wissenswertes über die verschiedenen Gummibärchen

Das Angebot an Gummibärchen für die Seele: Die bekanntesten spirituellen Praktiken von A bis Z

Vorwort

Wir möchten Ihnen, liebe Leserinnen und Leser, die Sie dieses Buch vermutlich aus einem ganz bestimmten Grund gekauft oder geschenkt bekommen haben – sei es aus Neugierde, sei es aufgrund einer Skepsis, sei es eines klar definierten Interesses wegen – gern die mystische Spiritualität näherbringen, ohne dass Sie dabei die Befürchtung haben müssen, dadurch völlig „abzuheben“ und die Bodenhaftung zur Realität zu verlieren. Vielleicht haben Sie bislang nichts mit Mystik und Naturheilkunde zu tun gehabt, weil Sie diverse Personen aus diesen Bereichen dabei beobachtet und gehört haben, wie sie im Fernsehen über ihre esoterische Wirklichkeit denken. Oder Sie kennen Leute, die Bücher über paranormale Phänomene oder gar Ratgeber für eine persönliche Bewusstseinsentwicklung geschrieben haben und gewinnen bei ihnen den Eindruck, sie würden ihre Wahrnehmung die Welt betreffend von einem anderen Planeten stammen – allein ihre Art zu sprechen lässt darauf schließen, dass sie in einer anderen Sphäre leben als der Rest von uns. Wir möchten Ihnen hier zeigen, dass unser aller Alltag durchaus magische Momente haben kann und das nicht paranormal, sondern im Gegenteil sogar völlig normal ist: Ganz „durchschnittliche“ Menschen in „normalen“ Berufen und mit „üblichen“ Lebensmodellen können sich Unterstützung durch Mystisches holen, und das auf eine erdige und bodenständige Art und Weise. Freilich ist es wie bei den beliebten Gummibärchen: Fast jeder mag sie als kleine Nascherei zwischendurch, aber nicht jedem schmecken alle Farben davon! Nicht selten sieht man anderen dabei zu, wie sie sich nur die roten oder nur die grünen rauspicken, die anderen aber verschmähen. Und so verhält es sich auch mit den in diesem Buch vorgestellten Methoden: Sie können von allen „kosten“, jede für sich erproben und werden vermutlich feststellen, dass Sie nicht alles gleichermaßen begeistert. Manches davon ist womöglich überhaupt nichts für Sie, während Ihre

Freundin nur mehr davon schwärmt; dafür ist aber eine andere Technik genau das Richtige für Sie, weil sie Ihnen im Alltag hilft, sich mit der einen oder anderen Schwierigkeit rasch besser zu fühlen. Wie bei den Süßigkeiten müssen Sie nicht die ganze Packung essen und sich den Magen verderben, sondern Sie sollten – das wäre unser Rat – langsam, bewusst und beobachtend genießen, bis Sie herausgefunden haben, was Ihnen bekommt und welches Gummibärchen für die Seele Ihr Favorit werden könnte!

Sie werden sehen: Spiritualität ins Leben zu lassen, wirkt sich positiv auf Körper, Geist und Seele aus und ist nicht nur jenen Menschen vorbehalten, die – sehr plakativ und klischeehaft ausgedrückt – Hanfkleidung und Birkenstocksandalen tragen, ihre Haare niemals von einem Friseur in Form schneiden lassen und Händchen haltend, singend und tanzend über Blumenwiesen laufen. Anders gesagt: Die wohlschmeckenden Gummibärchen für die Seele führen nicht zwangsläufig dazu, dass man nach deren Verzehr süchtig davon wird und deshalb nur mehr in der Welt der Esoterik leben kann. Keine Sorge: Sie mutieren nicht zu einer jener Personen, die richtiggehend in der angeblichen Spiritualität zu ertrinken drohen und die niemand mehr ernst nimmt, weil sie ausschließlich abgehoben klingen – und das jedes Mal, wenn sie den Mund zum Sprechen öffnen. Sie werden nach der Lektüre unseres Buches und nach dem Ausprobieren der einzelnen Methoden keiner dieser Vollblutesoteriker, die angeblich nur von Feinstofflichkeit leben, Lichtnahrung als ihre Leibspeise nennen, bei körperlichen Beschwerden keinen Arzt konsultieren und mit Mitmenschen, die Mystik noch oder bewusst nicht für sich entdeckt haben, kaum mehr etwas anzufangen wissen.

Im Gegenteil: Dieses Buch ist für Sie geschrieben, die Sie gern „am Boden" und Sie selbst bleiben wollen, weil Sie damit im Großen und Ganzen auch recht zufrieden sind. Es ist für Sie gedacht, die Sie dem Übersinnlichen offen, neugierig und fasziniert gegenüberstehen, aber dennoch immer skeptisch und kritisch bleiben (möchten). Für Sie, die Sie nichts gegen etwas mehr Magie in Ihrem Leben hätten und neue Problemlösungen und Krisenbewältigungsstrategien willkommen heißen wollen, aber ohne sich selbst nicht wiederzuerkennen oder auf jeden Scharlatan reinzufallen, der behauptet, mit Geistern, Toten oder Elfen kommunizieren zu können.

Für all jene also, die eintauchen wollen in diese ohne Zweifel spannende Materie, ohne aber in ihr unterzugehen, haben wir dieses Buch geschrieben! Denn wir wollen Sie in die verschiedenen Methoden, die es mittlerweile zu erforschen gibt, einführen, Ihnen einen ersten Einblick in das Mystische im Alltag gewähren und Ihnen letzten Endes Spiritualität als recht simplen und einfach zu handhabenden Erste-Hilfe-Kasten für Ihr Leben anbieten und bereitstellen.

Altbekannte Werkzeuge und Hilfsmittel sind für die meisten von uns unser Verstand, unsere Erfahrung und unsere Intuition, doch da gibt es noch weitaus mehr, was unser tägliches Leben erleichtern, verbessern, verschönern und einen Hauch mystischer machen kann – und all diese Dinge wollen wir Ihnen in und mit diesem Buch näherbringen.

Damit wir auch wirklich ganz genau wissen, wovon wir Ihnen hier erzählen, haben wir jede einzelne Methode an uns selbst ausprobiert. Diese Selbstversuche, die wir „Praxistests" nennen, vermitteln Ihnen eine zwar subjektive, aber dennoch aussagekräftige Einsicht in mögliche Abläufe der betreffenden Praktiken, wodurch Sie ein konkreteres Bild davon bekommen, was zu Ihnen passen könnte – denn nicht jeder möchte mit Bäumen kuscheln oder ein Pendel über den bevorstehenden Umzug befragen. Manch einem ist es lieber, einen Blick in die Karten zu wagen oder sich bei der entspannenden Schallfrequenz einer Klangschale in den heiß ersehnten Relax-Zustand bringen zu lassen. Damit also für jede(n) von Ihnen etwas dabei ist, haben wir uns bemüht, die Bandbreite an Möglichkeiten groß zu wählen. Sie werden beim Lesen oder Durchblättern auch immer wieder feststellen, dass viele der angebotenen spirituellen Werkzeuge perfekt miteinander kombinierbar sind, einander ergänzen, unterstützen und verstärken können und eine strikte Trennung zwischen den verschiedenen Bereichen daher kaum möglich ist. Auch wenn Sie sich dann für eine Methode entschieden haben und einen dafür ausgebildeten Energetiker aufsuchen sollten, werden Sie erleben, dass dieser sehr wahrscheinlich mehrere Praktiken anbietet und miteinander verknüpft, um seiner Erfahrung und seinem Bauchgefühl folgend im richtigen Moment auch stets die richtige Anwendung zu finden. Darum stellen wir Ihnen auch alternative feinstoffliche Substanzen und naturheilkundliche Verfahren vor, obgleich diese nicht unbedingt in den engeren Kreis der spirituellen Methoden fallen. Weil sie allerdings häufig mit solchen abgestimmt werden und ihre Wirkung als durchaus magisch empfunden werden kann, haben sie sich aus unserer Sicht ihr Ticket in diesen Einführungsüberblick über Spiritualität für Einsteiger, Realisten und Bodenständige verdient. Und vielleicht wird auch genau das Ihre Lieblingssorte an Gummibärchen für die Seele – wer weiß?

Zuletzt sei erwähnt, dass Ihnen unsere Namen bei den Praxistests verraten, wer von uns beiden sich auf welches Experiment eingelassen und auch zum Thema recherchiert hat. Daher sind mit Sicherheit Unterschiede in der Herangehensweise und in der Durchführung sowie auch im (Schreib-)Stil erkennbar. Dies trägt womöglich zusätzlich dazu bei, dass die Gummibärchen unterschiedlich schmecken werden, auch wenn sie alle im selben Säckchen zusammenkommen.

In diesem Sinne: Viel Spaß beim Erkunden, Staunen, Ausprobieren, Relativieren und Erweitern des eigenen Horizonts sowie auch viel Erfolg beim Verbessern und Vereinfachen Ihres Lebens und Alltags – und guten Appetit beim Naschen mit Maß und Ziel –

wünschen *Pamela Obermaier* & *Gabriele Hasmann*

Wissenswertes über die verschiedenen Gummibärchen

Begriffe & Begrifflichkeiten

Der Begriff **„Mystik“** (von lateinisch *mysticus*, auf Deutsch „geheimnisvoll“, „unbeschreiblich“, „unaussprechlich“) bezeichnet Schilderungen und Berichte von der Erfahrung einer göttlichen oder absoluten Wirklichkeit sowie die Bemühungen, derartige Erlebnisse zu erlangen. Der Themenkreis rund um Mystik ist Forschungsgegenstand der Theologien der Offenbarungsreligionen und der Religionswissenschaften, der Kultur-, Geschichts- und Literaturwissenschaft, der Philosophie und der Psychologie – ein übergreifender fachwissenschaftlicher Konsens zur Begriffsbestimmung konnte bisher allerdings nicht gefunden werden. Im alltäglichen Sprachgebrauch und in populärer Literatur steht das Thema „Mystik“ meist in Beziehung zu religiösen oder spirituellen Erfahrungen, die als solche nur subjektiv erfahrbar scheinen. Eine weitere mögliche und berechtigte Herangehensweise ist es, Mystik als Erscheinungsform der abendländischen Philosophie in ihrer Entstehung und in ihrem zeitgeschichtlichen Zusammenhang zu betrachten. So war sie im Mittelalter mit einem beinahe revolutionären Charakter besetzt, da sie die Möglichkeit eines direkten Zugangs zu Gott aufzeigte und somit die in jeden Bereich des alltäglichen Lebens eingreifende übermächtige Institution der Kirche als vermittelnde Instanz im Grunde überflüssig zu machen gedachte.

Der Ausdruck **„Spiritualität“** (vom lateinischen *spiritus*, auf Deutsch „Geist“, „Hauch“ beziehungsweise *spiro*, übersetzt „ich atme“) meint im weitesten Sinne eine Form von Geistigkeit als Gegensatz zum rein rationalen Denken und einer materiellen Körperlichkeit. So steht Spiritualität für die gelebte Verbindung zum Formlosen, Göttlichen, Transzendenten oder der Unendlichkeit. Sie ist auch eine spezielle Art der Lebenspraxis und bezeichnet die Auffassung, dass die menschliche Seele ihren oder der menschliche Geist seinen Ursprung einer göttlichen oder transzendenten Instanz verdankt oder zu einer absoluten höheren Wirklichkeit in Beziehung steht. Spiritualität wird vom deutschen Psychologen und Psychotherapeuten Rudolf Sponsel (Jahrgang 1944) als mehr oder minder bewusste Beschäftigung mit Sinn- und Wertfragen des Daseins und vorrangig der Selbstverwirklichung als Mensch definiert. So umfasst sie auch eine besondere, nicht notwendigerweise im konfessionellen Sinne zu verstehende religiöse Lebenseinstellung, die sich auf das transzendente oder immanente göttliche Sein konzentriert.

„Esoterik“ (vom griechischen ἐσωτερικός esōterikós, auf Deutsch „innerlich“, „dem inneren Bereich zugehörig“) ist in der ursprünglichen Begriffsdefinition eine philosophische Lehre, die nur für einen begrenzten, eingeweihten Personenkreis zugänglich ist; bezeichnet traditionell und seiner Etymologie nach also eine Geheimlehre – im Gegensatz dazu meint das Wort „Exoterik“ eine offene und für jeden zugängliche Lehre. Esoterik-Anhänger verstehen darunter meist die auf das Innere bezogene Anschauung, die seelische und spirituelle Ursachen erforscht. Exoterisch sind nach dieser Deutung Betrachtungsweisen, die sich auf die fünf Sinne des Menschen und den Verstand konzentrieren und spirituelle Zusammenhänge eher verneinen. Im alltäglichen Sprachgebrauch ist es jedoch zu einer Verwischung der Bedeutungen gekommen, und das eigentlich Exoterische wird „esoterisch“ genannt. Andere traditionelle Wortbedeutungen beziehen sich auf einen inneren, spirituellen Erkenntnisweg, etwa als Synonym für den Begriff „Mystik" oder auf ein höheres, absolutes Wissen. Außerdem wird das Wort „Esoterik" heutzutage in freier Weise für ein breites Spektrum verschiedenartiger geistiger, übersinnlicher und okkulter Lehren, Weltanschauungen und Praktiken gebraucht, welche die spirituelle Entwicklung des Individuums betonen, jedoch durch keine organisierte Religion oder religiöse Konfession im engeren Sinn als Glaube vertreten werden. Ein verwandter Sammelbegriff ist „New Age". Den sich teilweise deutlich unterscheidenden oder sogar widersprechenden Lehren, die sich selbst als esoterisch verstehen, ist gemeinsam, dass sie die Existenz von Phänomenen außerhalb des wissenschaftlich Messbaren postulieren und sowohl naturwissenschaftliche als auch religiöse Betrachtungsweisen als nicht ausreichend ansehen, um die Welt vollständig erklären zu können.

„Magie" (vom altgriechischen Wort μαγεία *mageía*, auf Deutsch „Zauberei", „Blendwerk") wird in einer klassischen anthropologischen Definition als der Glaube angesehen, durch Manipulation übernatürlicher Mächte könne man gute oder böse Wirkungen erzielen. Religionswissenschaftlich gesehen gibt es keine allgemein anerkannte Definition der Magie. Sie umfasst im weitesten Sinne Astrologie, Alchemie, Divination, Zauberei, Inkantationen sowie den Umgang mit Geistern und Nekromantie.

Unter **„Energiearbeit"** versteht man die Anwendung von besonderen Heil-Energien, die durch die Hände des Anwenders entweder im direkten Körperkontakt oder durch Fernübertragung und Visualisierung zum Empfänger fließen und diesen damit positiv aufladen. Je nach Art der Energie werden die körpereigenen Selbstheilungskräfte aktiviert, das Energiesystem gestärkt – zum Beispiel durch die Entfernung von Blockaden aus den Chakren (in ihrer Mehrzahl auch als Chakras bezeichnet) – und/oder es wird der Entwicklungsprozess gefördert. In einigen Energiesystemen wird mit Symbolen gearbeitet, in anderen mit unsichtbaren Werkzeugen. Oder es werden bestimmte Worte (Mantren oder Mantras) verwendet, um die Energie zu aktivieren. Was viele energetische und spirituelle Methoden gemeinsam haben, ist das Arbeiten mit **„Chakren"**. Daher an dieser Stelle eine kurze Einführung:

Das Wort „Chakra" ist ein Sanskritwort und bedeutet in unsere Sprache übersetzt „Rad". Chakren sind Lebensenergiezentren beziehungsweise Schwingungskörper im sogenannten „Energieleib des Menschen", auch „Astralkörper" genannt. Die verschiedenen Chakren sind durch unsichtbare Energiekanäle miteinander verbunden und befinden sich jeweils in unmittelbarer Nähe eines wichtigen Organs. Diese sich einem wirbelnden Feuerrad ähnlich bewegenden Zentren sammeln und verteilen Energie. Damit sind Chakren Knotenpunkte, an denen sich Seelisches und Körperliches manifestiert. Das erste der sieben Hauptchakren liegt zwischen den Beinen, wird Wurzelchakra genannt und öffnet sich nach unten, die nächsten befinden sich entlang des Körpers und öffnen sich nach vorne und das siebte Chakra ist an der Schädeldecke gelegen, wird als Kronenchakra bezeichnet und öffnet sich nach oben. Bei der Öffnung nach unten ist eine stärkere Verbindung zur Erdenergie gegeben und bei der Öffnung nach oben eine zur kosmischen Energie, wobei durch die Wirbelsäule zudem eine direkte Verbindung vom siebten zum ersten Chakra gegeben ist. So wird auf direktem Wege die kosmische Energie in die Erde transformiert – und umgekehrt. Die Schwingung der einzelnen Chakren wird vom untersten, welches das langsamste ist, nach oben hin immer schneller, das heißt feinstofflicher. Mithilfe jener Chakren, bei denen eine starke Verbindung zur Erde vorherrscht, werden die überlebenswichtigen Funktionen gestärkt und das Herzchakra bildet das ausgleichende Element. Jedem Chakra ist außerdem eine bestimmte Farbe zugeordnet, die wiederum eine besondere, eigene Schwingung mit sich bringt. So hat etwa die Farbe Rot eine aktivierende Auswirkung, während Grün oder Blau beruhigen. Ähnlich verhält es sich mit den Elementen, die den Chakren ebenfalls zugewiesen werden:

Jedes Element hat seine eigene Qualität, wobei beispielsweise Wasser den Gefühlen zugeordnet wird.

Es gibt verschiedene Möglichkeiten, auf Chakren einzuwirken: Je nachdem, wie stark die Beschwerden eines Menschen sind, kann man mit Meditation, Musik und Klängen, Farben, Düften und Aromen, Räucherwerk und Edelsteinen arbeiten, um dafür zu sorgen, dass das jeweilige Chakra wieder weniger oder mehr arbeitet, also ausgeglichen wird. Wenn alle Chakren gut und richtig arbeiten, fühlt sich der Mensch auf körperlicher, seelischer und geistiger Ebene wohl und gesund. Bei der Beeinflussung mit Chakren ist es wichtig zu beherzigen, dass die unteren – und damit die Erdung – gut funktionieren, damit das „Überleben" gesichert ist, bevor man in höhere Bewusstseinsebenen kommen kann. Die geläufigsten sieben Chakren sind das Wurzel- oder Basischakra, das Sakral- oder Sexualchakra, das Solarplexus- oder Nabelchakra, das Herzchakra, das Hals- oder Kehlenchakra, das Stirnchakra oder auch „Drittes Auge" genannt, und das Kronen- oder Scheitelchakra.

Warum so viele Menschen nicht an Mystik glauben …

Viele Menschen zweifeln schlicht, weil ihnen die Angst vor dem Unbekannten, Fremden und nicht Erklärbaren ganz breitschultrig im Weg steht, wenn es darum geht, scheinbar unerklärlichen Dingen zu vertrauen. Behauptungen und Begebenheiten zuerst überprüfen zu wollen, bevor man von deren Wahrhaftigkeit ausgeht, ist aber auch ein wichtiger Schutz und darum durchaus angebracht. Neben der Skepsis, die aus dem Nichtwissen entspringt, gibt es auch reichlich Negativbeispiele und ungute Erfahrungen mit besonders esoterisch angehauchten Mitmenschen: Häufig wird in diesen Kreisen das Spirituelle ganz groß gelebt, sprich alles ist *immer* und *überall* und *prinzipiell* und *ausschließlich* mystisch und unfassbar und göttlich – das mag dem Otto Normalverbraucher ein wenig zu steil erscheinen. Denn wenn man den Eindruck hat, sich mit jemandem nicht mehr über das Wetter, unsere Politiker, die Familie oder die neueste TV-Reality-Show – also ganz simple Small-Talk-Themen – unterhalten zu können, ohne dass der Gesprächspartner scheinbar vollends vergeistigt irgendwelche Zitate und Lebensweisheiten von sich gibt, die oftmals gar nicht zum Gesprächsinhalt passen oder das Gegenüber nerven, weil es nicht über Energien oder Geistheilung Bescheid weiß oder schlicht nichts darüber hören möchte, dann stößt das viele Menschen eher ab, als dass es sie anziehen würde.

Hinzu kommen dann Erfahrungswerte mit sich selbst verherrlichenden Gurus, die vermitteln, die Inkarnation Buddhas oder schlicht unfehlbar zu sein und damit häufig nicht nur an Selbstüberschätzung leiden, sondern auch einen Mangel an Selbstreflexion und Empathie ausstrahlen, der abschreckend wirkt. Da kann es also schon mal sein, dass jemand, der grundsätzlich recht offen für (echte) spirituelle Erfahrungen ist oder unbewusst bereits einen Zugang dazu gefunden hat, mit diesem ganzen Thema lieber nichts am Hut haben möchte, um sich nicht durch einen dummen Zufall in jemanden zu verwandeln, der nicht mehr alle Tassen im Schrank zu haben scheint. Menschen, die dieses überzogene, (zu) stark ausgeprägte Vergeistigte demonstrativ vor sich hertragen, wirken nicht selten so, als würden sie wie wir alle nur einen Weg gesucht haben, mit Problemen fertigzuwerden – diese eben durch eine Art Flucht vor den Tücken und Schwierigkeiten des alltäglichen Lebens und indem sie einen extremen Zugang zur Übersinnlichkeit gewählt haben. Ihre esoterische „Maske" ist in vielen Fällen auch nichts anderes als etwas, hinter dem es sich gut verstecken lässt, um sich nicht ernsthaft, praktikabel und wahrhaftig mit sich selbst auseinandersetzen zu müssen. Wie der eine also zum Alkohol greift, der nächste in der Spielsucht landet und ein wieder anderer jedes Wochenende zwanghaft auf einen Berg klettert, um sich besser oder gar nicht mehr zu spüren, gibt es auch Typen, die in die übersinnliche Welt kippen und sogar die Wahl, ob Brot oder Müsli fürs Frühstück eingekauft werden sollte, nicht mehr ohne Pendel oder Tarot-Set treffen können.

Diese Personen, die wir hier freilich recht extrem zeichnen, von denen es aber tatsächlich jede Menge gibt, sind für den Durchschnittsmenschen in unseren Breitengraden natürlich ein wenig erfreuliches Beispiel und darum auch kein Vorbild, dem man gerne nacheifern möchte – und das unserer Meinung nach zu recht. Denn was sich eben vielleicht noch provokant und humorig gelesen haben mag, ist ein nicht zu unterschätzendes Faktum: Ein Überkonsumieren ist in nur wenigen Lebensbereichen klug und sinnvoll, und so gilt das auch für eine Wahrnehmung der Welt durch spirituelle Brillen: Achtung, Suchtpotenzial!

Vielleicht fragen Sie sich nun: „Aber wieso? Wenn etwas hilfreich und gut ist, kann es doch nicht schlecht sein?" Doch so sehr uns die Eiscreme oder die Schokopralinen auch schmecken, so wissen wir doch alle, dass wir sie in Maßen und nicht in Massen konsumieren sollten – die Schreibweise des Buchstaben S macht hierbei einen Riesenunterschied. Und so verhält es sich unserer Erfahrung nach auch mit der Spiritualität: Im Übermaß genossen, kann einem schon mal schlecht davon werden beziehungsweise wird man dann übergewichtig, was einen gewissen Blickwinkel auf die Welt betrifft. Und jene Menschen, die immer einen leicht verklärten Blick haben, meist mit bewusst sanft eingesetzter Stimme in Fachtermini reden, die man ähnlich schwer verstehen kann wie Anwaltsdeutsch, EDV-Sprache oder Medizinerchinesisch, und die durch ihr Auftreten und ihre Aussagen der Welt irgendwie entrückt scheinen, sind in etwa gleichen Teilen am so schlechten Ruf der Esoterik-Szene beteiligt wie echte und gefährliche Scharlatane. Von denen gibt es nämlich leider auch eine ganze Menge: Sie haben meist keine oder eine recht kurze Ausbildung genossen, gehen aber sofort auf hilfesuchende Klienten los, dürften sich ihrer Verantwortung diesen Menschen gegenüber nicht bewusst sein oder sind selbst nicht mal von der Methode, die sie verkaufen, überzeugt, wollen mit ihr aber schnellstmöglich mit wenig Aufwand viel Geld verdienen. Dabei ist ein wahrhaftig spiritueller Mensch jemand, der nicht nur auf das äußere Erscheinungsbild der Dinge rings um sich fokussiert ist, sondern auch auf das unsichtbare Band, das alles miteinander verbindet. Der Spiritualität Einlass ins eigene Leben zu gewähren heißt also im Umkehrschluss, diese Verbundenheit der Dinge zu erkennen und das eigene Denken und Handeln daran anzupassen. Das hat wahrlich wenig zu tun mit der vorhin schon beschriebenen Abgehobenheit, durch die der realistische Bezug zur physischen Wirklichkeit verloren geht; genauso wenig geht es darum, bedürftigen, verletzlichen, problembehafteten oder sinnsuchenden Mitmenschen das Geld aus der Tasche ziehen zu wollen, ohne ihnen tatsächlich eine Hilfestellung bieten zu können, und auch mit pseudoreligiösen Leuten, die sich plakativ und sozusagen formal einwandfrei zu Gott bekennen, ohne aber das, was sie predigen und was unter sozialer Nächstenliebe verstanden werden sollte, selbst in ihrem Alltag zu leben, hat Spiritualität nichts gemein. Denn für wahrhaft geistig hoch entwickelte Menschen wäre jeder Betrug an anderen letztlich auch ein Selbstbetrug. Sie sind somit nicht zu vergleichen mit jenen, die sich zwar gern als Esoteriker bezeichnen, ihren Mitmenschen in Wirklichkeit aber etwas vormachen oder ihnen sogar schaden wollen. Und nicht selten entwickeln fanatisch wirkende, sich selbst spirituell benennende Personen einen recht missionarischen Ehrgeiz, alle um sie herum von ihren Weltansichten zu überzeugen, wobei sie vergessen, dass die Menschheit keine verbissenen Weltverbesserer, sondern lediglich „Selbstverbesserer“ braucht, also Personen, die an sich selbst arbeiten. Solche Zeitgenossen sind also unterm Strich ein Widerspruch in sich. Hatte man nun wiederholt negative Erlebnisse mit dieser Art von selbsternannten Mystikern, ist es wenig verwunderlich, wenn man eine gewisse Abneigung gegen sie entwickelt.

Wer allerdings bisher nie auf einen Schwindler oder Esoterik-Guru getroffen ist und trotzdem nichts mit Spiritualität zu tun haben wollte, der ist vielleicht entweder noch sehr jung, war bislang nicht mit gröberen Problemen oder schwierigen Lebensthemen konfrontiert oder ist schlichtweg glücklich mit seinem Dasein, ohne dahinter einen tieferen Sinn suchen zu wollen – oder er hatte unter Umständen andere, längst vergessene, aber doch recht unerfreuliche Erlebnisse während seiner Kindheit: etwa in Situationen, wo man den Großen von etwas erzählte, das man gerade erlebt – gesehen, gehört oder nur gefühlt – hat, und einen die jeweiligen Vertreter der Erwachsenenwelt mit einem verzogenen Gesicht anblickten, uns erklärend, dass das nur Einbildung war, oder ermahnend, man solle nicht so schwindeln, da Lügen angeblich kurze Beine hätten. Dann hütet man sich natürlich, sich weiterhin für Mystisches zu öffnen oder berichtet zumindest niemandem mehr davon, da man ja nicht für verrückt erklärt werden möchte. Der ganz natürliche Zugang zu Magie und Spiritualität wird mit solchen Erfahrungen jedenfalls abgetötet, denn wer möchte schon ausgelacht werden? Also überlegen wir nicht länger, wie wir Intuition oder gar hellsichtige Fähigkeiten trainieren und besser erlernen könnten, sondern verschließen die Tür zur magischen Welt lieber ganz fest – kann ja auch purer Überlebensdrang sein, wenn man bedenkt, dass Menschen mit außergewöhnlichen Begabungen vor wenigen Jahrhunderten noch am Scheiterhaufen verbrannt und von Vertretern diverser Glaubensgemeinschaften verfolgt, gejagt und gemeuchelt wurden. Also versuchen wir uns anzupassen: ans Normale, ans wenig Gefährliche, ans Bekannte und Anerkannte. Denn hinter allem steht schließlich und endlich die menschliche Sehnsucht, geliebt und geachtet zu werden.

… warum Spiritualität trotzdem eine Chance in unser aller Leben verdient hat …

Der Mensch ist ein vielschichtiges, komplexes Wesen, und zwar sowohl was seinen Körper betrifft als auch das, was wir gemeinhin als Seele bezeichnen. In keiner Zeit der menschlichen Geschichte hat er sich *nicht* damit beschäftigt, was die Welt ausmacht, was sie – um es mit Goethes Worten zu sagen – im Inneren zusammenhält und ob es mehr gibt als das, was wir angreifen und mit unseren Sinnen wahrnehmen können. Noch nie haben sich dermaßen viele Menschen mit Spiritualität beschäftigt wie heutzutage. Liegt das daran, dass wir in einem besonders mystischen Zeitalter leben, wodurch wir uns eher dafür öffnen können, oder sind wir mangels Orientierungsmöglichkeiten einfach ausgehungert, was die Sehnsucht nach einem tieferen Sinn betrifft?

Unbestritten ist jedenfalls, dass wir in unserer westlichen Welt dem Mainstream unterliegen, der alles andere als spirituell ist, denn er gibt materiellen Zielen und Werten eindeutig den Vorrang vor geistigen, obwohl wir wissen, dass wir eines Tages sterben und nichts von unseren Besitztümern mitnehmen werden können. Und interessanterweise steht Hugo von Hofmannsthals Bühnenstück „Jedermann“, das sich genau mit dieser Erkenntnis beschäftigt, als Hauptattraktion der Salzburger Festspiele jedes Jahr aufs Neue wieder hoch im Kurs, und das immerhin seit 1920. Trotzdem: Es fällt auf den ersten Blick nicht leicht, in unserer Gesellschaft einen spirituellen Zugang zu finden, der zu all dem passt, was wir täglich (er)leben: Längst haben die Wissenschaftsgläubigkeit und -hörigkeit oder anders gesagt der Umstand, dass wir davon ausgehen, alle Geheimnisse des Lebens und der Welt erklären zu können, wenn wir nur wissenschaftlich vorgehen, den Glauben daran, dass alles miteinander verbunden ist, ersetzt. Damit ist die Annahme von der Existenz eines übermächtigen

Universums oder eines Gottes praktisch nicht mehr notwendig. Zudem hat der rasende Fortschritt in der Technik der vergangenen Jahrzehnte dazu geführt, dass es ständig etwas Neues auf dem Markt gibt, dem wir verfallen, das wir haben und besitzen wollen, um up to date zu sein und unseren Alltag – zumindest scheinbar – zu verbessern. Die Werbung, die heutzutage allgegenwärtig ist und der wir uns gar nicht mehr entziehen können, selbst wenn wir es wollten, tut das Ihrige dazu, um uns permanent daran zu erinnern, was wir noch nicht unser Eigen nennen können und was sich lohnen würde, zu kaufen.

Da für spirituelle Menschen Materie nicht besonders interessant ist, weil sie einfach nur die manifestierte Erscheinungsform eines geistigen Prinzips darstellt, scheint es ein wahrer Balanceakt zu sein, in unserer Zeit am gesellschaftlichen Leben Anteil zu haben, aber dennoch jemand zu sein, der sich auf die wirklichen Werte besinnt. Vielleicht liegt es an dieser nur schwer zu bewältigenden Gratwanderung, dass viele von jenen, die sie wagen, dann gleich ganz in eine Pseudogeistlichkeit hineinstürzen, indem sie nur noch damit zu tun haben wollen. Dabei vertragen sich Spiritualität und kompliziertes Denken gar nicht: Wenn wir dauernd tausend Sachen im Kopf und hunderte Angelegenheiten zu regeln haben, dann verlieren wir automatisch das Wesentliche aus den Augen. Gerade wir im Westen verdichten und verkomplizieren uns unseren Alltag sozusagen künstlich, indem wir uns eine Struktur aufbauen, die uns kaum Zeit zum Luftholen lässt geschweige denn, um zur Besinnung (im doppelten Wortsinn) zu kommen. Dadurch und weil wir wie bereits angesprochen ununterbrochen auf der Jagd nach mehr Geld, mehr Besitztümern und mehr Erfolg sind, rinnt uns die Zeit gefühlt durch die Finger, denn Zeit ist ja bekanntlich Geld. Es ist also wenig verwunderlich, dass dieses getriebene „Zeitraffer"-Mind-Set zu einer ständigen inneren Unruhe, dem Gefühl, nie gesättigt zu sein und nicht selten zum inzwischen häufig diagnostizierten Burnout führt. Die zwangsläufigen Folgeerscheinungen sind naturgemäß eine latente Unzufriedenheit, die chronische Angst, etwas nicht zu erreichen oder wieder zu verlieren sowie psychosomatische Beschwerden und Erkrankungen auf ganzer Linie.

Darum ist das Ziel, sein eigenes Leben zu vereinfachen („Simplify your life!") und sich selbst zu entstressen, indem man gedanklichen und materiellen Ballast abwirft und mithilfe der einen oder anderen energetischen Methode zur Ruhe kommt, ein erster echter Schritt Richtung gelebter Spiritualität. Einen wahrhaft spirituellen Menschen erkennt man nämlich an seiner einfachen und bodenständigen Lebensweise, nicht aber an seiner abgehobenen Art, über Dinge zu sprechen oder an seiner Überzeugung, alles und jeden durchschaut zu haben.

... und wie Ihnen dieses Buch genau dabei helfen kann

Weil wir, die Autorinnen, selbst Realisten sind, die fest auf dem Boden der Tatsachen und mitten im Leben stehen, glauben wir, gut nachvollziehen zu können, was abschreckt und was anzieht. So haben wir als Auftakt versucht, jede Methode verständlich und möglichst einfach vorzustellen, immer nach deren Ursprüngen zu fragen, sie in der Theorie und dennoch so praxisnah wie möglich zu beschreiben und Ihnen unsere eigenen höchst persönlichen Erfahrungen als eine Art „Vorkoster" anzubieten. So können Sie zunächst von außen beobachten und sich informieren, was es alles gibt, und überlegen, was davon für Sie spannend sein könnte. Außerdem haben wir sehr bewusst nach möglichst realitätsnahen Experten gesucht. Sie sprechen daher auch wie vernunftbegabte Wesen des 21. Jahrhunderts, leben nicht in Kommunen, meditieren auch nicht zwangsläufig mehrere Stunden täglich und ernähren sich nicht ausschließlich von Licht. Es sind dies Menschen, die ebenfalls einen im positiven Sinne gewöhnlichen Alltag leben, in dem Spiritualität allerdings einen ebenso großen Anteil hat wie Erfahrungswerte, Logik, Wissen und Bauchgefühl.

Wenn Sie mit einer bestimmten Anwendungsform dann ganz besonders liebäugeln und das Gefühl haben sollten, das könnte Ihr persönliches Lieblingsgummibärchen werden, können Sie über die jeweilige Methode mehr in Erfahrung bringen, indem Sie den von uns am Ende des Buches bereitgestellten weiterführenden Literaturempfehlungen folgen. Die Liste unserer Experten kann zudem als erste Anlaufstelle dienen, wenn Sie den Schritt in Richtung Praxis machen wollen, um an sich selbst zu erproben, wie sich das konkret anfühlt, wenn Ihnen jemand auf spiritueller Ebene hilft, sich einem Problem zu stellen – sei es Stress in der Arbeit, ein körperliches Leiden oder ein zwischenmenschlicher Konflikt.

Nach dem Lesen dieses Buches sollten Sie im besten aller Fälle einerseits einen guten Überblick über einige der am häufigsten praktizierten energetischen Methoden erhalten und andererseits die Scheu vor ihnen verloren haben. Vielleicht haben Sie sogar das Vertrauen darin gewonnen, dass es für Sie passende Experten und Anwender gibt, durch deren Hilfestellung Sie in Ihrem Leben weiterkommen, ohne sich selbst zu verlieren. Und womöglich denken selbst die größten Realisten und Skeptiker unter Ihnen dann „Wer weiß, vielleicht ist nicht alles Blödsinn, was mit Energie und Geist zu tun hat, sondern einfach nur eine Bedrohung für die Maschinerie der Pharmakonzerne und Schulmedizin, der Konsumgesellschaft und Wirtschaftsbosse. Und unter Umständen öffne ich mich nun entgegen meiner früheren Ansicht für die Möglichkeit, auch diese Dinge, die ich nicht gänzlich verstehe oder erklären kann, als wirksame und wertvolle Stütze im Alltag wahr- und anzunehmen."

Das Angebot an Gummibärchen für die Seele: Die bekanntesten spirituellen Praktiken von A bis Z

1. Astrologie – was die Gestirne über uns aussagen

Was ist Astrologie?

Das Wort „Astrologie“ kommt aus dem Altgriechischen und heißt übersetzt nichts anderes als „Sterndeutung“. Die Astrologie ist demnach die Deutung von Gestirnkonstellationen und astronomischen Ereignissen in Bezug auf Vorgänge im menschlichen Leben. Neben der westlichen Astrologie, die heutzutage vorwiegend in Europa und den USA verbreitet ist, sind auch die chinesische, die indische und die südamerikanische Astrologie bekannt. Dieses Kapitel beschäftigt sich hauptsächlich mit der „westlichen Astrologie“, in der es zwölf Sternzeichen – aber noch viel mehr als das – gibt. Sie beruht grundsätzlich auf der Annahme, dass es einen Zusammenhang zwischen den Positionen und Bewegungen von Planeten sowie anderen Himmelskörpern und den irdischen Ereignissen wie unserem menschlichen Leben gibt. Diesen Konnex versucht die Astrologie zu erklären, um daraus die verschiedensten Erkenntnisse gewinnen zu können, welche für das Leben gewinnbringend sein können.

Die astrologischen Aussagen basieren in der Regel auf einem Horoskop, das die Platzierungen der Himmelskörper grafisch darstellt und zu deren Deutung traditionelle Interpretationsmuster herangezogen werden. Die Grundelemente eines solchen Horoskops – auch Radix genannt – sind der Tierkreis, der die geozentrisch betrachtete Bahn der Sonne über den Sternenhimmel in zwölf gleich lange Abschnitte einteilt, die Planeten, welche sich von der Erde aus betrachtet gegenüber des Fixsternhimmels bewegen, und die sogenannten Häuser, die jeweils für einen Lebensbereich stehen und ebenfalls in zwölf Abschnitte unterteilt sind.

Die Sternzeichen: Die einzelnen Sternzeichen oder Tierkreiszeichen werden nach den jeweiligen Elementen als „Feuerzeichen" (Widder, Löwe, Schütze), „Erdzeichen" (Stier, Jungfrau, Steinbock), „Luftzeichen" (Zwillinge, Waage, Wassermann) und „Wasserzeichen" (Krebs, Skorpion, Fische) bezeichnet. Die vier Elemente werden gemeinsam mit drei unterschiedlichen „Aggregatzuständen" kombiniert, nämlich mit „kardinal", „fix" und „veränderlich". Der Modalität „kardinal" wird aktives Verhalten zugeschrieben, „fix" soll bewahrendes Verhalten in sich tragen und „veränderlich" die Eigenschaft, sich auf Neues einzulassen.

Die Planeten: Sonne, Mond, Merkur, Venus, Mars, Jupiter, Saturn, Uranus, Neptun, Pluto.

Die Häuser:

1. Das Haus des Lebensantritts: Wie sehe ich die Welt, wie sieht die Welt mich?

2. Das Haus der Werte, sowohl materieller wie auch immaterieller: Was ist mir wichtig und wie grenze ich mich ab?

3. Das Haus der Kommunikation und des Lernens: Wie lerne ich, wie denke ich und wie verkaufe ich mich und mein Wissen?

4. Das Haus der Seele, des inneren Wohnens und der Familie: Wie finde ich meinen inneren Seelengrund und wie mein „inneres Zuhause“?

5. Das Haus der Weltergreifung, des Sich-Zeigens, des Sprungs in die Welt ohne Gedanken an das Risiko: Wie riskiere ich mich in der Welt, traue ich es mir zu, mich zu zeigen, traue ich mir zu, meine Werke zu zeigen, wie spiele ich, wie habe ich Spaß?

6. Das Haus der Alltagsrituale, der Analyse, des Arbeitens im Sinne des Alltäglichen: Wie kann ich mich in der Arbeit einordnen, wie sehr brauche ich alltägliche Rituale, wie nützlich will ich der Welt sein?

7. Das Haus der Begegnung: Wie begegne ich, wem begegne ich, wie verhalte ich mich in der Begegnung, wie begegne ich meinem Partner, was wünsche ich mir für einen Partner?

8. Das Haus der verbindlichen Beziehung: Kann ich mich verbindlich einlassen, kann ich meine Werte mit denen eines anderen zusammenlegen, auch im Sinne einer Ehe? Wie gehe ich mit Krisen um, wie sehr will ich in die Tiefe gehen, wenn die Krise kommt?

9. Das Haus der höheren Bildung: Wie bringe ich das Wissen, das ich erworben habe, in ein eigenes Weltbild, wie stehe ich zu meinem Weltbild, wie sehr kann ich andere Weltsichten zulassen?

10. Das Haus der Position in der Gesellschaft, das Haus der Arbeit: Wie sehe ich meine Position in der Gesellschaft, wie wichtig ist es für mich, im Kollektiv Ansehen zu genießen, wie sehr muss ich mich in die Gestaltung der Gesellschaft einbringen?

11. Das Haus des Netzwerkens, der Freunde: Wie wichtig ist mir ein Freundeskreis, welche Begabungen habe ich im Sinne des Netzwerkens, wie wichtig ist mir das Thema der Wahlverwandtschaften, der engagierten Gruppe, des Engagements in der Gesellschaft zugunsten eines höheren Zieles?

12. Das Haus des Unbewussten: Die Themen, die uns verborgen sind, die Themen, die an die Oberfläche gebracht werden möchten.

Innerhalb der westlichen Astrologie gibt es unterschiedliche Richtungen, die aktuell folgende Auffassungen über die Natur astrologischer Aussagen vertreten: die esoterische und die symbolische Astrologie, die „Astrologie als Erfahrungswissenschaft“ und die sogenannte „Einflusshypothese“. In der esoterischen beruft man sich auf Wissen, das von einem höheren, göttlichen Wesen oder den Eingeweihten kommt, wohingegen die symbolische von einem überlieferten Deutungssystem ausgeht, in dem astronomischen Gegebenheiten eine Bedeutung auf irdische zugeschrieben wird. Die Erfahrungswissenschaft bemüht sich um empirische Grundlegung und die Einflusshypothese geht davon aus, dass die astrologischen Planeten auf Lebewesen in einer nicht näher bekannten Weise einwirken.

Woher kommt sie, wer hat sie entwickelt?

In Europa hatte die Astrologie eine recht abwechslungsreiche Geschichte, denn sie war schon viel längere Zeit anerkannt als sie es jetzt nicht ist: Sie hat ihren Ursprung im vorchristlichen Babylonien und Ägypten. Das Konzept des Tierkreises und seine Aufteilung in verschiedene Zeichen wurde bereits in Mesopotamien entwickelt. Berossos eröffnete zu Beginn des dritten Jahrhunderts auf der griechischen Insel Kos eine Astrologieschule, die großes Ansehen erlangte und den Grundstein der wissenschaftlichen Astrologie markierte. Aus ihr ging als jüngere Disziplin die Astronomie als deutungsfreie, empirische Beobachtung sowie mathematische Erfassung des Sternenhimmels hervor und sie blieb lange Zeit als Hilfswissenschaft mit ihr verbunden. In Rom erlangte die Astrologie ab dem ersten nachchristlichen Jahrhundert hohe Beliebtheit in allen Bevölkerungsschichten. Einer ihrer bedeutendsten Verfechter war der neuplatonische Philosoph Iamblichos von Chalkis, der sie als einen wesentlichen Teil des ägyptisch-hermetischen Glaubens und als eine Technik der Vorhersage sowie als Grundlage zur Beeinflussung der betreffenden Gottheiten bezeichnete.

Das frühe Christentum befand sich gegenüber der Astrologie in einem Zwiespalt: Einerseits widerspricht die Vorherbestimmung des Schicksals dem freien Willen als unbedingter Voraussetzung des christlichen Glaubens, andererseits wurde ein astronomisches Ereignis mit einer astrologischen Aussage bezüglich der Geburt Christi verbunden. Einige Herrscher, wie Karl der Große, Ludwig der Fromme, Heinrich II. und Friedrich II., nutzten die Astrologie sogar, um ihre Macht zu legitimieren. Nachdem das Christentum zur Staatsreligion im Römischen Reich geworden war, wurde sie bekämpft und ins Abseits gedrängt. Doch im frühen Mittelalter erfolgte schließlich die wissenschaftliche Beschäftigung mit der Astrologie – vor allem in Klöstern, wo das noch in lateinischer Sprache vorhandene astrologische Wissen rezipiert wurde. Im späten Mittelalter gewann sie wieder vermehrt an Ansehen, um 1200 wurden Klöster zum Ausgangspunkt für die Ausbreitung der Astrologie an die Höfe. Von der Renaissance, die als Blütezeit der Astrologie bezeichnet werden könnte, bis zum 17. Jahrhundert war sie eine anerkannte Wissenschaft, die an den Universitäten gelehrt wurde – eng verknüpft mit der Astronomie und der Medizin –, bis sie in der Zeit der Aufklärung in Kreisen gebildeter Personen ihre Plausibilität einbüßte und aus den Studiensälen verbannt wurde. Erst um 1900 kam schließlich erneut ein ernsthaftes Interesse an der Astrologie auf: In England erlebte sie eine neuerliche Hochphase, in Frankreich dagegen wurde sie überwiegend in Geheimgesellschaften wieder gepflegt. Ihre heutige Popularität hatte ihren Ursprung in den späten 1960er-Jahren, als sie mit der New-Age-Bewegung neu entdeckt wurde und durch das Konzept des Wassermannzeitalters einen regelrechten Boom erfuhr. Ernst genommen wird sie seit damals allerdings noch lange nicht von jedermann – erst in den vergangenen Jahren erlebt sie langsam eine Rehabilitation. Diese heutzutage stark an der Psychologie orientierte Astrologie steht Zukunftsprognosen skeptisch bis ablehnend gegenüber und legt hingegen besonderen Wert auf die Willensfreiheit und die Entwicklungsmöglichkeiten des Menschen. Die meisten Vertreter dieser Richtung beziehen sich auf C. G. Jungs Tiefenpsychologie, in der das Synchronizitätsprinzip eine bedeutende Rolle einnimmt, das besagt, Ereignisse im Leben eines Individuums können zufällig so mit Gestirnkonstellationen zusammenfallen, dass sich in der symbolischen Deutung sinnvolle Aussagen ergeben.

Was kann sie konkret bewirken?

Astrologie kann Menschen die ihnen innewohnenden Energien aufzeigen und eine Hilfestellung zur besseren Entwicklung derselben bieten. Weiters kann sie Unterstützung bei Entscheidungen in wichtigen Lebensfragen wie Ausbildung und Beruf sowie in Bereichen der Partnerschaft geben, sind sich ausübende Astrologen sicher. Denn wenn man sich selbst durch die Astrologie und die eigene Radix besser versteht, kann man auch zielführender mit den eigenen Gefühlen umgehen, und wenn man durch die im Horoskop aufscheinenden Gegebenheiten erkennt, dass man beispielsweise für die kommenden Monate in einer schwierigen Phase gefangen ist, kann man sich darauf besser vorbereiten und außerdem Hoffnung schöpfen, weil man weiß, wann diese Durststrecke ihr Ende haben wird.

Aber die Astrologie soll nicht nur für sich selbst eine Hilfestellung bieten, sie kann auch unterstützend darin wirken, seinen eigenen Nachwuchs richtig großzuziehen: In Kinderhoroskopen geben Anwender wertvolle Hinweise über versteckte Talente oder Bedürfnisse des jeweiligen Sprösslings, und auch Informationen dazu, wie das Kind aufgrund der ihm innewohnenden Möglichkeiten seine Eltern sehen möchte und wird.

Zur Veranschaulichung: Ein Kind mit einem Widder-Mond (das bedeutet, dass im Horoskop des Kindes der Mond im Zeichen des Widders steht) hat in sich das Bild einer Amazone als Mutter wohnen, wünscht sich also eine Mutter, die mit ihm Abenteuer besteht, optimistisch und freudvoll das Leben ergreift und vor allem in der Lage ist, dem Kind kämpferischen Widerstand zu bieten. Wenn dieses Kind nun in eine Familie geboren wird, in der die Mutter weich und nachgiebig ist und alles immer ausreden möchte, wird es alles daran setzen, von ihr Grenzen zu erfahren. Im Unterschied dazu wird ein Kind mit einem Waage-Mond sich eine Mutter wünschen und erwarten, die geschmackvoll, liebreizend und harmonisch ist. Ein solches Kind wird Probleme haben, wenn die Eltern sich streiten und wird auch selbst Streit möglichst zu vermeiden versuchen. In einer kampfeslustigen Familie, in der sich das Widder-Mond-Kind sehr wohlfühlen würde, wäre das Waage-Mond-Kind ernsthaft unglücklich.

Was sich Kinder wünschen und nach welchem Muttertyp sie sich sehnen

Es geht hierbei nicht um das weithin bekannte Sternzeichen, das vom Stand der Sonne abhängt, sondern um den Mond, welcher das Zeichen alle zwei bis drei Tage ändert.

Widder	„Meine Mutter ist eine Kämpferin! Ich möchte klare Grenzen! Das Leben ist ein Abenteuer!“
Stier	„Meine Mutter nährt mich seelisch wie auch körperlich! Ich möchte Beständigkeit und Halt! Das Leben ist ein Bewahren von Werten!“

Zwilling	„Meine Mutter ist meine beste Lehrerin! Ich möchte lernen und wissen! Das Leben ist leicht und heiter!“
Krebs	„Meine Mutter ist meine Beschützerin! Ich möchte emotional geborgen sein! Das Leben ist Familie!“
Löwe	„Meine Mutter ist eine Königin! Ich bin auf der Welt, um geliebt zu werden! Das Leben ist ein Fest!“
Jungfrau	„Meine Mutter ist ein fleißiges Bienchen! Ich möchte der Welt von Nutzen sein! Das Leben ist mit Vorsicht zu genießen!“
Waage	„Meine Mutter ist schön! Ich möchte die Welt mit einem Lächeln verzücken! Das Leben ist harmonisch, friedlich und ästhetisch!“
Skorpion	„Meine Mutter weiht mich in die Geheimnisse des Lebens ein! Ich möchte den Dingen auf den Grund gehen! Das Leben ist ein Geheimnis!“
Schütze	„Meine Mutter ist eine Hohepriesterin! Ich bin auf der Welt, um zu erkennen! Das Leben ist eine lange Reise!“
Steinbock	„Meine Mutter ist ein Fels in der Brandung! Ich bin auf der Welt, um zu bestehen! Das Leben ist Pflicht!“
Wassermann	„Meine Mutter gibt mir Wind unter den Flügeln! Ich bin frei und spontan! Das Leben ist eine Überraschung!“
Fische	„Meine Mutter ist spirituell und feinfühlig! Ich spüre die Stimmung anderer! Das Leben ist ein Ozean!“

Was kann sie nicht, wo liegen ihre Grenzen?

Ein Horoskop ist freilich kein Allheilmittel. Gerade wenn es um körperliche Erkrankungen oder schwerwiegende psychische Probleme geht, stößt diese Methode an ihre Grenzen. Astrologin Romana Hasenöhrl ist es wichtig, darauf hinzuweisen, dass die Astrologie keine Wahrsagerei ist: „Wenn jemand wissen möchte, wann er einen Menschen treffen wird, der ein passender Partner sein könnte, liegt es ja trotzdem an ihm, auszugehen, um jemanden kennenlernen zu können. Der Astrologe kann passende Zeitfenster nennen, wann die Sterne dafür günstig stehen, weil der Mensch dann offener oder bereiter ist, aber es liegt an jedem selbst, aktiv zu werden. Genauso verhält es sich auch mit Unfällen: Ich kann als Astrologin einer Person nicht prognostizieren, dass sie am kommenden Freitag einen Unfall haben wird, ich kann maximal darauf hinweisen, dass an diesem Tag gespannte Energien vorherrschen werden."

Außerdem legt Frau Hasenöhrl in ihren Beratungen Wert darauf, ihre Klienten wissen zu lassen, was ihre Disziplin nicht bewerkstelligen kann: „Astrologie kann keine Psychotherapie ersetzen! Menschen mit ernsthaften Persönlichkeitsstörungen, psychischen Erkrankungen oder vorübergehenden Krankheitsbildern wie Erschöpfungsdepressionen oder Burnout sollten auf jeden Fall auch einen Psychotherapeuten oder Arzt hinzuziehen. Die Astrologie kann in diesen Fällen zwar unterstützen, ist jedoch keine Heilmethode im eigentlichen Sinn. Der Ruf der Astrologie wird leider nach wie vor durch schlechte Astrologen in Mitleidenschaft gezogen. Immer wieder gibt es selbst ernannte Spezialisten, die nach einem Wochenendseminar und keinerlei Erfahrung im Umgang mit Menschen in die alleinige Beraterrolle schlüpfen."

Rund ein Viertel der Bevölkerung in einem durchschnittlichen westlichen Land ist heute davon überzeugt, dass die Astrologie zutreffende Aussagen über Persönlichkeitszüge und Ereignisse im Leben eines Menschen treffen kann und hat sie deshalb in den eigenen Alltag integriert.

Jedes Element in einem Horoskop steht für etwas Bestimmtes. Dadurch, wie die verschiedenen Positionen zueinander stehen, kann ein Astrologe also viel über den Menschen herauslesen: Die Planeten beispielsweise symbolisieren archetypische Kräfte, die jedem von uns innewohnen. Je nachdem, in welchem Tierkreiszeichen diese Planeten sich befinden und wie sie sich aufeinander beziehen, kann man erkennen, wie der Horoskop-Eigner diese Kräfte leben kann und sehr wahrscheinlich auch leben wird: „Die Uhr macht ja nicht die Zeit, sondern ich kann von ihr die Zeit ablesen. Und genau so ist die Sache mit den Sternen zu verstehen: Der Astrologe kann anhand der Planetenstellungen die inneren Kräfte und Konflikte des betreffenden Menschen ablesen. Das heißt: Er zeigt seinem Klienten bestmöglich auf, wo dessen persönliche Entfaltungsmöglichkeiten und eventuell Fallen liegen könnten“, so die Astrologin. Zusätzlich wünschen sich laut Romana Hasenöhrls Erfahrung viele Kunden Zukunftsprognosen, doch „ein seriöser Astrologe wird seinem Kunden erklären, wann sich für ihn passende Zeitfenster für beispielsweise berufliche Veränderungen, Partnersuche oder Bildungsanliegen öffnen. Eine genaue Vorhersage bestimmter Ereignisse jedoch wird von ernstzunehmenden Astrologen abgelehnt.“

Die meisten Menschen verstehen unter Astrologie vorrangig das Horoskop, das sie in der Tageszeitung oder in der Illustrierten lesen. Die seriöse Astrologie bezieht sich aber nicht wie diese Horoskope lediglich auf den Stand der Sonne – das ist das, was man gemeinhin als „Sternzeichen“ bezeichnet –, sondern auf verschiedene Planeten in den Häusern (so werden die unterschiedlichen Lebensbereiche genannt) und ihren Bezug zueinander.

Der Brite R. H. Naylor veröffentlichte am 24. August 1930 im „Sunday Express“ ein Horoskop der damals neugeborenen Prinzessin Margaret und sagte mit dessen Hilfe verschiedene Ereignisse für die laufende Woche voraus. Am 31. August desselben Jahres publizierte er einen Folgebeitrag mit astrologischen Vorhersagen für September-Geborene. Ab dem 12. Oktober wurde daraus eine wöchentliche Kolumne, die ab dem Jahr 1935 Bezüge auf das Sternzeichen enthielt. Später teilte Naylor seine Vorhersagen nicht mehr nach Monaten ein, sondern nach dem Datumsbereich des jeweiligen Tierkreiszeichens. Dieses Publikationsformat für Horoskope wurde nach und nach von immer mehr Zeitungen und Zeitschriften übernommen und erfreut sich bis heute großer Beliebtheit – mit dem Horoskop im ursprünglichen Sinn hat es aber nichts zu tun.

Romana Hasenöhrl erklärt dazu anschaulich: „Zeitungshoroskope gehen auf den Sonnenstand ein und beleuchten damit nur einen von vielen Aspekten und formulieren diesen ganz allgemein. Das Problem dabei ist: Wenn ein Geschehen für einen bestimmten Sonnenstand beschrieben wird, gilt das nicht einmal für das ganze Sternzeichen, da man es zumindest in das erste, zweite und dritte Drittel einteilen müsste, damit jede Dekade für sich durchleuchtet werden kann – dann ist es zwar immer noch oberflächlich, aber es trifft zumindest den Sonnenstand. Weil generalisierte Aussagen über das jeweilige Zeichen verwendet werden, kann man sich als Leser durchaus betroffen fühlen. Beim Tierkreiszeichen Löwe steht beispielsweise häufig: ‚Sie haben sich Applaus verdient‘ – ja, klar, das wohnt ja Löwe-Geborenen inne, dass sie das so sehen. Das kann man also immer schreiben. Was auf keinen Fall seriös ist, sind Aussagen zu Gesundheit oder Liebe in Bezug auf das Sternzeichen zu treffen.“ Bei einer ernsthaften, intensiven astrologischen Arbeit, bei der sich der Klient auch tatsächlich auf seine schwierigen Themen einlassen will und kann, gelingt es dem Astrologen, dem Klienten eine Hilfestellung zur Lösung von Problemen zu bieten. Es ist allerdings wichtig, dabei festzuhalten, dass der Mensch die Freiheit hat, selbst zu entscheiden, welchen Weg er wählt: „Es gibt zu jedem Thema eine Schatten- und eine Lichtseite – welchen Weg der Mensch beschreitet, ist ihm überlassen“, so die Astrologin. Als Beispiel schildert sie: „Bei einer Person, die ein stark besetztes zweites Haus, das unter anderem für materiellen Besitz steht, in ihrem Horoskop angelegt hat, würde die oberflächliche Astrologie davon ausgehen, dass dieser Mensch nie finanzielle Probleme hat. Bei einer meiner Klientinnen stellte sich dies allerdings so dar, dass sie zwar immer ausreichend Mittel zum Überleben, jedoch stets das Gefühl hatte, es sei nicht genug. Damit einher gingen Existenzängste und Versagensbefürchtungen. Im Gespräch konnten wir dann feststellen, woher diese Ängste ursprünglich kommen und so daran arbeiten, dass die Hilfesuchende nun mit ihren negativen Emotionen besser umgehen kann und die Ängste fast vollständig verschwunden sind.“

Was sagt die Wissenschaft?

Die Wissenschaft betrachtet die Astrologie vor allem aus religionswissenschaftlicher und kulturhistorischer Perspektive. Daneben wurden auch bereits empirische Studien durchgeführt, in denen die Fähigkeit verschiedener Astrologen geprüft wurde, aus einem Radix handfeste und überprüfbare Fakten über die zugehörige Person abzuleiten, die insgesamt zu dem Ergebnis gekommen sind, dass überprüfbare Aussagen von Astrologen statistisch nicht signifikant zutreffender sind als willkürliche Behauptungen. So wird die Astrologie in wissenschaftstheoretischen Diskussionen als eine Lehre im vorwissenschaftlichen Stadium, also als „Pseudowissenschaft“ bezeichnet.

Die frühe Astrologie basierte auf der damals allgemein akzeptierten Vorstellung, dass Himmelskörper direkten Einfluss auf irdische Ereignisse ausüben. Auf Basis dieser Grundannahme verwendeten damalige Astrologen mathematische Modelle, um Regelmäßigkeiten in den beobachteten Phänomenen feststellen zu können. Weil der jeweilige Zeitpunkt eine entscheidende Rolle spielte, wurden schon bald detaillierte Tabellen angelegt, damit das Eintreffen bestimmter Umstände vorausgesagt werden konnte. Zur Bestimmung der Position und Umlaufbahn von Planeten waren komplexe Formen von Geometrie und Trigonometrie notwendig – darum handelte es sich bei diesen Praktiken nicht um einen dummen Aberglauben, sondern um eine Frühform der Wissenschaft. Denn die Suche nach Gesetzmäßigkeiten in Naturerscheinungen und deren umfassende Beschreibung in rationaler Form ist ein typisch wissenschaftlicher Prozess.

Heute ist die Astrologie ein klassisches Beispiel für die Suche nach einem Kriterium, das Wissenschaft von Nicht-Wissenschaft unterscheidet. Oft wurde argumentiert, dass sich Wissenschaft von Pseudowissenschaft dadurch abgrenze, dass Erstere eine empirische Methode verwende, die von Beobachtungen und Experimenten ausgeht. Doch genau das macht auch die Astrologie: Sie sammelt eine Masse von empirischen Belegen.

Aber Astrologen wird weiters vorgeworfen, sie formulierten ihre Interpretationen so vage, dass eine Messbarkeit der Ergebnisse nicht gegeben ist, weil eben alles Auslegungssache sei. Für den österreichisch-britischen Philosophen Karl Popper (1902–1994) war die Astrologie somit eine Pseudowissenschaft, da sie zwar induktiv und empirisch vorgeht – und damit wissenschaftlichen Anschein erweckt –, sich aber systematisch ihrer Überprüfung entzieht – und damit den wissenschaftlichen Auftrag nicht tatsächlich erfüllt. Im Mittelpunkt der astrologischen Disziplin stand allerdings ohnehin die Anwendung und nicht die Forschung. Insofern war sie ursprünglich einem

Handwerk oder sogar der frühen Medizin wesentlich ähnlicher als jeder theoretischen Wissenschaft.

Aus heutiger Sicht ist die Astrologie also in ihrer historischen Art als Protowissenschaft oder „fossile Wissenschaft" zu bezeichnen, während aktuelle Formen als Scheinwissenschaft zu charakterisieren wären, weil sich der theoretische Rahmen der Lehre nicht weiterentwickelt hat und sich die Axiome und Aussagen wissenschaftlicher Überprüfbarkeit entziehen. Wenn allerdings kein wissenschaftlicher Anspruch erhoben wird, dann handelt es sich um etwas Metaphysisches, das Religion oder Spiritualität zuzuordnen ist. Und das reicht uns in diesem Zusammenhang völlig, da wir uns hier ohnehin auf den Spuren der Mystik befinden und diese zu erkunden und beschreiben versuchen.

Der Praxistest

PAMELA OBERMAIER BEI ROMANA HASENÖHRL

Mein Thema, das ich für den Praxistest der Astrologie gewählt habe, ist eine gewisse Unsicherheit, was meine dauerhafte berufliche Ausrichtung betrifft. Es geht dabei sozusagen um einen leichten Entscheidungsunwillen, den sich die Astrologin mithilfe meiner Daten (Geburtstag, Geburtsstunde, Geburtsort) bereits vor unserem Treffen angesehen hat. Auf knapp acht Seiten hat mir Romana Hasenöhrl darum zunächst in einer glücklicherweise leicht verständlichen Sprache zusammengeschrieben, was sie aus meinem Radix ablesen kann – das ist die sogenannte Persönlichkeitsanalyse. Was hier steht, stimmt größtenteils wie die Faust aufs Auge. Ich bin fasziniert! Dass der Text nicht wie ein vorgeschriebener und austauschbarer wirkt, sondern sich persönlich auf mich zugemünzt liest, macht die Sache natürlich rund. In dieser Analyse werden kurz die Grundlagen der Astrologie erklärt, dann wird auf den Stand des Mondes und den Aszendenten eingegangen und davon ausgehend erfahre ich von meinen Aufgaben und meiner Berufung im Leben: „Mit Sonne und Merkur in Konjunktion ist es naheliegend, dass du in Bezug auf deinen Beruf etwas wählen wirst, das mit Denken, Schreiben und Kommunikation zu tun hat. Mit dem Mond auf dem IC werden deine Fantasie und dein starkes Einfühlungsvermögen ebenfalls berufsrelevant werden. Es sieht sehr danach aus, dass sich deine berufliche Laufbahn in den kommenden Jahren immer mehr vom Organisatorischen hin zum Schreiberischen entwickeln wird. Du darfst dir dafür Zeit geben, viel Zeit und viel Ruhe. Außerdem ist die Venus eine Anzeige für künstlerische Begabungen, Geschmack und Gestaltungskraft im ästhetischen Sinne. Mit Mars und Venus im selben Zeichen erkenne ich eine starke künstlerische Begabung." Hm, das ist durchaus interessant ... Es steht hier auch einiges über die möglichen Schwierigkeiten und Fallen – man muss das schon „hören" wollen und sich dafür öffnen, denn nicht alles klingt nach einem Kompliment, da einem sozusagen auf allen Ebenen ein Spiegel vorgehalten wird, der sowohl Licht als auch Schatten zeigt, und durch den man quasi die Figur-Probleme und Schönheitsfehler seiner eigenen Anlagen sieht. Ich erkenne mich in den Herausforderungen, die ich immer wieder mal habe, recht gut wieder, denn die Astrologin beschreibt eine Art Zerrissenheit zweier unterschiedlicher Kräfte, die nicht immer einfach zu bewältigen ist, weil die beiden Elemente einander oftmals widersprechen: Einerseits bin ich eine besonders geerdete Persönlichkeit, die darum auch nach Sicherheit und Beständigkeit strebt, aber ich habe enorm viel Feuer in mir, was mich neugierig, freiheitsliebend und abenteuerlustig macht, wodurch es mich manchmal hin und her reißt zwischen diesen unterschiedlichen Sehnsüchten und Lebensträumen (überspitzt und stereotypisch gesagt zwischen einem sicheren Beamtenjob und der Selbstständigkeit als Künstlerin); es gilt also, den richtigen Weg, die passende Mischung, einen geeigneten Kompromiss zu finden.

Als ich Romana Hasenöhrl im Beratungsgespräch gegenübersitze, geht sie sofort auf meine brennenden Themen ein. Sie erklärt, dass in mir die Aufforderung ans Leben stecke, mich zu wandeln und wenn ich mich nicht selbst wandle, wird mich das Leben wandeln, was meist schmerzhaft sei. Klingt richtiggehend poetisch. Und ein wenig dramatisch. Das kann schon ein bisschen Angst machen, weil man sich so ausgeliefert fühlt, finde ich. Andererseits bereitet es einen gut vor. Ich höre Dinge wie „Uranus auf der Venus“ und verstehe nur Bahnhof, aber die Übersetzung klingt recht anschaulich. So bringt „Pluto im Trigon“ beispielsweise emotionale Stärke, und man wird machtvoller – dadurch kann sich die Schlange bildlich gesprochen häuten, man kann verschiedene Befürchtungen abstreifen und vergrabene Dinge zum Vorschein bringen. Weil nicht sofort alles einfach werden wird, nennt mir die Astrologin den Zeitpunkt, bis wann die schwierige Phase überstanden sein wird. Das schüchtert mich ein wenig ein, da der Zeitpunkt der angenehmen Wende schier endlos weit weg scheint. Ich bekomme noch greifbare Tipps mit auf den Weg, wie ich mich während dieser mühsamen Phase gut erden kann, um das Grundvertrauen ins Leben zu spüren – das sind an sich banale, aber wirksame Hilfestellungen wie Kontakt mit der Erde aufnehmen, indem ich im Wald spazieren gehe oder ein Gartenbeet bepflanze, also durchaus umsetzbare Sachen und kein schräger Hokuspokus. Dass es ein ungefähres Datum (es ist eine Jahreszeit, die sie mir nennen kann) gibt, zu dem sich alles positiv auflösen soll, hilft mir unterm Strich dann doch irgendwie, denn wenn man während einer Durststrecke kein Land in Sicht hat, kann einen das noch mehr beängstigen.

Natürlich warte ich nicht nur tatenlos, dass die Zeit vergeht, sondern arbeite an mir und konzentriere mich auf den Weg, der gerade vor mir liegt, aber trotzdem: Während der etwas unlustigen Phase, in der ich nicht recht wusste, was richtig für mich ist und was ich eigentlich möchte, ertappte ich mich wirklich dabei, dass ich mir regelmäßig Mut zusprach, indem ich mir innerlich vorsagte: „Nur noch diese paar

Monate, dann wird es leichter!" Und das ist rückblickend – damals wusste ich das freilich noch nicht – wohl das Mystischste an der ganzen Sache, denn genau so und vor allem genau dann kam es schließlich auch wie geheißen: Der Nebel lichtete sich, es begann zu laufen und wenig später war die Krise tatsächlich bewältigt, und seither befinde ich mich auf einem neuen beruflichen Weg, der sich richtig gut anfühlt. Für anstehende Lebensentscheidungen oder um sich selbst besser zu verstehen, kann ich die Ausarbeitung des eigenen Horoskopes also nur empfehlen!

2. Aurareading und -healing – energetisches Farbenspiel mit Tradition

Was ist Aurareading und -healing?

Umgangssprachlich verfügen Menschen, „die von einer ganz besonderen Aura umgeben sind", über eine starke Ausstrahlung, die sehr beeindruckend auf andere Personen wirkt. Mit diesem Phänomen beschäftigt sich beispielsweise auch der deutsche Diplom-Psychologe Jens Schiermann (geboren 1944): „Die Aura eines Menschen kann er nicht selbst ‚machen' – er wird von Bewunderern damit belegt."

Im spirituellen Sinn wird mit Aura die Energie(schutz)hülle des Körpers jedes Lebewesens bezeichnet. Diese soll für entsprechend empfindsame Menschen als Farbspektrum, das den Körper wolken- oder lichtkranzartig umgibt, wahrnehmbar sein.

Für Esoteriker ist die Aura oft auch gleichbedeutend mit dem „Astralleib", der den Tod des Körpers überdauert.

Nach Ansicht der meisten Anhänger der Energiekörperlehre besteht die Aura aus sieben Schichten, die eng mit den sieben Hauptchakren, also mit den Energiezentren des Menschen, verknüpft sind. Das muss jedoch nicht immer so sein, wie wir später erfahren werden.

Das Reading beschäftigt sich nun mit dem Sehen und Deuten der Energiehülle von Mensch, Tier und Pflanze, das Healing mit deren Wiederinstandsetzung, da die Aura durch verschiedenste Umstände unvollständig, ausgefranst oder zerrissen sein kann, wodurch der natürliche Schutz des Lebewesens geschwächt ist. Diese Beschädigung hat verschiedenste Ursachen, beispielsweise Stress, Sorgen, Ärger, schlechte Laune, Zweifel, Ängste, Kraft- und Energielosigkeit, Schlafstörungen, ungesunde Lebensweise, psychische Belastungen (kurz- oder langfristig), schlechte Umwelteinflüsse, Pech, Blockaden, negative Gefühle (die einem von anderen Menschen entgegengebracht werden), eigene destruktive Emotionen wie Neid oder Eifersucht bis hin zu (schweren) psychischen und physischen Erkrankungen. Neben den kaputten Stellen in der Aura deutet außerdem ein über dem Kopf schwebendes graues oder schwarzes nebelhaftes Wolkengebilde auf eine Störung in der Energieschicht hin, ebenso ist es ein schlechtes Zeichen, wenn die bunte Schutzhülle um den Leib nicht zentriert ist. Neben der Aura existieren auch noch Lichtbahnen im Körper – Energiekanäle, die aus dem Reich der Energiearbeit, dem alten China, bekannt sind. Bei der Lichtbahnen-Heilung werden durch sanftes Berühren mit den Handflächen die Energien entlang dieser Lichtbahnen zum freien Fließen gebracht.

Wie viele Schichten und welche Farben hat die Aura?

Laut gängiger Annahme besteht die Aura aus sieben farbigen Schichten, die den sieben Hauptchakren des Menschen zugeordnet sind, doch in der Praxis sehen Aurareader unterschiedlich viele davon. Möglicherweise sind jedoch auch immer sieben Hüllen vorhanden, mit teilweise identischen Farben.

Eine andere Version – in diesem Fall für die Wahrnehmung zweier Schichten – lautet: Es existiert eine Grundfarbe der Aura, welche in etwa der charakterlichen Beschaffenheit des Menschen entspricht. Darauf aufgelagert ist die Farbe der momentanen Stimmung oder Emotion, die sich ständig verändert.

Eine weitere Theorie besagt, dass jedes Chakra eine eigene Farbe besitzt (Kronen- oder Scheitelchakra = violett, Stirnchakra oder Drittes Auge = lila, Hals- und Kehlenchakra = blau, Herzchakra = grün, Nabel- oder Solarplexuschakra = gelb, Sakral- oder Sexualchakra = orange, Wurzel- oder Basischakra = rot), mit der es, wenn es zum dominierenden Chakra wird, die Farbe der Aura bestimmt (unabhängig von der Anzahl der Schichten).

In der Theorie werden die Energiehüllen um den Körper – ob optisch farblich wahr- und voneinander abgrenzbar oder nicht – jedenfalls wie folgt erklärt:

1. Auraschicht = ätherischer Körper: Umhüllt den Leib ab der Oberfläche, bis einige Zentimeter darüber. Durch ihn werden Vitalenergie, Lebenskraft, sinnliche Erlebnisse und physische Empfindungen übermittelt. Der ätherische Körper besteht aus feinen blauen Energielinien, die sich wie ein glitzerndes Lichtnetz über den Körper ziehen.

2. Auraschicht = emotionaler Körper: Über den emotionalen Körper werden Gefühle, geistige, körperliche Bedürfnisse, Emotionen und Charaktereigenschaften ausgesandt oder empfangen. Die feinstofflichen Energiewolken fließen an den strukturierten Linien der ersten Ebene entlang und sind ständig in Bewegung.

3. Auraschicht = mentaler Körper: Es folgt der mentale Körper, der in Verbindung mit der mentalen oder rationalen Welt des betreffenden Lebewesens steht. Wenn die Ebene im Gleichgewicht ist, arbeiten die Rationalität und die Intuition

harmonisch zusammen. Die Strukturlinien dieser Ebene, bei der es sich um ein sehr schwingungsvolles Energiefeld handelt, sind äußerst fein. In ihrem Feld bilden sich Gedankenformen ab, die wie Blasen von unterschiedlicher Helligkeit und Form aussehen.

4. Auraschicht = astraler Körper: Bei der vierten Ebene der Aura handelt es sich um die Welt der gefühlsmäßigen Beziehungen. Von diesem Level aus interagieren wir mit anderen Lebewesen und Objekten, ebenso wie mit den Gestirnen und dem Universum. Schwingt diese Ebene, die wie Flüssigkeit um den Körper läuft, zu wenig, empfindet man Unwohlsein, Schmerzen, ein Gefühl der Schwere und Erschöpfung.

5. Auraschicht = ätherischer Negativkörper: Diese Schicht enthält in einer Art Blaupause alle Formen der physischen Ebene, in die sich die erste Auraschicht hineinentwickelt, und ist der Ort des göttlichen Willens. Sie erstreckt sich etwa bis zu 75 Zentimeter nach außen. Sie sieht aus wie ein schmales Oval, ihre Struktur erscheint wie klare, transparente Linien vor einem kobaltblauen Hintergrund, die durchzogen ist mit leeren Rillen, in der die blauen Lichtlinien des ätherischen Körpers fließen können.

6. Auraschicht = himmlischer Körper: Der himmlische Körper stellt den emotionalen Aspekt der Geistebene dar und erstreckt sich bis zu achtzig Zentimeter nach außen. Nur wenige Menschen können ihr Bewusstsein auf diese Ebene heben – das gelingt nur dann, wenn man sich mit dem gesamten Universum verbunden und als Teil der allumfassenden Ur-Kraft und -Energie empfindet.

7. Auraschicht = Kausalkörper: Zuletzt folgt der spirituelle Körper, der das betreffende Lebewesen direkt mit der Umwelt, der Natur und der göttlichen Schöpfung verbindet und auch als Schutzschild gegen schädliche Einflüsse fungiert. Diese Hülle strahlt bis zu 105 Zentimeter nach außen. Der Umriss der siebten Schicht bildet die Eiform der gesamten Aura. Sie umschließt und schützt alles, was in ihr enthalten ist.

Bei den folgenden Farben wird nur auf die den Chakren zugeordneten eingegangen, weil die Aufzählung sämtlicher Farbvarianten mit allen Nuancen den Rahmen sprengen würde. Darüber hinaus sind nur die guten Qualitäten angegeben (natürlich existieren im Sinne des Prinzips von Yin und Yang zu jeder Farbe auch negative Wesensmerkmale).

- *Violett:* Spiritualität, Weisheit, universelles Bewusstsein, Intuition, Freiheitsliebe
- *Lila:* Wahrnehmung, hohe Erkenntniskraft, starker Wille, Idealismus
- *Blau:* Ausdruck, Kommunikation, Inspiration, Offenheit, Vertrauen, künstlerische Begabung, Idealismus, hohe Ethik
- *Grün:* Balance, Harmonie, Beziehung, Liebe, Mitgefühl, Herzenswärme, Heilung, Diplomatie
- *Gelb:* Wille, Macht, Persönlichkeit, Weisheit, Verarbeitung (Erlebnisse, Gefühle), Vernunft, analytischer Geist, Logik, Urteilskraft
- *Orange:* Sexualität, Gefühle, Kreativität, Begeisterungsfähigkeit, Erotik, Streben nach Leistung und Vervollkommnung, Selbstkontrolle
- *Rot:* Überleben, Instinkte, Urvertrauen, Stabilität, Durchsetzungsfähigkeit, starke Emotionen (positive und negative), elementare Vitalität

Woher kommt es, wie hat es sich entwickelt?

Früher galt eine Person, die von einer Aura umgeben war, als besonders fromm, wobei die Aura damals häufig der Aureole, dem Strahlenkranz oder Heiligenschein in der christlichen Ikonografie, gleichzusetzen war, der über Heiligen schwebte und von daher zu einem Kennzeichen des Göttlichen schlechthin wurde.

In der westlichen Mystik sprach man erstmals wieder im

Neuplatonismus ab dem 3. Jahrhundert von der Aura, später kam sie in der jüdischen Kabbala vor.

Im Iran war der Energiekörper, der jedes Lebewesen umhüllt, mit dem Namen „Farr“ schon ab etwa 1800 v. Chr. bekannt – er stand für die gottgegebene Macht und göttliche Gunst.

Auch in den indischen Religionen spielt die Aura eine große Rolle, deren Farben sich jedoch häufig auf die Kundalini-Energie, die in tantrischen Schriften beschriebene ätherische Kraft im Menschen, beziehen.

Was kann es konkret bewirken?

Beim Reading, also beim „Lesen“ der Energiehülle und ihren Farben, wird durch Betrachten der betreffenden Person der Ist-Zustand festgestellt: Der Anwender kann Stimmungen, Wesenszüge und Veranlagungen sehen, außerdem Störungen erkennen, falls welche vorhanden sind. Einige Auraleser geben dabei auch konkrete Hinweise auf Verspannungen, Schmerzen und Krankheiten in den jeweiligen Körperregionen, die entweder bereits vorhanden oder zu erwarten sind. Hier kommt die Annahme, dass jedes physische Leiden zuerst in der Psyche, also auf feinstofflicher Ebene, beginnt, zum Einsatz.

Beim Healing wird mithilfe verschiedenster Techniken die Aura gereinigt und „geheilt“, also die Beschädigungen „repariert“ – letztendlich handelt es sich dabei um das Versetzen des Energieflusses in seinen ordnungsgemäßen Zustand, wodurch die Selbstheilungskräfte aktiviert werden. Diese Methode, die in den Bereich der Geistheilung fällt, kann man in Anspruch nehmen, wenn man sich kraftlos und ausgepowert fühlt, da eine Stärkung der Aura angeblich körperlich entspannend, danach vitalisierend sowie geistig zentrierend und in Folge fokussierend wirkt. Einige der Energetiker nehmen dabei auch die Hilfe von feinstofflichen Wesen wie Engeln in Anspruch.

Nach einem Aurahealing soll die Energie wieder ungehindert fließen und die optimale Funktionsweise der natürlichen Schützhülle jedes Lebewesens wiederhergestellt sein.

Was ist die Aura-Soma-Therapie?

Die Aura-Soma-Therapie, bei der „Aura" für das elektromagnetische Feld steht, das jedes Lebewesen umgibt, und „Soma" für den Körper, hat die blinde und nach eigener Angabe hellsichtige Engländerin Vicky Wall im Jahr 1984 erfunden.

Die Basis von Aura-Soma sind die Balance-Flaschen, die anfangs nur zur kosmetischen Behandlung gedacht waren, von Wall im Laufe der Zeit aber zu einem Therapiesystem weiterentwickelt wurden. Darin sind meist zwei unterschiedliche Farben enthalten, wobei sich im oberen Bereich eine ölige, im unteren eine wässrige Flüssigkeit befindet. Der fettige Teil schwimmt auf dem wässrigen und man sieht eine saubere Trennung dazwischen. Durch Schütteln der Flasche entsteht für einen kurzen Moment eine Emulsion, die der Mischfarbe der beiden Phasen entspricht.

Bei der Behandlung sucht man sich aus den 95 Flaschen intuitiv vier Stück aus, die einem spontan besonders zusagen. Die erste Flasche, die man wählt, weist auf die Lebensaufgabe, das Ziel hin. Die zweite zeigt die größte Schwierigkeit und zugleich das größte Geschenk an, das man nach der Bewältigung des Problems erhält. Die dritte Flasche deutet darauf hin, wie weit man bisher auf dem Weg gekommen ist, und die vierte symbolisiert den Blick in die Zukunft.

Nach dem Schütteln der Flasche und dem Ineinanderlaufen der Farben trägt man ein paar Tropfen auf die Haut auf. Dies geschieht bei jeder Flasche an einer bestimmten Stelle des Körpers und ist von der Farbkombination der Flasche abhängig. Dadurch sollen die Energien, die sich in der Flasche befinden, vom Organismus aufgenommen werden.

Was kann es nicht, wo liegen seine Grenzen?

Einige Auraleser geben sehr konkrete Hinweise auf Krankheiten in den Körperregionen, in welchen die Energiehülle Risse aufweist, die entweder bereits physisch tatsächlich vorhanden sind oder bisher nur feinstofflich existieren. Sollte man einen solchen Tipp erhalten, schadet es nicht, dieser Sache auf den Grund zu gehen, ohne sich panisch machen zu lassen. Allerdings wird kein Schulmediziner etwas „sich Anbahnendes" diagnostizieren können, und vorzubeugen ist ebenso wenig möglich, weil auch der Auraleser in der Regel keine genauen Angaben zu der gesundheitlichen Beeinträchtigung machen kann.

Was sagen seine Anwender?

Energetiker, die in der Lage sind, die Farben der Aura und möglicherweise vorhandene Schäden in der feinstofflichen Hülle zu sehen, bieten im Normalfall auch ein sofortiges Healing an, falls notwendig.

Es existieren für den Privatgebrauch aber auch ein paar einfache Übungen, mithilfe derer man selbst an der Stabilität seines Energiekörpers arbeiten kann.

Folgende Techniken zur Reinigung und Reparatur der Aura können angewandt werden

- *Auravitalisierung:* Augen schließen, tief ein- und ausatmen, beim Einatmen sich vorstellen, Lebensenergie einfließen zu lassen, beim Ausatmen alles Negative visualisieren und es danach aus dem Körper blasen.
- *Magnetisches Abstreifen:* Aufrecht hinstellen, Handflächen aneinander reiben, bis sie prickeln, dann damit mehrmals in einem Abstand von etwa zehn Zentimetern über den gesamten Körper streichen. Nach jeder längeren Bewegung Hände über einer mit Wasser gefüllten Schale abschütteln.

- *Räucherreinigung:* 1:1-Mischung aus Weihrauch, Rosmarin, Salbei und Lavendel plus eine Prise Salz herstellen, eine Prise des Gemischs auf heiße Kohle in einem feuerfesten Gefäß geben. Rauch steigen lassen und in die Aura fächeln.
- *Erdung:* Aufrecht hinstellen, Knie leicht beugen, Arme in Schulterhöhe anwinkeln, Fingerspitzen vor der Brust berühren lassen, tief einatmen und beim Ausatmen unsichtbaren Widerstand nach unten drücken, Energie durch Hände und Füße in die Erde strömen lassen.
- Bestens zum Schließen von bereits entstandenen Löchern in der Aura sind Meditation und positiv besetzte Tätigkeiten geeignet, an welchen man Freude hat und sich aufbaut.

Angeblich sitzen in den Rissen im Energiekörper oft auch negative Anteile verstorbener oder lebender Personen, die man dann allerdings vermutlich nicht ohne fremde Hilfe loswerden wird.

Was sagt die Wissenschaft?

Wissenschaftlich betrachtet lässt sich kein Energiekörper messen, abbilden oder ertasten – er ist also nicht nachweisbar. Gelegentlich wird behauptet, die mittels Kirlianfotografie (auch hochfrequente Hochspannungsfotografie) abgebildeten Koronaentladungen (elektrische Impulse, die durch Ionisation eines elektrisch nicht leitenden Fluids entstehen, das einen elektrischen Leiter umgibt) seien ein Abbild der Aura. Dieser Behauptung fehlt jede vernünftige Grundlage. Einige Wissenschaftler behaupten außerdem, dass Menschen Auren aufgrund von Störungen im Gehirn wahrnehmen, wofür Erkrankungen wie Epilepsie, Veranlagungen wie Synästhesie (Kopplung zweier oder mehrerer physisch getrennter Bereiche der Wahrnehmung, Vermischen von Sinnesebenen), oder der

Einfluss von psychedelischen Drogen wie LSD verantwortlich gemacht werden.

Der Praxistest

GABRIELE HASMANN BEI TOBIAS VEES

An einem Freitagnachmittag treffe ich mich mit meinem „Experten“, einem jungen Mann, den ich als äußerst begabten und vielseitig talentierten Künstler kennengelernt habe und der mir vor einiger Zeit wie nebenbei erzählt hat, dass er „dieses Licht um die Menschen herum“ sieht. Und heute bitte ich ihn um ein ganz persönliches Aurareading.

Wir sitzen uns gegenüber und ich warte gespannt darauf, dass er mich mit Argusaugen mustert und mir dann meine Farben aufzählt. Doch er beginnt mir zuerst einmal zu erklären, wie er die Lichthülle des Körpers wahrnimmt: zuerst in einem Flimmern langsam auftauchend und später, wenn sie sich zur Gänze entfaltet hat, „wie in einem Stop-Motion-Film“, also Bild für Bild. Er müsse dabei an der Person vorbeisehen, erklärt er mir, und sich kurz konzentrieren, danach würde er ein maximal dreifarbiges Strahlen (eine Schicht nahe am Körper, auf die eine breite folgt, und manchmal noch eine ganz dünne Hülle außen herum) erkennen, das an manchen Stellen schwarze Einrisse und Zacken aufweist. Tobias sieht dabei ausschließlich die Farben, die den Chakren-Farben zugeordnet sind.

„Ich sehe über deinem Kopf eine schwarze Wolke, wie eine Nebelschwade“, erklärt er mir seelenruhig. Na toll, ich habe mich auf ein leuchtendes Rot oder strahlendes Blau gefreut und bekomme eine schwarze Wolke. Ich versuche, mir das Vorhandensein des Gebildes zu erklären und beschließe, dass ich gestresst sein muss. Tobias hat meine sich in Grenzen haltende Begeisterung über seine Sichtung offenbar bemerkt, denn er grinst und sagt: „Sie verzieht sich eh schon!“ Tja, das will ich ihr auch geraten haben. Ist doch klar, dass ich das nicht prickelnd finde – wer will schon eine dunkle Schwade über sich hängen haben.

Aber zu meiner Freude folgen jetzt die Farben: Ich wäre nahe am Körper gelb, danach folge ein helles Grün.

Laut Aurakunde bin ich also vom Herzchakra dominiert, wobei die Farbe selbst Balance, Harmonie, Beziehung, Liebe, Mitgefühl, Herzenswärme, Heilung und Diplomatie bedeutet. Am Körper selbst trage ich Gelb, die Symbolfarbe für das Nabel- oder Solarplexuschakra, das für Wille, Macht, Persönlichkeit, Weisheit, Verarbeitung (Erlebnisse, Gefühle) und die intellektuelle Seite des menschlichen Lebens (Vernunft, analytischen Geist, Logik und Urteilskraft) steht.

Okay, damit kann ich leben, denke ich und bin zufrieden mit meiner Energiehülle.

„Und die Wolke?“, frage ich etwa zehn Minuten später doch irgendwie beunruhigt nach. „Die ist fast weg“, beschwichtigt mich mein Gegenüber.

Zuletzt erscheint noch die Mutter des jungen Mannes, die mir seine Fähigkeiten bestätigt. Sie erzählt mir, dass Tobias ihr, seinem Bruder und anderen Familienmitgliedern schon öfter Schmerzen angekündigt hatte, die für ihn in der Aura sichtbar gewesen und am nächsten Tag tatsächlich auch stets eingetreten waren.

Mein Fazit: Ich vertraue Tobias, daher glaube ich ihm, dass er diese Strahlung wahrnimmt und auch die Farben sieht. Da ich es mit meiner Aura hätte schlechter treffen können, bin ich auch zufrieden mit dem Ergebnis. Ein Healing erscheint mir daher auch nicht notwendig. Und die Wolke werde ich mit Tobias’ Hilfe im Auge behalten!

Wer wissen möchte, welche Farben von ihm abstrahlen, sucht einen Aurareader auf und freut sich über den eigenen Körperregenbogen und seine positiven Charaktermerkmale, wie vom Anwender beschrieben. Sollte man dabei einen Tipp in Richtung schadhafter Stellen in der Energiehülle, die auf ein psychisches Problem oder eine physische Gesundheitsbeeinträchtigung hindeuten, erhalten, kann es nicht schaden, dieser Sache auf den Grund zu gehen. Ein Healing ist vermutlich nicht verkehrt, solange man nicht Unmengen an Geld dafür ausgibt und sich davon ernsthaft die Heilung einer schulmedizinisch diagnostizierten Krankheit erwartet.

3. Bachblüten – feinstoffliche Substanzen, welche die Seele wieder ins Gleichgewicht bringen

Was sind Bachblüten?

Bachblüten sind flüssige Pflanzenextrakte zum Einnehmen, genauer gesagt Aufbereitungen der wässrigen Auszüge von 37 verschiedenen Blüten wild wachsender Pflanzen. Außerdem werden noch die Rock-Water-Essenz (Quellwasser) sowie das Kombinationsmittel First Aid (Rescue-, Notfall- oder Erste-Hilfe-Tropfen genannt und lediglich eine Mischung aus fünf Blütenessenzen) dazugezählt, weshalb meistens von 39 Blüten die Rede ist, von denen man sechsmal am Tag vier Tropfen entweder direkt auf die Zunge träufelt oder in Wasser aufgelöst trinkt. Häufig werden Bachblüten übrigens fälschlicherweise als homöopathische Arznei bezeichnet, obwohl bei der Herstellung der Vorratsflaschen durch Verdünnen der Uressenzen gar nicht nach homöopathischen Verfahren gearbeitet wird. Die Bachblütentherapie wird üblicherweise nicht zur Phytotherapie (Pflanzenheilkunde) gezählt und die verwendeten Pflanzenteile sind in der Regel auch keine bekannten Heilpflanzen.

Woher kommen Bachblüten, wer hat sie entwickelt oder entdeckt?

Der britische Arzt Edward Bach (1886–1936) hat in den 1930er-Jahren die nach ihm benannte Bachblütentherapie als ein bis dato unbekanntes alternativmedizinisches Verfahren begründet. Die zentrale Aussage seiner Arbeit lautet, dass jede körperlich manifestierte Krankheit ursächlich auf einer seelischen Gleichgewichtsstörung beruht, also dass die menschliche Psyche in ein Ungleichgewicht geraten ist, was der Körper ausbaden muss. Bach hatte sogar eine Erklärung für jedwede Art der Störung: Er sah die Wurzel allen Übels, was körperliche Erkrankungen betrifft, in einem Konflikt zwischen der unsterblichen Seele und der Persönlichkeit eines Menschen. Eine Heilung könne nur als Folge einer Harmonisierung auf dieser seelisch-geistigen Ebene bewirkt werden, war Bachs Überzeugung. Darum beschrieb er zunächst einmal 19 Gemütszustände, die er im Laufe der Zeit auf 38 erweiterte, teilte die ihm bekannten feinstofflichen Störungen in sieben Gruppen der Gemütsstörungen und ordnete diesen grundlegenden Gemütszuständen bestimmte Pflanzenextrakte zu. Als Carl-Gustav-Jung-Anhänger wählte er die Pflanzen nach eigenen Beschreibungen intuitiv danach aus, welche positiven archetypischen Seelenkonzepte diese angeblich verkörpern würden.

Die betreffenden Blüten und Pflanzenteile legte er in Wasser ein und kochte sie, damit deren Energien, also energetische Schwingungen, extrahiert werden und so auf das Wasser übertragen werden konnten. Aus den auf diese Weise gewonnenen Urtinkturen stellte er anschließend durch starkes Verdünnen die uns heute bekannten Blütenessenzen her.

Die Blüten werden auch heutzutage noch an den ehemals von Dr. Bach festgesetzten Standorten gesammelt und nach den von ihm beschriebenen Potenzierungsmethoden rituell verarbeitet. Bei der Sonnenmethode werden die Blüten für etwa drei bis vier Stunden in eine mit Wasser gefüllte Schale gelegt und diese Schale wird dann ins Sonnenlicht gestellt. Bei der Kochmethode werden die Pflanzenteile eine halbe Stunde in Wasser erhitzt. Dieses Prozedere wird für holziges Pflanzenmaterial oder auch bei Pflanzen, die zu einer sonnenarmen Jahreszeit blühen, angewendet. Das Wasser wird dann mit einem gleich hohen Anteil Alkohol als Konservierungsmittel versetzt und dadurch haltbar gemacht. Diese Urtinktur wird im Verhältnis 1:240 verdünnt, um die eigentlichen Blütenessenzen herzustellen, und ähnelt in diesem Punkt dann doch wieder der Homöopathie, mit der Bach sich intensiv beschäftigt hatte. Aus fünf Litern Wasser, in welchem die Blüten gelegen haben, entstehen nach dem Hinzufügen von fünf Litern Alkohol und anschließender Verdünnung schließlich 2.400 Liter Blütenessenz, die in sogenannten „stockbottles“ à zehn Milliliter verkauft werden.

Was können sie konkret bewirken?

Die beschriebenen Blütenauszüge testete Bach in Selbstversuchen und auch an seinen Patienten und stellte dabei fest, dass Gefühle, Emotionen und Denkweisen, also Gemütszustände aller Art, tatsächlich positiv verändert werden konnten und somit auch die körperlichen Leiden auf indirekte Art und Weise beeinflusst wurden. Bachblüten sollen also bei psychischem Ungleichgewicht, das sich über kurz oder lang auch auf den Körper ungünstig auswirken kann, helfen können, die Seele wieder in geregelte Bahnen zu bringen, indem sie den belastenden Emotionen Ausgleich bieten.

Die erwähnten sieben negativen Gemütszustände nach Dr. Edward Bach sind Angst, Unsicherheit, Interesselosigkeit, Einsamkeit, mangelnde Abgrenzungsfähigkeit, Mutlosigkeit/Verzweiflung sowie zu heftige Sorgen um andere. Jedem dieser disharmonischen Seelenzustände der menschlichen Natur hat er bestimmte Blüten zugeordnet, von denen er meinte, dass sie sich positiv auswirken würden.

Die zum Problem passende Essenz soll eine Harmonisierung im betreffenden Bereich fördern und so bei der Überwindung der negativen Gemütszustände helfen. Im Gegensatz zum Simile-Prinzip in der Homöopathie, bei dem Ähnliches durch Ähnliches geheilt wird, sollen diese Essenzen als positiver Gegenpol eine Harmonisierung negativer Seelenzustände bewirken.

Die 38 Bachblüten nach der von Bach in alphabetischer Reihenfolge verwendeten Nummerierung im Überblick (links die englische Bezeichnung, rechts der deutsche Name der Pflanze)

1	Agrimony	Gemeiner Odermennig
2	Aspen	Espe/Zitterpappel
3	Beech	Rotbuche
4	Centaury	Tausendgüldenkraut
5	Cerato	Bleiwurz
6	Cherry Plum	Kirschpflanze
7	Chestnut Bud	Rosskastanienknospe
8	Chicory	Wegwarte
9	Clematis	Gewöhnliche Waldrebe
10	Crab Apple	Holzapfel
11	Elm	Englische Ulme
12	Gentian	Herbstenzian
13	Gorse	Stechginster
14	Heather	Schottisches Heidekraut
15	Holly	Europäische Stechpalme
16	Honeysuckle	Geißblatt
17	Hornbeam	Hainbuche
18	Impatiens	Springkraut
19	Larch	europäische Lärche
20	Mimulus	gefleckte Gauklerblume
21	Mustard	Ackersenf

22	Oak	Eiche
23	Olive	Ölbaum
24	Pine	Schottische Kiefer
25	Red Chestnut	Rote Kastanie
26	Rock Rose	Gelbes Sonnenröschen
27	Rock Water	Fels-Quellwasser
28	Scleranthus	Einjähriger Knäuel
29	Star of Bethlehem	Doldiger Milchstern
30	Sweet Chestnut	Edelkastanie
31	Vervain	Eisenkraut
32	Vine	Weinrebe
33	Walnut	Walnuss
34	Water Violet	Wasserfeder
35	White Chestnut	Weißblühende Rosskastanie
36	Wild Oat	Waldtrespe
37	Wild Rose	Heckenrose
38	Willow	gelbe Weide

Traditionell tragen die nummerierten Essenzen englische Namen und sind verschiedenen Anwendungsgebieten zugeordnet. In den vergangenen Jahren sind viele weitere, neue Essenzen auf dem Markt aufgetaucht, die sich zwar in der Art ihrer Herstellung an die der Bachblüten anlehnen, allerdings nicht im Kanon von Dr. Edward Bach enthalten sind.

Methoden der Auswahl

Die wohl verbreitetste und beliebteste Methode, um die richtigen Bachblüten für sich zu finden, ist die der Beschreibung (dazu liest man sich die Charakteristik von seelischen Zuständen und Lebenssituationen durch, die den einzelnen Bachblüten zugeordnet sind und wählt jene aus, die für die eigene Situation passend erscheinen), gefolgt von der Fragebogentest-Methode (hier werden Fragen, die auf diversen Internetseiten zu finden sind und mithilfe derer seelische Zustände und Lebenssituationen abgefragt werden, beantwortet, und über deren Auswertung erhält man konkrete Bachblütenvorschläge) und der Pflanzenbild-Methode (hier legt man Fotokarten der einzelnen Blüten vor sich hin und wählt, zu welchen man sich hingezogen fühlt, denn das sind meist auch die richtigen Essenzen). Man kann die passenden Nummern aber auch auspendeln, die Fläschchen nach Intuition ziehen oder sie mittels kinesiologischen Muskeltest ausfindig machen.

Was können sie nicht, wo liegen ihre Grenzen?

Kritiker führen an, dass der moralisierende Charakter dieses Konzepts seelischen Druck ausüben kann, da das eigene Verhalten als Ursache für Probleme, Gefühle und letztlich auch für Krankheiten angesehen wird. Wenn es um ernstzunehmende psychische Probleme geht, mögen die Blüten unterstützend wirken, den Gang zum Psychotherapeuten oder Psychologen werden die Essenzen aber keinesfalls entbehrlich machen oder gar ersetzen.

Was sagen deren Anwender?

Ein seriöser Bachblüten-Berater wird versuchen, seelische Grundthemen, die bestimmte Verhaltensmuster auslösen, im Klienten zu erkennen: wiederkehrende Situationen und Probleme etwa, oder auffallende Eigenschaften, Denkmuster und Verhaltensweisen. Je nach Kenntnisstand und Angebot kommen auch Methoden wie Kinesiologie oder andere Formen von Energiearbeit zum Einsatz. So erklärt auch Diplom-Energetiker Martin Siegl, dass er so gut wie nie nur Bachblüten allein als therapeutisches Hilfsmittel anbietet, sondern mittels Kartenlegung oder Klangschalentherapie auf unterschiedlichen Ebenen versucht, den Problemen des Klienten Herr zu werden. Körperliche Symptome werden in der Regel ohnehin erst in zweiter Linie zur Ermittlung herangezogen, da bei der Arbeit mit Bachblüten die seelische Situation im Fokus steht. Der Bachblütenberater wird die geeignete Mischung ermitteln und in nachfolgenden Sitzungen Veränderungen beobachten und die Mischung gegebenenfalls an die aktuelle Situation anpassen.

Was sagt die Wissenschaft?

In klinischen Studien zeigte sich bislang keine größere Wirksamkeit von Bachblüten-Essenzen gegenüber Scheinarzneimitteln, weshalb Wissenschaftler davon ausgehen, dass die vermeintliche Wirkung von Bachblüten ein reiner Placebo-Effekt ist. Umso mystischer fühlt es sich allerdings an, wenn Menschen sich nach eigenen Angaben in Ausnahmesituationen nach der Einnahme der Notfall-Tropfen augenblicklich ruhiger fühlen.

Der Praxistest

PAMELA OBERMAIER BEI MARTIN SIEGL

Ich sitze in einem angenehm hellen Raum, der wohltemperiert ist (nur an den Füßen ist mir etwas kalt, weshalb ich mich ärgere, keine dicken Kuschelsocken mitgenommen zu haben, denn dadurch, dass ich mit beiden Fußsohlen am Boden aufkommen soll, um gut geerdet zu sein, wird das nicht gerade besser) und sehe in ein freundliches, offenes junges Gesicht. Martin Siegl erklärt mir, dass Bachblüten etwas sehr Persönliches sind und uns manchmal über Umwege zu den richtigen Lebensthemen führen. Ich müsse allerdings schon an deren Wirkung glauben, damit sie mir helfen können. Weiters lässt er mich wissen, dass er die richtigen Nummern gern mittels Karten austestet, weil er die Auswahl dadurch gar nicht beeinflussen kann, sondern ich selbst die für mich passenden wählen werde. Er setzt nach, dass Bachblüten nur dann in unser Leben kommen, wenn sie notwendig und hilfreich für uns sind. „Oder wenn wir ein Buch über spirituelle Praktiken schreiben", schießt es mir durch den Kopf. Ich erzähle ihm, dass ich momentan gar kein Problem habe, zumindest nichts Außergewöhnliches, das mir bewusst wäre, und möchte wissen, ob wir diesen Selbsterfahrungstest dann überhaupt machen können. Überzeugend schildert er, dass er aus diesem Grund zunächst überprüfen wird, ob ich Bachblüten nehmen sollte – wenn nicht, würden wir abbrechen. Das klingt doch schon mal gut! Allerdings gibt er zu bedenken, dass die Essenzen oft als Prävention genommen werden, weil mir etwas fehlen könnte, von dem ich noch gar nichts weiß. Er fordert mich an dieser Stelle dazu auf, mental in mich zu gehen und mir vor meinem geistigen Auge die Frage zu stellen, ob ich Bachblüten brauche. Während ich das mache, schiele ich kurz zu ihm hinüber, um mitzubekommen, was er macht: Er geht mit einem Stift zwischen den Antworten „Ja" und „Nein" hin und her, die beide auf einem Zettel stehen. Ich schließe die Augen erneut und sage, wie er es mir zuvor aufgetragen hatte, „Stopp", als mein Gefühl mir vermittelt, er müsse jetzt bei der richtigen Antwort angelangt sein. „Ja" kommt dabei raus, denn da ist der Kugelschreiber gelandet, als ich meinen geistigen Prozess beendet habe. Als nächstes, so teilt Martin Siegl mir mit, wird er herausfinden, wie viele Sorten ich nehmen soll, denn mehr als sieben verabreicht er nicht. Wir wiederholen das Prozedere: Ich versuche mich still auf die Frage nach der Anzahl zu konzentrieren, und der Stift zeigt auf die Ziffer Drei, als ich den Vorgang abbreche. Dann gehe ich zur Massageliege, auf welcher der Energetiker die Bachblüten-Karten bereits für mich aufgelegt hat – nicht ohne mich wissen zu lassen, dass er davor dreimal auf den Stoß der Karten geklopft hat, um diese von eventuellen Energierückständen voriger Klienten zu reinigen; damit ich unvoreingenommen meine richtigen Nummern ziehen kann. Die Karten liegen mit der Vorderseite nach oben aufgebreitet da, und ich wähle visuell, also danach, welche Bilder (es sind Fotos der jeweiligen Blüten) mich ansprechen. Dieses Auswahlprozedere erklärt mir Martin Siegl mit den Worten: „Die Seele kann über die Augen gut wahrnehmen". So komme ich zu den Nummern 2, 6 und 27. Zwei dieser Blüten habe er bereits bei mir „gesehen", lächelt mich Martin Siegl an, die dritte käme allerdings auch für ihn überraschend. Ich lese mir in einem nächsten Schritt durch, wobei diese Blüten unterstützend wirken sollen. Und es stimmt: Zwei davon könnte ich tatsächlich ganz gut gebrauchen, auch wenn ich bislang nicht über die hier angesprochenen Dinge nachgedacht habe. Die dritte Blüte passt meiner Meinung nach gar nicht zu mir, aber warum nicht mal ausprobieren, was sich verändert, wenn ich sie einnehme? Wer nicht wagt, der bekanntlich auch nicht gewinnt!

Jetzt bekomme ich noch eine ganz genaue Einnahmeempfehlung: Vor Gebrauch soll ich das Fläschchen mit den Bachblüten gut schütteln. Wichtig ist, dass ich die Essenz kontinuierlich nehme und zwar dreimal am Tag vier Tropfen davon, die ich unter der Zunge zergehen lassen soll. Wenn ich den alkoholischen Geschmack nicht besonders oder aber umgekehrt zu berauschend finde, kann ich die Flüssigkeit in ein Glas Wasser geben und sie so zu mir nehmen, aber weglassen würde er den Alkohol nicht, wenn es nicht sein muss, da Bachblüten ohne diesen Zusatz nur bis zu eineinhalb Wochen im Kühlschrank haltbar sind und danach schnell kippen, weil sie äußerst sensibel sind. Etwa vier Wochen lang sollte ich mit diesem Fläschchen auskommen und danach können wir, wenn ich das möchte, neu austesten, um zu sehen, wie der Status quo meiner Seele aussieht.

In den folgenden Wochen merke ich, dass es Tage gibt, an denen ich beinahe auf die Einnahme vergesse, während ich an anderen brav zu jeder Mahlzeit daran denke, mir die Essenz unter die Zunge zu tröpfeln. Ich nehme die Bachblüten recht gern ein, weil mir das irgendwie ein gutes Gefühl gibt, obgleich ich keine Veränderung bemerke.

Als Fazit kann ich sagen, dass ich mich nicht auffallend anders fühle als vorher, aber mich das Einnehmen selbst irgendwie beruhigt und gestärkt hat. Um eine wirkliche Veränderung zu bestätigen, müsste ich jetzt erneut austesten und eine neue Kombination nehmen und mich auch noch anderer energetischer Methoden bedienen – das mache ich ja ohnehin, da wir in diesem Buch weitere Möglichkeiten vorstellen wollen, um das Säckchen an Gummibärchen möglichst bunt zu gestalten.

4. Bäume umarmen – grüne Telegrafen als Sorgenhotline und Seelentröster

Warum Bäume umarmen?

Von allen Pflanzen unter der Sonne ist dem Menschen der Baum wohl die liebste – ich spreche dabei nicht vom in Form gezüchteten Bonsai am Fensterbrett, sondern von dem Lebewesen in der freien Natur. Vielleicht ist diese positive Einstellung gegenüber Ahorn, Birke und Co. in der oft imposanten Größe und stolzen Erhabenheit begründet, oder darin, dass die uralten Exemplare echte Monumente in der Naturgeschichte darstellen und den Menschen an seine eigene Vergänglichkeit erinnern. Leitet man „Monument" aus dem Lateinischen ab (*monere*, zu Deutsch „erinnern"), wird klar, warum diese greisen Riesen „in sich ruhend" erscheinen: Sie haben, oft jahrhundertelang, schöne wie schreckliche Dinge gesehen und unzählige Erfahrungen gemacht, und – geht man davon aus, dass Geschehnisse Energien hinterlassen – diese Informationen im Holz gespeichert bis in alle Ewigkeit. Es lässt sich auch nicht leugnen, dass ein großer, gesund aussehender Baum Kraft und Gelassenheit ausstrahlt und gleichzeitig Ruhe und Zufriedenheit vermittelt (außerdem spendet sein dichtes Laubhaupt erfrischenden Schatten an sonnig-heißen Tagen).

Floyd „Red Crow“ Westermann (1936–2007), ein amerikanischer Sänger, Schauspieler und Aktivist des American Indian Movement vom Stamm der Dakota, sagte anlässlich seines Konzerts 1992 beim Internationalen Workshop in Walsrode: „Umarme einen Baum, die Bäume sind unsere Telegrafen. Wir sprechen über sie mit allem, das wichtig ist für uns. Gib deine Sorgen dem Baum. Er ist Retter, Bewahrer.“

Der Begriff „Telegraf“ steht in diesem Zusammenhang metaphorisch für die Übertragung von Gefühlen, Stimmungen und Befindlichkeiten vom menschlichen Sender an den pflanzlichen Empfänger. Der Baum leitet schlechte Energien ab und führt positive Kräfte zu, während sanfte, häufig als tröstend empfundene, feinstoffliche Schwingungen die Seele streicheln.

Aber warum sollte eine Pflanze ausgerechnet dem Lebewesen, das am wenigsten Rücksicht auf die Natur nimmt, helfen? Das erklären sie uns selbst, behaupten die Personen, die Bäume nicht nur umarmen, sondern auch mit ihnen kommunizieren. Die Baumgeister erklären all jenen, die ihre „Stimmen“ hören und ihre „Sprache“ verstehen, warum sie jedes Individuum, auch das menschliche, respektieren. Darüber hinaus berichten sie von längst vergangenen Zeiten und ihren Erlebnissen, aber auch von eigenen Problemen. Auf dieser Stufe übernimmt der grüne Riese nicht mehr länger nur die Funktion des der Seele schmeichelnden Energielieferanten beim Umarmen seines rindigen Körpers, sondern ist bereits Gesprächspartner, mit dem ein telepathischer Gedankenaustausch stattfindet. „Bäume sind Heiligtümer. Wer mit ihnen zu sprechen und ihnen zuzuhören weiß, erfährt die Wahrheit“, wusste der deutsche Schriftsteller Hermann Hesse (1877–1962).

Doch diesen Schritt vom laienhaften Bäumekuschler hin zum Profi in Sachen Kommunikation mit den Dryaden, wie die Baumwesen in diversesten Mythen genannt werden, ist ein großer. Den muss man nicht gehen, wenn man dazu nicht bereit ist oder nicht an die Existenz der Pflanzengeister glaubt. Denn ist ein Baum, wenngleich natürlich belebt, deshalb tatsächlich auch beseelt? Eine Antwort auf diese Frage kann jeder nur für sich selbst finden!

Jede Kultur hatte zu jeder Zeit ihre Naturgeister – viele Menschen zogen also offenbar ihren Nutzen aus der positiven Kraft und heilenden Energie der Pflanzen, andere profitierten wiederum angeblich von der allumfassenden Weisheit ihrer beseelten Bewohner. Das eine ist so wahr oder zweifelhaft wie das andere.

Woher kommt es, wie hat es sich entwickelt?

Schon in frühen Zeiten hatte jedes Dorf seinen heiligen Baum, meist eine Eiche, in dem der gute Geist der Gemeinschaft lebte, welcher den Bewohnern angeblich als übernatürliches Phänomen (in Tiergestalt oder als Elfe) erschien – so die Überlieferungen. Am Fuße dieser heiligen Bäume wurden häufig Opfertische errichtet. Die Kelten umgaben ihn durch einen Hain, der als Orakelstätte (man nahm an, dass weissagende Gottheiten Bäume als Medium, quasi als Kanal zwischen Himmel und Erde, nutzten), Zeremonienplatz, Versammlungsort und Stätte der Rechtsprechung fungierte. Und die Bezeichnung der keltischen Priester lautete „Druide", was übersetzt nichts anderes als „der Eichenkundige" bedeutet. Sehr viel respektvoller – im Vergleich zu heute – verhielten sich damals auch die Holzfäller: Sie entschuldigten sich artig bei dem Baum für ihre Tat, bevor sie loshackten (allerdings musste zuvor vom Priester des Ortes festgestellt werden, dass in der betreffenden Pflanze kein Naturgeist mehr steckte).

Doch schon viel früher kommt auch die Bibel nicht ohne Baum-Symbolik aus – Stichwort „Adam und Eva im Paradies“: Zuerst naschten sie vom „Baum der Erkenntnis“, dann genierten sich die beiden für ihre Nacktheit und bedeckten diese mit Feigenbaumblättern. Und dann ist da noch die Sache mit dem Kreuz: Die Forschungen von Archäologen und Anthropologen legen nahe, dass Jesus nicht ans Kreuz, sondern an eine Art y-förmige Astgabel geschlagen wurde. Untersuchungen des Turiner Grabtuchs haben nämlich ergeben: Der Heiland starb mit hochgereckten Armen. Und die dornigen Ranken der Krone, die dem armen Mann davor von römischen Soldaten aufgesetzt worden war, weil er nicht bestritt, der König der Juden zu sein, stammten unter Umständen von einem Weißdornbaum (dieser Meinung sind zumindest Kenner der damals in der betreffenden Region heimischen Flora).

Im 13. Jahrhundert haben Künstler die tiefe Bedeutung des Baumes und seine innige Beziehung zum Menschen in der altnordischen Liedersammlung „Edda“ beschrieben. Diesem Werk entsprangen zahlreiche Mythen, unter anderem die von Mimir, der eine der Quellen unter dem Weltenbaum Yggdrasil hütet. Wissen, Weisheit und Weissagungsgabe dieses Wesens sind so berühmt, dass selbst Göttervater Odin eine enge Bindung zu ihm pflegt und regelmäßig um Rat fragt. Und auch heute noch wird der Baum in vielen Kulturen und Religionen verehrt: Buddhisten etwa sehen die Natur als beseelt an und sind der Meinung, dass der Wald mit seinen Pflanzen von Gottheiten bewohnt ist.

In grauer Vorzeit, als der Homo sapiens noch viel enger verbunden war mit der Natur, in und mit ihr lebte, hat er vermutlich immer wieder den (Körper-)Kontakt zu den pflanzlichen Wesen in seinem Lebensraum gesucht. Wann genau jedoch der moderne Mensch wieder damit anfing, Bäume zu umarmen, kann nicht festgestellt werden.

Sicher ist, dass seit vielen Jahren nicht nur „dreadlockige Öko-Freaks“, die ausschließlich das essen, was die Natur freiwillig rausrückt, oder „buntgewandete Eso-Tanten“ mit Räucherstäbchenmentalität dem Ruf der Natur folgen. Überall auf der Erde steht heute der Yuppie im Anzug vor einem stressigen Arbeitstag ebenso im Wald, um sich an die belaubten oder nadeligen Riesen zu kuscheln, wie die Oma auf ihrer täglichen Walking-Route nahe der heimatlichen Seniorenresidenz.

Darüber hinaus gibt es immer wieder Initiativen, die den Körperkontakt zwischen Mensch und Baum fördern sollen, etwa das große Tree-Hugging des WWF, das am 14. Mai 2013 stattfand, bei dem sich fast 1.000 Deutsche im Essener Grugapark an die Pflanzen kuschelten und damit einen Weltrekord aufstellten.

Die symbolische Bedeutung der verschiedenen Baumarten

Jeder Baum hat eine eigene symbolische Aussage, die Linde etwa ist ein Sinnbild ehelicher Liebe, der Güte, Harmonie, Gastfreundschaft und Bescheidenheit. Ein alter Volksglaube besagt, dass, wenn zur Geburt einer Tochter eine Linde gepflanzt wurde, die Eltern am Zustand derselben erkennen können, wie es dem Mädchen geht, nachdem dieses das gemeinsame Heim verlassen hat.

Die Kastanie wiederum steht für Frieden, die Birke für Neuanfang und Kindersegen, die Buche für Erkenntnis und Weisheit, Nadelbäume für die Abwehr von Krankheiten, der Apfelbaum kann Liebende vereinen und der Haselstrauch hält negative Strahlen von Wohnbereichen ab.

Es heißt: Geht man durch den Wald, haben die Bäume am Wegesrand Botschaften für uns – der Baum, der unsere Aufmerksamkeit auf sich zieht, sagt demnach einiges über unsere momentane seelische Situation aus. Informationen dazu bekommt man auch bei Baumkreisen, die als Erholungsort und Touristenattraktion geschaffen wurden (wie beispielsweise der „Lebensbaumkreis am Himmel“ im 19. Wiener Gemeindebezirk).

Was kann es konkret bewirken?

Ein Wald ist wie eine Parallelwelt – der Mensch betritt eine Oase der Ruhe, deren Stille nur unterbrochen wird von den Geräuschen der Tiere und dem Rascheln, wenn sich ein Lufthauch in den Baumkronen verfängt oder durch die Sträucher saust. Verflogen sind Kummer und Sorgen, vergessen Stress und Hektik, sobald man diesen Ort betritt und dessen Atmosphäre heilend auf die Seele, belebend auf den Geist und beruhigend auf den Körper wirken lässt.

Die hoch aufragenden Bäume sind mit ihren Wurzeln zwar „bodenständig“ und „geerdet“, scheinen aber andererseits mit ihren Kronen und Wipfeln direkt mit dem Himmel und damit auch mit dem Überirdischen in Kontakt zu stehen. In der Gesellschaft dieser Wesen und mit ihrer Hilfe kann der Mensch angeblich auf den Grund seiner Seele blicken. Und die beste Möglichkeit, eine Beziehung zu den grünen Riesen aufzubauen, entweder nur körperlich, oder auch seelisch und geistig, ist, ihren Stamm mit den Armen zu umschlingen und den Leib gegen ihre Rinde zu pressen. Bei dieser Verbindung, die während des Kontakts entsteht, wechseln Energien den Besitzer – und so, wie der Baum das schädliche Kohlenstoffdioxid in lebenswichtigen Sauerstoff transformiert, absorbiert er negative Schwingungen, wandelt sie in positive Kraft um und stärkt Selbstvertrauen und Zuversicht. Darüber hinaus fungiert die Pflanze als Seelentröster, da sie Mut, Hoffnung und Zuversicht spendet und letztlich zu einer klaren Sicht der Dinge verhilft.

Das Geheimnis des grünen Psychologen liegt vor allem in der Ausstrahlung einer makrokosmischen Ruhe, die Menschen erdet. Nicht umsonst empfehlen die meisten Therapeuten ihren Patienten, die etwa am Burnout-Syndrom oder an Depressionen leiden, sich möglichst oft in der Natur aufzuhalten.

Und bei besonders stabilen feinstofflichen Brücken zwischen Mensch und Baum ist die Pflanze sogar in der Lage, nicht nur psychische, sondern auch physische Leiden sowie Schmerzen zu lindern. Man spricht dabei von der Erdheilung.

Neben seiner mystischen Wirkung auf den Menschen hat der Baum aber auch eine alternativmedizinische Bedeutung. Altes Wissen und moderne Erkenntnisse erlauben uns heute, Heilmittel aus Bäumen zu gewinnen, die mit der Phytotherapie, Aromatherapie und Homöopathie helfen, unsere Gesundheit zu erhalten und Krankheiten erfolgreich zu behandeln. Sowohl die Traditionelle Chinesische Medizin als auch schon indigene Volksstämme kannten viele Anwendungsmöglichkeiten von Blüten, Blättern oder der Rinde. Früher liefen Anwendungen zur möglichen Heilung hauptsächlich rituell ab – man empfahl beispielsweise Gichtkranken, am Morgen in den Wald zu gehen und drei Tropfen ihres Blutes im Spalt einer jungen Fichte zu versenken. Danach sollte die Öffnung mit Wachs und Honig verschlossen und dazu der Spruch „Guten Morgen, Frau Fichte, da bring ich dir die Gichte“ aufgesagt werden. Aber auch alte und noch heute praktizierte Hausmittel bedienten sich der Bäume: Beispielsweise senkt ein Tee aus Lindenblüten das Fieber, der Extrakt aus Rosskastanienblättern stärkt die Venen, ein Getränk aus Buchenlaub hilft bei Gleichgewichtsstörungen und Nervosität, das reine Aroma von Kastanien vertreibt Selbstzweifel und verleiht Gelassenheit, das der Buche fördert die Konzentration und lindert Kopfschmerzen. Birkensaft entschlackt und stärkt das Bindegewebe, das Kauen von Tannennadeln hilft gegen Infektionen.

Last, but not least sei der Wellness-Faktor erwähnt: Abseits von spiritueller Kontaktaufnahme zum Lebewesen Baum oder zu dem in ihm wohnenden Naturgeist, von Frustbefreiung sowie Linderung von Schmerzen und Heilung von Krankheiten macht es einfach glücklich, durch den Wald zu laufen, die gute Luft einzuatmen und die Schönheit der Pflanzen zu bestaunen.

Was kann es nicht, wo liegen seine Grenzen?

Es gibt Menschen, die täglich mit Herzchen in den Augen durch den Wald laufen und alles umarmen, was groß, rindig, belaubt oder benadelt und nicht bei drei unsichtbar ist, oder ihren grünen Schatz im Garten häufiger liebkosen als den eigenen Partner. Die Frage, die sich aufdrängt, ist jene: Warum umarmt man zur Erreichung von Wohlbefinden nicht einfach einen Menschen, den man mag? Der könnte nicht nur seine Freude über die Zuneigungsbekundung äußern, sondern die Zärtlichkeit sogar effektiv spürbar erwidern. Für diese Reaktion eines artgleichen Lebewesens benötigt man keine sensible grüne Antenne (davon abgesehen, dass sich die Körper von Männern und Frauen einfach weicher anfühlen als ein Baumstamm). Und damit ist es auch schon gesagt: Man kann in das Bäume-Umarmen hineininterpretieren, was auch immer man möchte und sich an dieser durchaus schönen und das Leben bereichernden Tätigkeit erfreuen – aber die menschliche Berührung ersetzt es eben doch nicht.

Was sagen seine Anwender?

Die Erde besteht nicht nur aus Materie allein, sondern hat, wie wir Menschen auch, ebenso eine emotionale Ebene. Die Naturwesen entsprechen dieser Gefühlswelt der Erde. Bäume besitzen nicht nur den für uns sichtbaren grobstofflichen Körper, in ihnen wohnen laut Anwendern auch für das menschliche Auge unsichtbare feinstoffliche Wesen (Menschen, die behaupten, Naturgeister zu sehen, beschreiben Dryaden als alte, runzlige Männer mit langem Haar), die wir angeblich am besten über unsere eigenen Gefühle, über unser Herz, erreichen. Sie spiegeln unsere Emotionen, das, was uns im Augenblick des Kontakts mit ihnen bewegt. Die Kommunikation mit diesen Wesen kann als Emotion, inneres Bild, Geruch oder eine Körperempfindung wahrgenommen werden, und durch diesen engen Kontakt mit der Natur erkennt sich der Mensch als Teil eines Ganzen, denn alles ist mit allem verbunden. Wenn es ihm gelingt, sein Denken auszuklammern und mit dem Herzen wahrzunehmen, beginnt er, den Augenblick und alle darin enthaltenen Zustände sowie das Gefühl, ganz bei sich und vollkommen geerdet zu sein, zu spüren.

Bäume geben uns die Möglichkeit, sich den eigenen Empfindungen und unbewussten Gedanken wieder bewusst zu werden und dadurch Blockaden aufzulösen. Bäume helfen, die eigenen Selbstheilungskräfte zu aktivieren. Die Aufgabe einer Kommunikatorin mit Naturwesen wie Bäumen besteht darin, Interessierte für diesen Vorgang zu sensibilisieren und als Übersetzerin zwischen Natur und Mensch zu fungieren.

Was sagt die Wissenschaft?

Gegen das Umarmen von Bäumen als Naturtherapie bei seelischem Ungleichgewicht oder in nervenaufreibenden Stresssituationen beziehungsweise einfach nur als Ausdruck seiner Hinwendung zu den alten, weisen Pflanzen, hat die Wissenschaft natürlich nichts einzuwenden. Gegen die These, dass ein Baum bei ärztlichen Untersuchungen nachgewiesene Verletzungen heilen und medizinisch diagnostizierte Krankheiten kurieren kann, allerdings schon – denn weder Schulmediziner noch Pharmazeutiker glauben im Normalfall an die Existenz von Naturgeistern, die das bewirken könnten; immer vorausgesetzt, es handelt sich nicht um psychosomatische Beschwerden. Denn wenn Kummer körperliches Leid verursacht, kann der Aufenthalt im Wald auf alle Fälle zur Gesundung des Patienten beitragen.

Der Praxistest

GABRIELE HASMANN MIT JOHANNA KOTHBAUER

Ich bin mit Johanna Kothbauer, einer alternativen Heilerin und Naturkommunikatorin im Schlosspark Laxenburg unterwegs, in dem einige hochbetagte Baumriesen stehen. Nach all der Theorie bin ich gespannt, was mich in der Praxis erwartet. Es ist relativ kalt an diesem windigen Novembertag, doch ich freue mich auf meine Kontaktaufnahme mit einer von der Expertin zu diesem Zweck ausgewählten uralten Platane, bei der es sich angeblich um ein ganz besonderes Exemplar handelt. Den Baum, den wir nun ansteuern und der sich etwa hundert Meter links neben der Fährstelle zur Franzensburg befindet, nennt Johanna „Festbaum“ und erklärt auch sofort, warum: „Er ist bestens dafür geeignet, unter seinem Blätterdach im Einklang mit der Natur Feste zu feiern – entweder in Gedanken mit sich selbst, das pure Glück genießend, oder mit anderen Menschen und guten Gesprächen.“ Dieser spezielle Baum ist für die Naturkommunikatorin aber auch aus dem Grund interessant, weil sich dort viele Feen und Zwerge aufhalten sollen, die ebenfalls Party machen, aber ebenso gerne den Menschen dabei zusehen.

Während wir uns gegen die eisigen Windböen stemmen, erzählt Johanna: „Die Wichtel lieben es, Menschen zu beobachten, sie zu imitieren. Sie ahmen ihren Gang und ihre Stimmen nach und lauschen besonders aufmerksam, wenn gesungen wird. Sie tanzen entweder eifrig mit, wenn es sich um beschwingte Musik handelt, oder werden bei langsamen Melodien und besinnlichen Texten ganz ruhig und friedvoll. Ich selbst singe oft bei der Platane und tauche ein in ein Fest für Menschen, Feen, Zwerge und Natur.“ Johanna besucht ihren Baumfreund regelmäßig und stellt ihm Fragen. Dabei lehnt sie sich mit dem Rücken gegen den Stamm, begrüßt das Baumwesen und freut sich über die Kontaktaufnahme: „Ich blicke über den See und werde ganz ruhig in mir. Die Rückmeldung der Platane erfolgt meistens über ein mentales

Bild oder über Wörter. Und die Nachrichten haben mir immer weitergeholfen. Am Anfang dachte ich manchmal, ich antworte mir vielleicht selbst und liege dabei intuitiv richtig, doch jetzt weiß ich sicher: Das Baumwesen trifft immer den Nagel auf den Kopf. Wir sind bereits ein eingespieltes Team", erklärt mir die Naturkommunikatorin, während wir uns besagtem Baum nähern.

Mental bin ich bereits total auf die Platane eingestellt – es ist auch nicht das erste Mal, dass ich mich an einen Baum kuschle, nur hab ich noch nie mit einem kommuniziert. Wie Johanna stelle ich mich mit dem Rücken zu der Pflanze und drücke mich gegen den Stamm. Doch schon nach wenigen Sekunden habe ich den Eindruck, dass etwas falsch für mich läuft, denn es fühlt sich unangenehm an, so dazustehen. Spontan drehe ich mich also um, lehne Brust und Bauch gegen den Baum und lege meine Hände auf den Stamm. Sofort spüre ich trotz des eisigen Windes eine angenehme Wärme in meinem Körper aufsteigen, die mich irgendwie froh macht. Ich versuche nun, geistig Kontakt aufzunehmen und stelle der Platane eine Frage, doch trotz mehrmaliger Versuche erhalte ich keine Antwort. Vermutlich bin ich doch nicht offen genug für ein Gespräch zwischen Mensch und Pflanze, besser gesagt zwischen mir und dem Baumwesen. Aber tatsächlich fühle ich mich pudelwohl, so gegen die Platane gelehnt, und würde am liebsten gar nicht mehr weggehen. Entweder bilde ich mir das nur ein oder der Baum gibt wirklich extrem viel positive, wärmende Energie ab und vermittelt etwas Beschützendes, Fürsorgliches, Tröstendes. Nach rund zwanzig Minuten muss ich mich dann doch losreißen – erstens hat Johanna nicht endlos Zeit, zweitens habe ich bereits jede Menge seltsamer Blicke von Spaziergängern geerntet und merke, dass ich mich zu genieren beginne. Und in dem Moment, in dem ich mich in Gedanken bei dem Baum dafür entschuldige, dass es mir langsam peinlich wird, mit ihm zu kuscheln, fühle ich einen leichten Druck auf meinem Oberarm. Bemüht, das jetzt nicht gleich gruselig zu finden, verabschiede ich mich von der Platane und verspreche, wiederzukommen.

„Viele Menschen, die mit mir eine Feenwanderung gemacht und auf diese Weise den Festbaum kennengelernt haben, besuchen ihn genauso regelmäßig wie ich“, erzählt mir Johanna. Mit diesen Worten verlassen wir den Schlosspark und machen uns auf den Weg zurück nach Hause.

Mein Fazit: Es ist toll, wenn sich bei der Kontaktaufnahme mit Bäumen jeder freut – die Menschen über die intensivere Beziehung zur Natur, die Pflanze über die Streicheleinheiten und die Naturwesen über die Gesellschaft der rosa Riesen mit ihren seltsamen Gewohnheiten und ihrem Spaß am Feiern und Singen. Meine Erfahrung hat mich gelehrt, öfter den Kontakt mit Bäumen zu suchen, da ich mich bei der Platane äußerst wohlgefühlt habe. Trotz der Kälte und des eisigen Windes hat mir der Baum mit seiner stillen, aber mächtigen Dominanz ein Gefühl von Geborgenheit vermittelt. Das Umarmen von Bäumen ist also jedermann zu empfehlen, wie generell ein Aufenthalt in der Natur. Der Körperkontakt mit diesem erhabenen Lebewesen, das dem (sensiblen) Menschen tatsächlich so etwas wie Verständnis und Mitgefühl entgegenzubringen scheint, ist angenehm und macht happy.

5. Body Talk – dem Körper den Impuls geben, seine Selbstheilungskräfte zu aktivieren

Was ist Body Talk?

Kurz auf den Punkt gebracht handelt es sich bei Body Talk um eine Art der Energiearbeit, durch die unsere Selbstheilungskräfte angekurbelt werden sollen. Es geht also darum, dem Körper dabei zu helfen, sich selbst zu helfen. Als allem zugrundeliegende Tatsache geht man davon aus, dass jeder lebende Organismus eine innere Weisheit besitzt und darum selbst am besten weiß, wenn etwas in Unordnung geraten ist, was in vielen Fällen zu Krankheit führen kann. Der Stress des alltäglichen Lebens kann nämlich die Synchronisation der einzelnen Energiesysteme im menschlichen (oder auch tierischen) Leib beeinträchtigen oder sogar unterbrechen, was manchmal zu physischen, emotionalen oder geistigen Gesundheitsstörungen führt. Umgekehrt weiß unsere körperliche Hülle aber auch, wie die richtige Ordnung, welche dann auch die Gesundung nach sich zieht, wiederhergestellt werden kann, denn Gesundheit und Wohlbefinden basieren naturgemäß auf weit mehr als nur der Funktionstüchtigkeit der einzelnen Körperteile – das bedeutet im Umkehrschluss, dass gesunde Teilbereiche unterm Strich wertlos sind, solange sie nicht miteinander arbeiten. Das Body-Talk-System lehrt, wie man mit der inneren Körperweisheit kommunizieren kann, sodass sich die Selbstheilungskräfte wieder grundlegend organisieren und zum Einsatz kommen können.

Während einer Body-Talk-Sitzung stellt der Therapeut mithilfe eines neuromuskulären Feedbacks (eine nähere Erläuterung zum Muskeltest finden Sie im Kapitel über Kinesiologie, aus der er für das Body-Talk-System entlehnt wurde) das „Gespräch“ mit der erwähnten Weisheit des Körpers seines Klienten her.

Anhand einer Serie von klar definierten und differenzierten Fragen, die als Basissystem für den gesamten Prozess fungieren, bringt er in Erfahrung, wo die einzelnen Dysbalancen liegen und welche Organe oder Systeme nicht ausreichend miteinander kommunizieren und deshalb nicht im Gleichgewicht mit dem Rest des Körpers sind. Der „Körper-Geist“, wie die innewohnende Weisheit von Body-Talk-Anhängern auch genannt wird, kann während der Behandlung selbst die Prioritäten zeigen, indem er auf bestimmte Fragen der Momentaufnahme entsprechend antwortet. Man darf dabei nicht vergessen: Symptome sind ein Hilfeschrei unseres Körpers, wenn etwas nicht so ist, wie es sein soll. In einem gesunden Organismus kommuniziert jede Zelle ständig mit allen anderen, denn das gesamte Körper-Geist-System arbeitet als Einheit. Doch im Laufe unseres Lebens sammeln wir verschiedene Faktoren, die uns aus dem optimalen Gleichgewicht bringen und zur Blockierung interner Kommunikationswege beitragen und damit den „Body Talk“ verschlechtern, sodass die erforderlichen Aufgaben nicht mehr ideal erfüllt werden.

In einem nächsten Schritt legt der Body-Talk-Anwender deshalb seine Hand auf die Gebiete, die beim vorangegangenen Feedback-Verfahren angezeigt wurden und tippt wiederholt sanft auf den Kopf seines Klienten und auf dessen Brustbein. Das Tippen auf den Kopf weckt sozusagen das Gehirn auf, welches nun daran erinnert wird, dass es die Kommunikation mit dem restlichen Körper wiederherstellen soll, und das Tippen aufs Brustbein, unter dem bekannterweise das Herz liegt, sorgt dafür, dass die neue Information im gesamten Körper gespeichert wird und die Balance wiederhergestellt ist.

Woher kommt es, wer hat es entwickelt?

Das Body-Talk-System wurde in der Mitte der 1990er-Jahre vom australischen Arzt Dr. John Veltheim begründet. Er ist

Chiropraktiker und Akupunkteur und hat über viele Jahre das College of Acupuncture and Natural Medicine in Brisbane geleitet. Veltheim hat in seinem Body-Talk-System das Fachwissen der westlichen Medizin mit der Energiedynamik der östlichen Medizin vereint und außerdem die Methoden von Osteopathie und Chiropraktik sowie die Erfahrungsgrundlagen der Angewandten Kinesiologie und die Erkenntnisse der modernen Physik und Mathematik vereint. Er selbst spricht von einer „bahnbrechenden und komplementären Gesundheitsfürsorge", die durch „ihre Einfachheit, sichere Anwendung und die Schnelligkeit ihrer Resultate" besticht: Body Talk ermöglicht den Energiesystemen im Körper, sich harmonisch aufeinander einzustellen, damit sie wie ursprünglich von der Natur vorgesehen funktionieren können. Denn wenn der Körper optimal arbeitet, stehen all seine Systeme bis zur kleinsten Zelle hin jederzeit in Kommunikation miteinander.

Veltheim hat sein ganzes Wissen in seinem Buch „Das BodyTalk System" festgehalten. Darin beschreibt er nicht nur anschaulich und leicht verständlich die Prinzipien der Methode, sondern schildert auch zahlreiche Fallbeispiele von Menschen, die durch Body Talk zu einer besseren Lebensqualität gefunden haben sollen.

Gleich zu Beginn erklärt er die vier Punkte der Balance:

- den Körper fragen
- vernetzen
- tippen
- vertieftes Atmen

Das bedeutet etwas ausführlicher beschrieben: Anfangs wird der Körper gefragt, was nicht in Ordnung ist. So leitet er den Anwender und teilt diesem seine Bedürfnisse und Probleme mit. Dann fragt der Ausführende, welche Teile in welcher Reihenfolge vernetzt werden sollen, also wodurch die Heilung unterstützt werden würde. Diese spezifische Reihung ist laut Dr. Veltheim essenziell wichtig. Im Anschluss folgt das Tippen auf Kopf, also Gehirn, und Brustbein, also Herz, was den Vernetzungsvorgang unterstützt und ihn abspeichert, und zuletzt atmet der Behandelte verstärkt, um dem Körper durch dieses tiefe Atmen zu helfen, die Korrekturen auszuführen.

Weil Body Talk die körpereigenen Heilkräfte anregt, Veränderungen vorzunehmen, erleben Klienten nicht nur eine kurzfristige Symptombeseitigung, sondern laut Veltheim eine langfristige und anhaltende gesundheitliche Verbesserung. Mittlerweile wird Body Talk in über 24 Ländern weltweit unterrichtet und angewendet.

Was kann es konkret bewirken?

Hildegard Öllerer, Diplomkrankenschwester und zertifizierte Body-Talk-Anwenderin erklärt, dass man praktisch mit jedem Problem zu einem „Body Talker“ kommen kann – egal ob körperlicher oder psychischer Natur. „Selbst zwischenmenschliche Probleme können durch diese Methode gelöst werden, auch wenn sie seit Jahren bestanden haben. Es ist also, anders gesagt, alles möglich, was der Körper zulässt“, so Frau Öllerer. Von Sportverletzungen über Belastung infolge von Stress, Lernschwierigkeiten, Allergien, Schmerzen, Schlafstörungen oder Ängste aller Art bis hin zu partnerschaftlichen Problemen oder Gelenkbeschwerden gibt es sozusagen nichts, was man mit Body Talk nicht positiv beeinflussen könnte.

Was kann es nicht, wo liegen seine Grenzen?

Themenmäßig gibt es an sich nichts, was nicht mit Body Talk verbesser- oder behandelbar ist. Es ist aber kein Ersatz für die Medizin, weshalb seriöse Anwender als erstes immer fragen, ob von ärztlicher Seite alles abgeklärt ist, denn Body Talk ist keine Diagnosemethode und wird auch nicht zur Behandlung spezifischer Krankheiten angewandt, so die Body-Talk-Gesellschaft IBA. „Aber es ist eine Top-Ergänzung zur klassischen Medizin, denn gute Selbstheilungskräfte sind genauso wichtig wie ein guter Chirurg oder ein guter Diagnostiker“, ist Hildegard Öllerer überzeugt.

Was sagen seine Anwender?

Für Hildegard Öllerer, die seit Jahrzehnten in der Gesundheits- und Krankenpflege arbeitet, ist eines ganz klar: „Medizin ist wichtig und unterstützt den Körper bei seiner Heilung, aber den Rest kann er allein machen. Viele Menschen glauben, dass Medikamente und Ärzte alles für sie erledigen und sie selbst und ihr Körper nichts mehr machen müssen, obwohl es so wichtig ist, etwas für sich zu tun und den Körper zu animieren, sich selbst zu heilen.“ Sie sieht das ganze Thema wie eine Zwiebel: „Ein Mensch kommt mit Kreuzschmerzen zu mir, aber der Körper sagt mir im Biofeedback schnell: Das ist nicht das eigentliche Thema. Ich frage also immer weiter und mache sozusagen eine Schale nach der anderen auf, bis ich schließlich zum Kern des Übels komme. Man hat anfangs vielleicht das Gefühl, es tut sich nichts oder auf einer ganz anderen Ebene, und man merkt es nicht richtig. Erst mit der Vernetzung der Dinge fühlen die Leute dann, dass sich etwas verändert hat.“ Hildegard Öllerer sieht den Körper eines Lebewesens wie ein Orchester: „Schon wenn ein Instrument nur ein wenig verstimmt ist, setzt eine Schneeballwirkung ein: das beeinflusst die anderen Spieler negativ und es entstehen unangenehme Klänge statt eines schönen Musikstücks.“

Ein Behandler fragt im Vorfeld übrigens nicht nach konkreten Geschichten oder Problemen, denn er muss „ohne Agenda“ in die Problematik des Klienten eintauchen, damit er unbeeinflusst ist und hören kann, was der Körper sagt. Hildegard Öllerer beschreibt das wie folgt: „Manchmal sind es alte Dinge wie Scheidungen, Konflikte, Schocks, die verborgen liegen. Man glaubt, man hat es geschafft, mit einer alten Sache klarzukommen und abzuschließen, aber in Wahrheit hat man sie nur abgelegt und die Thematik belastet immer noch im Stillen weiter, wenn wir auch bewusst nicht mehr traurig oder verzweifelt darüber sind. Mit der Balance, die Body Talk wiederherstellt, kann man das ausgleichen. Darum gehe ich mit dem Klienten sein ganzes Leben in Stationen von jetzt in die Vergangenheit durch und kümmere mich um die, auf die der Körper hinweist, um dort alte Belastungen aufzuspüren und aufzulösen. Denn der Körper weiß es besser als unser Bewusstsein. Nach der Behandlung ergeben sich oft Gespräche, und auch das hilft den Menschen, wenn sie mal über ihre Sorgen und Nöte sprechen können." „Talk" wird von einem guten Therapeuten also allumfassend praktiziert. Vor dem Prozess sagt Frau Öllerer ihren Klienten, sie sollen keine Erwartungen haben, sondern sich einfach nur einlassen auf „Ich tu jetzt etwas für mich" und den Rest die Energiearbeit machen lassen. Das einzige, was sie im Vorfeld verspricht, ist, dass sie sich entspannen werden, denn das kann sie immer halten – viele von den Behandelten schlafen während einer Therapiesitzung sogar ein und wachen danach energiegeladen auf.

Ein Body-Talk-Anwender balanciert aus, tippt und vernetzt. In Akutfällen kann man sich übrigens auch ohne Ausbildung helfen, beispielsweise wenn jemand stürzt und sich verletzt: Dann tippt man am besten rasch auf den Oberkopf (auf die beiden Gehirnhälften) und sollte im Normalfall zusehen können, wie die Beule zurückgeht, denn das Tippen ist der Input für den Körper, ihm zu sagen: „Tu jetzt was mit deinen Selbstheilungskräften!"

Besonders erleichternd für Menschen, die sich Sorgen um jemanden machen, der nicht selbst zur Body-Talk-Balance kommen kann, dürfte folgende Besonderheit sein: Man kann ein

Surrogat für jemand anderen sein, also einen nicht anwesenden Menschen ausbalancieren, indem der Behandelte an diese andere Person denkt. So wirkt Body Talk über diesen Stellvertreter, der sozusagen als Überträger fungiert. Auch erfahrene Anwender müssen nicht extra zu einem Kollegen gehen, sondern können sich selbst über jemand anders ausbalancieren – der muss sich nur intensiv auf den Behandler konzentrieren.

Was sagt die Wissenschaft?

Es gibt keine wissenschaftlichen Belege für die Wirksamkeit von Body Talk, aber bislang auch noch keine Hetzjagden. Es finden sich jedenfalls aktuell keine Artikel, die sich gegen die Wirkung dieser noch recht jungen Methode aussprechen.

Der Praxistest

PAMELA OBERMAIER BEI HILDEGARD ÖLLERER

Ich liege am Rücken, meine rechte Körperseite ist der Behandlerin zugewendet, und sie legt ihre linke Hand auf die Stelle über meinem Magen, von der ich inzwischen weiß, dass man sie Solarplexus nennt, und erklärt mir, dass die dadurch in Kontakt mit mir tritt. An meiner Rechten installiert sie dann mit ihrer anderen Hand das Biofeedback. Mit einem Finger hebt sie immer wieder meine Hand an der Unterseite des Gelenks nach oben an, wiederholt das mehrmals, macht dazwischen Notizen. Das dauert eine ganze Weile, während ich mit geschlossenen Augen zu entspannen versuche, was mir nicht durchgehend gelingt, da ich in einem Paralleluniversum damit beschäftigt bin, scharf zu beobachten und nur ja nichts davon zu versäumen, was sie macht, um es danach gut wiedergeben zu können. Irgendwann tippt sie mit ihrer Hand auf meinen Kopf und danach auf meine Brust und weist mich an, jetzt etwas tiefer zu atmen, was ich bereitwillig umsetze.

Nach nur kurzer Zeit (gefühlt nach einer Viertelstunde) ist Hildegard Öllerer mit ihrem Prozedere fertig und hat so einiges über mich herausgefunden: Mein Körper habe ihr erzählt, dass ich unter Rückenschmerzen leide, schildert sie. Ja, das ist ein Faktum, dem ich nicht widersprechen kann. Als nächstes fragt sie mich, ob ich auch Kopfweh habe. Das ist insofern interessant, als ich niemand bin, der für gewöhnlich zu Kopfschmerzen neigt, weshalb es mir umso stärker auffällt, dass ich in den vergangenen Wochen tatsächlich überdurchschnittlich oft darüber geklagt und auch häufiger als mir lieb ist, deshalb zu Schmerztabletten gegriffen habe. Was sie außerdem in Erfahrung bringen konnte, ist zunächst eine Überraschung für mich: Sie nennt mir ein Lebensalter, in dem ich mit einem anderen Menschen, den sie auch recht konkret beschreiben kann, etwas erlebt habe, das mich unbewusst immer noch belastet, also in meinem Körper gespeichert ist. Im ersten Augenblick weiß ich nicht, was das sein könnte, doch im nächsten Moment schießt es mir ein, und ich erinnere mich an eine recht schmerzliche Erfahrung. Daran habe ich schon ewig nicht mehr gedacht, aber meine Zellen dürften es gespeichert haben – als etwas, das ich noch nicht ganz verarbeiten konnte. Es stimmt wohl: Manches halten wir für erledigt, weil es aus unserem Bewusstsein verschwindet, doch in Wahrheit legen wir es nur irgendwo ab und es schwelt in uns weiter. Als ich mit wenigen Worten erzähle, was damals vorgefallen ist, füllen sich meine Augen mit Tränen, worauf ich völlig unvorbereitet war, und ich bin erstaunt, wie schnell ich wieder im bereits vergessen geglaubten negativen Gefühl stecke. Damit hatte ich wirklich nicht gerechnet! Es sei für heute genug, sie habe durch das Klopfen die Energieblockaden in Bezug auf die erwähnten körperlichen Beeinträchtigungen zu lösen versucht, und ich soll mich in etwa drei Wochen wieder melden, wenn ich weiterarbeiten möchte, heißt es nun von ihrer Seite. Ich bin irgendwie gut erholt, habe mich während des gesamten Vorganges recht wohlgefühlt und melde mich tatsächlich einige Wochen später erneut.

Diesmal fragt mich die Body-Talk-Behandlerin, wie es mir ergangen ist und fordert mich auf, nach der Sitzung nicht zu viel über das Erlebte und Besprochene nachzudenken, sondern es abzuhaken und mich vertrauensvoll darauf zu verlassen, dass Körper und Geist schon das Richtige für mich tun werden. Laufen lassen, nicht grübeln – das sei die Devise. Die Balance, die ich erhalte, läuft ganz ähnlich ab wie bei der ersten Sitzung, wobei ich mich jetzt schon ein Stück weit besser fallenlassen kann.

Im Anschluss erzählt mir Hildegard Öllerer, meine Wirbelsäule habe ihr gezeigt, dass ich energielos und gestresst bin. Aber nicht nur das – auch dass ich enorm hohe Ansprüche an mich selbst in Bezug auf mein Berufsleben habe und dahingehend etwas gelassener und lockerer werden darf, hat ihr mein Rückgrat verraten. Beidem muss ich zustimmen. Umso erleichterter bin ich über die abschließenden Worte meiner Wohltäterin: „Der Körper wird das schon erledigen! Nicht ich mache etwas Großartiges, sondern der Körper meiner Klienten übernimmt das für sie." Wie nachhaltig die Wirkung von Body Talk auf mich sein wird, kann ich noch nicht einschätzen, aber ich denke, es ist einen Versuch wert, jemanden mit dem eigenen Körper kommunizieren zu lassen, um diesen zu entlasten – wenn es jemand ist, der zuhören kann und weiß, wovon er spricht.

6. Familienaufstellungen – sich selbst und seinen Platz in einem Gesamtsystem verstehen

Was sind Familienaufstellungen?

Eine Familienaufstellung, etwas kürzer als „Familienstellen" oder einfach nur „Aufstellung" bezeichnet, da nicht nur Familiensysteme, sondern auch Arbeitssysteme und anderes aufgestellt werden kann, ist eine gruppendynamische Form der Kurzzeittherapie. Ein bestimmtes Problem, das eine Person meist schon über einen langen Zeitraum bedrückt oder beschäftigt und sich in manchen Phasen des Lebens verstärkt, kann so in nur einer einzigen Sitzung erkannt, verstanden, verbessert und manchmal sogar gänzlich aufgelöst werden. Dabei geht man in dieser Therapieform davon aus, dass alle Personen eines Systems miteinander verbunden sind – auch die bereits verstorbenen – und dass es nichts gibt, was wirklich objektiv zu erkennen ist, weil unsere Emotionen jeweils von unseren inneren Vorstellungen und Erfahrungen im System abhängen. Jede Veränderung eines einzelnen Elements oder einer einzelnen Person in einem System hat daher direkte Auswirkungen auf alle anderen Elemente. Ein Mensch ist immer Teil mehrerer Systeme, wobei jenes der Herkunftsfamilie das erste im Leben darstellt. Durch das Anteilhaben am System hat man auch automatisch Anteil an den Problemen der anderen Familienmitglieder und an den Schwierigkeiten der zwischenmenschlichen Beziehungen innerhalb des Systems – völlig egal, ob einem das bewusst ist oder nicht. Im Umkehrschluss bedeutet das glücklicherweise auch: Wenn einer aus dem System etwas an sich und damit am Bezug zu den anderen positiv verändert, dann wirkt sich das auch auf alle anderen aus. So lösen sich häufig Probleme von und mit Familienmitgliedern, wenn ein Angehöriger eine Aufstellung macht.

Neben der fixen Annahme, dass alles in einem System untrennbar zusammenhängt und darum jeder jeden in dessen Leben und Lebensqualität beeinflusst, gehen Familienaufstellungstherapeuten und Systemiker davon aus, dass der Raum (im Allgemeinen das Universum gemeint, im Speziellen dann auch das Zimmer, in dem eine solche Aufstellung abgehalten wird) Informationen über alle Systeme enthält. Dadurch wissen jene Personen, die die Mitglieder der jeweiligen Familie im „Spiel" vertreten, unbewusst um die Gefühle der von ihnen repräsentierten Personen und können den Klienten so in deren Emotionslage einweihen. Allein diese „Aha"-Erlebnisse, erstmals bildhaft vor Augen geführt zu bekommen, wie sich beispielsweise die verhasste Tante oder der verletzende Bruder in deren Rolle im System fühlen oder mit welchen Problemen sie zu kämpfen haben, kann schon heilsam sein. Und sich selbst von außen zu betrachten und zu beobachten, wo man im Familiensystem steht, wer einen umgibt, wohin man blickt und wovon man wegsieht, verblüfft und läutert viele der Aufstellenden.

Die Lösung des Problems besteht dann darin, dass man das meist verworrene Bild vom Familiensystem so bewegt und verändert, bis jeder am für ihn richtigen Platz steht. Während dieses Prozesses können versöhnliche Worte zwischen den Repräsentanten ausgetauscht werden, endgültige Abschiede ausgesprochen oder Schritte aufeinander zugegangen werden. Wenn das so entstandene „Seelenbild" am Schluss einer Aufstellung gut auf den Klienten wirkt, erlebt dieser oft in den Wochen und Monaten danach erstaunliche Veränderungen nicht nur an sich selbst, sondern nicht selten auch im gesamten Familiensystem, weshalb diese Therapieform auch etwas so Mystisches an sich hat.

Nicht jeder Aufstellungsleiter arbeitet gleich. So ist es in manchen Familienaufstellungen üblich, dass der Klient sich das Bild nur von außen ansieht, in manchen kann er an verschiedenen Punkten der Aufstellung seinen Platz selbst einnehmen, um danach die nächsten Schritte wieder aus der Metaebene zu beobachten, und in wieder anderen tut er dies lediglich im Schlussbild der Aufstellung. Außerdem ist es nicht immer so, dass die Repräsentanten erfahren, wen sie verkörpern, worum es im System oder bei dem Problem des Klienten geht: Bei manchen Aufstellungen wird von den Hintergründen nichts verraten, damit die mitwirkenden Personen unbeeinflusst bleiben und lediglich ihre Gefühle beschreiben, ohne die Beziehungen zu den anderen Elementen im System zu benennen.

Neben Familiensystemen können auch Zweierbeziehungen, Organisations- und Firmensysteme und alles andere, wo mehrere Personen regelmäßig aufeinandertreffen, in Bezug zueinander stehen und sich damit ein System teilen, betrachtet werden. Sogar Elemente wie Länder, ideologische Prinzipien oder Gefühle kann man aufstellen, und es gibt sogenannte „Impulsaufstellungen", in denen nur kurz beobachtet wird, wie die Dynamik innerhalb eines Gruppensystems aussieht, ohne in dieses einzugreifen, um es zu verändern oder zu verbessern.

Es muss sich übrigens nicht zwingend um eine gruppentherapeutische Erfahrung mit anderen Menschen handeln, auch mit Bauklötzen oder Puppen als Stellvertreter in einer Einzelsitzung mit einem System-Therapeuten kann man großartige Ergebnisse erzielen. Gerade als Einstieg mag dies für manch schüchterne Person, die nicht gleich das Familienproblem vor vielen Fremden ausbreiten möchte, eine eventuell sogar passendere Variante sein.

Der Ablauf einer Familienaufstellung

Familienaufstellungen finden meistens in Gruppen von etwa zehn bis zwanzig Personen statt, wobei manche der Teilnehmer sich lediglich als Repräsentanten zur Verfügung stellen, während andere auch eine persönliche Thematik lösen möchten. In den meisten Fällen befragt der Aufstellungsleiter diese Klienten dann zu ihrer Jetzt-Situation, zu ihrem jeweiligen System und zu ihrem „Anliegen" – so nennt man den Wunsch nach einer Lösung innerhalb dieser Methode. Für die als wichtig erachteten Systemmitglieder werden dann aus der anwesenden Gruppe von Menschen sogenannte „Stellvertreter" ausgewählt, die im Raum zueinander in Beziehung positioniert werden. Auch für den Aufstellenden selbst gibt es einen Stellvertreter. Weil bei der systemischen Aufstellungsarbeit davon ausgegangen wird, dass so manche Symptomatik in loyalem Bezug zu manchen Mitgliedern des Familiensystems entwickelt wurden und Verstrickungen psychischer oder beziehungstechnischer Natur räumlich darauf hinweisen, können diese System-Relationen von außen – und damit emotional distanziert – vom Klienten erlebt werden. Die unterschiedlichen Repräsentanten können dann aus ihrer Position heraus Emotionen und Gedanken entwickeln, die denjenigen der wirklichen Personen aus dem Familiensystem des Aufstellers entsprechen. Dieses Phänomen bezeichnet man als „repräsentierende Wahrnehmung". Die Systemangehörigen der aufstellenden Person werden dadurch im so strukturierten Raum der Wahrnehmungen zu seelisch Anwesenden. In weiterer Folge werden Verstrickungen aufgedeckt, also Aufgaben, die dem Klienten bewusst oder unbewusst aufgebürdet worden sind oder eine Systemdynamik, die er beispielsweise aus Loyalität zum System entwickelt hat. All diese Dinge können Ursachen für persönliche Probleme sein, und solche Muster können bei der Aufstellungsarbeit in einem ersten Schritt erkannt und nachvollzogen und in einem zweiten Schritt verändert werden.

Wiederkehrende Themen, die zu groben Problemen im Familiensystem führen können, sind folgende:

- Erlebnisse eines Vorfahren oder Familienmitglieds in Kriegen
- Gewalt und Verbrechen innerhalb der Familie
- Missbrauch und Vergewaltigung an Familienmitgliedern
- Familiengeheimnisse schwieriger Natur
- Abtreibungen, Totgeburten, früher Kindstod
- schwere Krankheiten oder Selbstmord innerhalb des Familiensystems
- Familienmitglieder, die zu Gewalttätern außerhalb des Systems wurden
- früh verstorbene oder auf tragische Weise ums Leben gekommene Familienmitglieder

Woher kommen sie, wer hat sie entwickelt?

Der deutsche Familientherapeut und Theologe Bert Hellinger (1925 in Leimen geboren) hat in den späten 1970er-Jahren mit seiner – religiös eingefärbten – Form des Familienstellens, in der er verschiedene Praktiken der systemischen Familientherapie abgewandelt verwendet hat, für positives wie negatives Aufsehen gesorgt und diese Methode stark geprägt. Meist wird er als der Begründer der Familienaufstellungen genannt.

Aber schon der österreichische Arzt Jakob Moreno (1889–1974) wählte im Psychodrama Stellvertreter für die betreffenden Personen eines Konflikts aus, und auch die von der bedeutenden US-Familientherapeutin Virginia Satir (1916–1988) entwickelte Methode der „Familienrekonstruktion" betonte die Bedeutung der räumlichen Anordnung bei der Prozessarbeit, also beim Herausarbeiten der Positionen von Familienmitgliedern zueinander. Satir führte das Auswählen von Stellvertretern unter dem Begriff „Familienskulptur" im Jahr 1969 in die Fachwelt ein. Diese Technik ermöglicht den

Klienten, Familienbeziehungen nonverbal darzustellen und zu erkennen, wodurch Widersprüche oder Abweichungen zwischen dem, was körperlich gezeigt, und dem, was gesagt wird, reflektiert werden können.

Was können sie konkret bewirken?

Familienaufstellungen helfen, Dynamiken im System zu erkennen. In weiterer Folge können sie für bessere Beziehungen, das Ablegen lähmender Verhaltensmuster oder das Loslassen von Ängsten gleichermaßen sorgen wie für beruflichen Erfolg oder ein gestärktes Selbstwertgefühl. So gesehen kann diese Methode, wenn sie seriös und verantwortungsvoll verwendet wird, enorme Verbesserungen auf jeder Ebene im Leben des Klienten bewirken.

Was können sie nicht, wo liegen ihre Grenzen?

Bei rein körperlichen Krankheiten kann ein Aufstellen des betreffenden Systems keinerlei Heilung bringen. Außerdem hat eine Familienaufstellung nicht vorwiegend eine psychotherapeutische Wirkung und wurde ursprünglich auch nicht als alleinige Methode, sondern als ein Element im Rahmen einer systemischen Therapie entwickelt. Trotzdem sollte die Tiefenwirkung, die eine Aufstellung haben kann, nicht unterschätzt werden.

Die Grenzen einer klassischen Familienaufstellung liegen für Coach und Kinesiologin Angela Koschier darin, dass der Aufstellungsleiter die aufzustellenden Personen und Elemente bestimmt und die Repräsentanten sagen, ob der ihnen zugewiesene Platz stimmt, während sie sich in einem bewegten Aufstellen dynamisch ihren Impulsen folgend bewegen dürfen. Neben Interpretationsfehlern, die beispielsweise Probleme auf eine falsche Person projizieren können, sieht sie das größte Gefahrenpotenzial beim klassischen Aufstellen in der Rolle des Leiters. „Manche von ihnen fallen in ein richtiggehendes Guru-Verhalten hinein, wenn sie schon lange mit Aufstellungen arbeiten. Sie glauben dann, sie wüssten alles und bestimmen oftmals, wie das Schlussbild auszusehen hat, was manipulativ und interpretativ ist. Die meisten Leiter wollen auch mit den immer gleichen Elementen arbeiten, jedes Mal die Ursprungsfamilie aufstellen, auch wenn das für den jeweiligen Klienten gar nicht passen muss, weil es um eine ganz andere Geschichte geht. Die Aufsteller müssten die Methode jeweils an den Klienten anpassen, berücksichtigen, ob es sich bei ihm um einen Logiker oder einen Gefühlsmenschen handelt und in welcher Tagesverfassung er sich befindet. Wenn stets nach der ewig selben Struktur gearbeitet wird, also eine Person woanders hingeschoben wird und den Auftrag erhält, einen vorgefertigten Satz zu sagen wie ‚Du bist die Große, ich die Kleine. Du gibst, ich nehme' von Tochter zu Mutter gesprochen, dann sind die Teilnehmer lediglich Schachfiguren, die wie Marionetten zu starr agieren und darum nicht stimmig für den Klienten vorgehen. Richtig gefährlich kann es werden, wenn die Thematik des Leiters selbst, die ja auch immer mit im Raum ist, auf die Repräsentanten projiziert wird, was dann passiert, wenn der Leiter zu überzeugt von sich selbst ist, sich quasi für unfehlbar hält und kein Werkzeug hat, um dies zu vermeiden", erklärt Angela Koschier.

Um nicht irrtümlich einer solchen falschen Fährte zu folgen und auch nur das aufzustellen, was der Klient von seiner psychischen Verfassung her verträgt, verbindet sie ihre Familienaufstellungen mit den Methoden der Kinesiologie und veranstaltet diese Gruppentherapie-Tage stets mit einer zweiten Leiterin, damit die Gefahr des beschriebenen Reinkippens in ein Guru-Verhalten gänzlich gebannt ist: „Wenn wir mittels Muskeltest austesten, ob das besprochene Thema heute überhaupt für den Klienten passend ist, dessen Unterbewusstsein dann auch noch über seinen Körper entscheiden lassen, welche Elemente aufgestellt und von welchen Teilnehmern repräsentiert werden sollen, dann wird nur angezeigt, wofür der Aufstellende wirklich gewappnet ist, und dadurch gibt es die Absicherung, dass dieser sich das Bild und die Dynamik stressfrei anschauen und aufnehmen kann. Wenn etwas nicht passen würde, so könnte das der Körper als Warnsignal anzeigen, indem er beim Muskeltest in Bezug auf das jeweilige Thema blockiert. So vermeiden wir eine Überforderung des Klienten und manipulieren nichts an der Aufstellung."

Die Teilnahme an Familienaufstellungen – auch wenn man nur als Stellvertreter fungieren möchte – setzt eine normale körperliche und psychische Belastbarkeit voraus, da dies schon eine außergewöhnlich intensive Auseinandersetzung und Arbeit mit Emotionen und Mustern ist, die durchaus überfordern kann.

Außerdem sei darauf hingewiesen, dass Aufstellungen wie auch die Einnahme von homöopathischen Hochpotenzen zunächst Erstverschlimmerungen hervorrufen können, die dann aber wieder abklingen und auf die meist Besserung folgt.

Was sagen ihre Anwender?

Familienaufstellungsleiter wie Angela Koschier sind begeistert vom Feedback ihrer Klienten und freuen sich immer wieder aufs Neue, wie viel sich in deren Leben nach der Aufstellung verändert und verbessert: Da können Mütter plötzlich auf ihre erwachsenen Kinder zugehen, die früher Probleme damit hatten, Gefühle zu zeigen, da sind Langzeitsingles auf einmal in der Lage, sich auf eine Beziehung einzulassen, nachdem sie innerhalb einer Familienaufstellung erkannt und aufgelöst haben, dass am Platz neben ihnen, der für einen potenziellen Partner „reserviert" ist, lange Jahre der eigene Bruder gestanden hat, oder jemand mit finanziellen Schwierigkeiten hat endlich keine

Geldprobleme mehr, nachdem er das in der Familie wiederkehrende Thema erfolgreich bearbeiten konnte. Selbst für nicht bei der Aufstellung anwesende Personen aus dem Familiensystem werden Situationen und zwischenmenschliche Beziehungen wesentlich besser, weil die Veränderung eines Elements das System sozusagen zu einer Gesamtbewegung zwingt.

Was sagt die Wissenschaft?

Das Verfahren des Familienstellens ist keine wissenschaftlich anerkannte Form der Psychotherapie, viele Psychologen und Psychotherapeuten meinen auch, es sei zur Behandlung von psychischen Störungen regelrecht ungeeignet, weshalb diese Methode auch nach wie vor umstritten ist, obwohl sie andererseits auch von immer mehr Psychotherapeuten verwendet und angeboten wird. Wo ein ausgebildeter Psychologe als Leiter einer solchen Therapiegruppe fungiert, ist die Möglichkeit der Vorbereitung, Nachbearbeitung und des Auffangens der Klienten hingegen wesentlich besser gewährleistet als bei selbst ernannten „Aufstellungsregisseuren", bei welchen tatsächlich Vorsicht geboten ist. Deshalb sollte man sich die Person, bei der man eine Aufstellung machen möchte, gut ansehen, warnen selbst Befürworter dieser Methode.

Im Mittelpunkt der Kritik von wissenschaftlicher Seite steht Bert Hellinger als bekanntester und umstrittenster Protagonist des Familienstellens. Vor allem sein patriarchales, katholisches Weltbild und eine okkultistische Ursachenlehre werden ihm vorgeworfen. Die Hellinger'sche Therapieform sei für Hilfesuchende gefährlich, heißt es vielerorts, und als Begründung dafür wird häufig angeführt, die Klienten würden nach Hellingers Methode nicht lernen, sich aus schädigenden Abhängigkeitsverhältnissen zu lösen und eigene Fähigkeiten zu entwickeln. Vielmehr müssten sie sich der autoritären Führung eines Therapeuten unterwerfen, der ihnen die Fähigkeit abspricht, ihre Lebensverhältnisse selbst (er)klären zu können, wodurch Ohnmacht und Unselbstständigkeit noch verstärkt würden, erklären Gegner Hellingers.

Was zudem zu Vorwürfen in Bert Hellingers Richtung geführt hat, ist seine Vorstellung von einer unumstößlichen Ordnung im Familiensystem, die so aussieht, dass der Ältere immer vorm Jüngeren kommt und der Mann stets vor der Frau, was beispielsweise dazu führt, dass ehemalige Partner eine Art Vorrang vor dem aktuellen haben sollen, was naturgemäß zu Unverständnis und Unmut bei den Aufstellenden führen kann.

Der Praxistest

PAMELA OBERMAIER BEI ANGELA KOSCHIER UND ELISABETH PICHLER

Ein ganzer Tag Familienaufstellung liegt vor mir. Angela Koschier und Elisabeth Pichler, ebenfalls Kinesiologin und Coach, haben dafür einen angenehm übersichtlichen, hellen Raum gemietet, in dem ein Sesselkreis aufgestellt ist. Ich sehe gleich beim Reinkommen, dass es jede Menge Süßigkeiten gibt. Wie sich noch herausstellen wird, ist das goldrichtig, da die Schokolade nicht nur den Energiekick zwischendurch gibt, sondern als Seelennahrung auch noch ein besonderes Goodie ist. Von den acht Teilnehmerinnen (Männer sind keine anwesend) wollen drei aufstellen – darunter ich mit meinem Selbstversuch. Zunächst bin ich als Repräsentantin dran und darf am eigenen Leib erfahren, wie es ist, wenn man in einer Rolle plötzlich fremde Emotionen erspürt. Ein wenig komisch komme ich mir zwar schon dabei vor, schiele immer wieder auf die anderen, um zu sehen, wie die reagieren, und bin erstaunt, dass alle völlig normal mit dieser doch recht außergewöhnlichen Situation umgehen. Ich bin mir und diesen Emotionen gegenüber auch etwas skeptisch, weil ich mir nicht erklären kann, wo sie herkommen, und ich befürchte, ich könnte da etwas interpretieren oder gar kreativ erfinden, aber mit fortschreitender Zeit beginne ich mich immer wohler in der Situation zu fühlen. Und durch die gute Führung der Aufstellungsleiterin zu einem positiven Schlussbild beitragen zu dürfen, bei dem die Aufstellende vor Erleichterung Tränen in den Augen hat, ist ein schönes Gefühl, das ganz eindeutig von mir kommt und zu mir gehört.

Nach dieser ersten Arbeit testet Angela Koschier an ihrer Kollegin, die als Surrogate für uns Anwesende fungiert, aus, wer nun sein Thema aufstellen soll. Der Muskeltest ergibt, dass ich an der Reihe bin. Ich setze mich also auf den Stuhl, der zwischen den beiden Leiterinnen platziert ist und bringe mein Anliegen vor. Da es nichts mit meiner Familie oder anderen Beziehungssystemen zu tun hat – glücklicherweise geht es mir gerade so gut mit allem, dass ich nichts Schlimmes zu bearbeiten habe, also konnte ich ein relativ neutrales Karrierethema wählen –, gibt es auch keine Personen aufzustellen, sondern abstrakte Elemente, die Frau Koschier wiederum an ihrer Co-Aufstellungsleiterin austestet. Dadurch kommt es dazu, dass neben einer Teilnehmerin, die „den Plan" mimt, auch ein diffuses, überhaupt unbenanntes Element aufgestellt wird. Die einzige Person, für die es einen Stellvertreter gibt, bin ich selbst. In der Folge sehe und höre ich also zu, wie mein repräsentiertes Ich mit abstrakten Wesen Zwiesprache hält, sich Dynamiken entwickeln und Dinge geklärt werden – und bin während des ganzen Prozesses dann doch gefordert, obwohl es um ein an sich wenig emotionales Thema geht. Bei manchen Aussagen muss ich schmunzeln, weil ich mich selbst wiedererkenne, bei anderen fühle ich mich irritiert, weil ich das so gar nicht sehe, aber insgesamt schafft es Angela Koschier mit ihren einfühlsamen, klugen Fragen konstruktive und für mich passende Antworten von den Repräsentanten zu bekommen und so ein stimmiges und positives, ja sogar lustiges Abschlussbild zu erhalten, in dem ich schließlich den Platz meiner Stellvertreterin einnehmen darf, um das Bild zu verinnerlichen – und ich muss sagen, dass ich mich recht fröhlich und gut damit fühle. Überhaupt wird recht viel gelacht, was die an sich teilweise seltsam anmutenden Momente angenehm normal und ungezwungen erscheinen lässt.

Nach meiner eigenen Aufstellung gibt es ein gemeinsames Mittagessen und danach geht es mit der dritten weiter, bei der ich wiederum als Repräsentantin mitwirke; diesmal bin ich stellvertretend für die Aufstellende im Raum und staune, wie gut die Fragen ans Leben der aktuellen Klientin doch zu meiner eigenen Thematik passen, wodurch ich sogar hier noch einiges für mich rausholen kann. Nach diesem intensiven Tag merke ich, dass meine Sinne alle hochsensibel sind und mir der Lärm der Großstadt und die vielen Menschen auf die Nerven gehen. Mich verlangt nach Ruhe, aber da ich am Folgetag arbeiten muss und kaum Zeit habe, mich zu entspannen, werde ich immer unrunder. Einen weiteren Tag danach schreibe ich Angela Koschier eine kurze E-Mail, in der ich erzähle, dass es mir irgendwie nicht besonders gut geht und ob das mit der Aufstellung zusammenhängen könnte. Sofort greift sie zum Hörer und ruft mich an. Sie nimmt sich als eine Art Nachbetreuung nochmals ausgiebig Zeit, um mit mir zu sprechen, meinen Gedanken zu lauschen und mir zu erklären, dass ein Familienaufstellungstag durchaus viel Kraft kostet – und wenn man wie ich beruflich von mehreren Seiten eingespannt ist, kann einen das schon überfordern, sich derart ausgiebig mit solchen Themen zu beschäftigen. Schon nach dem Telefonat geht es mir merklich besser und wenige Tage danach ist wieder alles im Lot. Und das Beste ist: Mein bearbeitetes Anliegen betreffend, fällt mir Wochen danach auf, dass ich um einiges gelassener und ruhiger geworden bin. Eine Aufstellungsarbeit zu machen ist also eindeutig etwas, das ich guten Gewissens weiterempfehlen kann – wissend, dass die Auswahl des Leiters wohl die bedeutendste Entscheidung dabei ist.

7. Feinstoffliche Reinigung von Räumen – den eigenen Lebensraum von schlechten Energien befreien

Was ist eine feinstoffliche Reinigung?

Grundstücke, Wohnungen und Häuser nehmen die verschiedenen Schwingungen und Energien aller Menschen und Tiere, die am betreffenden Ort irgendwann in dessen Geschichte anwesend waren, auf. Damit eine Umgebung also als ein freier, unbelasteter Ort wahrgenommen werden kann, ist es sinnvoll, sie energetisch von Altlasten zu befreien, empfehlen Berater, die eine solche Reinigung anbieten und durchführen. „Eine feinstoffliche Reinigung – in jüngerer Zeit auch Clearing genannt – ist die Kunst, einem Raum, einem Ort, einem Objekt wieder eine neutrale Grundinformation zuzuordnen. Dies geschieht durch Reinigen und Klären der vorhandenen Altinformation vom Vorbesitzer beziehungsweise von Geschehnissen aus der Vergangenheit, welche die Information des Raumes geprägt haben“, lautet die genaue Definition dafür.

Einfacher erklärt: Es geht darum, die neutrale Grundfrequenz eines Raumes wiederherzustellen. Diese ist selten gegeben, weil meistens unterschiedliche Erlebnisse und Informationen darüber liegen. Um es anhand eines alltäglichen Bildes zu beschreiben: Man kocht eine Suppe ohne Salz und hat somit die Grundfrequenz geschaffen, also eine Art Leerraum, weil nichts drinnen ist, das den Geschmack irgendwie beeinflusst. In dem Moment, wo man Gewürze hinzugibt, ist diese Frequenz verändert. Ein Raum, der in der beschriebenen Grundfrequenz schwingt, kann von manchen Menschen allerdings auch als unangenehm empfunden werden, weil er sie auf sich selbst zurückwirft, wodurch alte, verdrängte Dinge wieder zum Vorschein kommen können, wenn sie durch nichts abgelenkt werden.

Um etwaige Missverständnisse gleich auszuräumen: All das hat nichts mit Geistern zu tun, es geht rein um Emotionen! Wenn sich an einem Ort irgendwann in dessen Geschichte einmal ein Gefängnis oder ein Schlachthof befunden hat, lässt das die Energie des Gebäudes nicht kalt, und wenn man das nicht verabschiedet, bleibt es haften. Gerade Gewalt bleibt über Generationen energetisch in Räumen hängen und wird in anderen Menschen gespiegelt, aber auch Schwingungsauswirkungen von Krankheiten, Süchten, Tod und Leid aller Art sind bekannt. Damit die Lebens- oder Arbeitsumgebung frei für die eigenen Schwingungen und alles Neue werden kann und anstatt alter negativer Energien positive wie Ausgeglichenheit, Harmonie, Friede, Gesundheit und Glück Einzug halten können, muss der Raum gereinigt werden, müssen, indem die bisherigen Schwingungen bewusst wahrgenommen und jene Energien, die Schaden zufügen, Kraft rauben oder ermatten können, neutralisiert und aufgelöst werden. Dies kann in Kombination mit Klängen, Runen, anderen Symbolen, Kristallen, Kräutern oder Aromen passieren, je nachdem, womit der jeweilige Clearer arbeitet.

Woher kommt das, wer hat es entwickelt?

Es handelt sich beim Reinigen von Räumen um eine Tradition, die international angewendet wird und der uraltes Wissen zugrunde liegt. Ihr Ziel war es von jeher, Böses zu verbannen und Glück sowie Harmonie ins Haus zu rufen. Eines der häufigsten Stilmittel innerhalb dieser Methode ist das Räuchern, das beinahe so alt wie die Menschheit selbst ist, denn als sie das Feuer entdeckt hat, erkannte sie wohl auch schnell die Qualitäten dessen sowie jene der verschiedenen Düfte und deren Wirkung. Auch der Einsatz von Runen (das sind in ihrer ursprünglichen Bezeichnung alte germanische Schriftzeichen, doch der heutzutage verwendete Sammelbegriff meint Zeichen unterschiedlicher Alphabete, die zeitlich und regional davon abweichen können), um negativ Festsitzendes aufzulösen, ist etwas, das in den verschiedensten Kulturen als durch die Vorahnen begründetes Brauchtum bekannt ist.

Was kann es konkret bewirken?

Wenn jemand schlecht schläft oder ausgelaugt und ausgepowert ist, muss das nicht immer ein Hinweis auf ein bevorstehendes Burnout sein, es kann auch daran liegen, dass der eigene Schlafbereich voller negativer Energien schwingt. Kann man zu Hause keine Erholung mehr finden und keine Kraft schöpfen, empfindet man die eigene Wohnung schnell nicht mehr als Zufluchtsort, obwohl sich scheinbar nichts verändert hat. Auch in einem Neubau kann es übrigens schlechte Energien geben, obwohl noch nie jemand darin gewohnt hat, denn allein die Emotionen der Bauarbeiter können durch die frisch gestrichene Farbe plötzlich durchdringen, erklären feinstoffliche Reiniger.

Wobei beziehungsweise wogegen hilft eine solche Reinigung?

- wenn man sich im eigenen Zuhause oder in einzelnen Zimmern davon unwohl fühlt
- wenn man sich schlecht konzentrieren kann, unruhig schläft oder regelmäßig Albträume hat
- wenn man sich scheinbar grundlos bedrückt fühlt
- wenn sich negative Ereignisse wie Krankheiten, Unfälle, Streit oder Trennung häufen oder ohne äußeren Anlass Ängste oder Depressionen auftreten
- nach einer Trennung oder einem Todesfall oder wenn man eine neue Partnerschaft eingehen möchte
- bei einem Umzug in ein neues Zuhause oder wenn man einzelne Räume entrümpeln möchte

- wenn Firmen nicht erfolgreich wirtschaften oder das Arbeitsklima schlecht ist
- selbst bei Kindern mit ADHS kann eine Raumreinigung helfen

Was kann es nicht, wo liegen seine Grenzen?

Ferdinand Heindl, ein Lebens- und Sozialberater, der auch Räume und Orte feinstofflich reinigen kann, bringt auf den Punkt, was diese Methode nicht bewirken kann: „Ich kann niemanden dazu bringen, etwas zu tun, was er nicht will. Was ich damit meine: Manche Menschen inszenieren Dinge auch bewusst oder auch völlig unbewusst, damit sich jemand nicht wohlfühlt, also ist Vorsicht geboten. Ansonsten: Grobe Partnerschaftsprobleme kann man nicht allein mittels feinstofflicher Reinigung lösen, genauso können Krankheiten nicht nur damit geheilt werden, auch wenn beides durchaus positiv davon beeinflusst werden kann, indem das Wohlfühlen zu Hause gestärkt wird und Schlafqualität sowie Erholungswert gesteigert werden." Voraussetzung ist außerdem, dass er selbst ausgeglichen ist: „Wenn das nicht gegeben ist, nehme ich keine Reinigung vor, denn dann funktioniert sie nicht. Da ist es sinnvoller, den Termin zu verschieben."

Was sagen seine Anwender?

Ferdinand Heindl arbeitet auch mit den Menschen, nicht nur an der Wohnung, weil das Zuhause seiner Erfahrung nach immer auch mit dem Thema des Klienten zu tun hat. Darum empfiehlt er häufig eine Psychotherapie oder Familienaufstellung, wenn er merkt, dass bestimmte Themen bei seinem Klienten unaufgearbeitet sind. Man kann sich aber auch selbst in einem ersten Schritt helfen: „Ausmisten und Ordnung machen ist wichtig. Wenn die Leute alles stapeln, nichts loslassen können, dann kann auch nichts gereinigt werden, und im Inneren sieht es meistens genauso aus: unaufgeräumt und chaotisch. Alte Dinge gehören weg, raus aus dem aktuellen System.“ Apropos alte Dinge: „Als Liebhaber von Antiquitäten muss man sich bewusst sein: Wenn man auf einem Flohmarkt etwas Altes kauft, kann die eigene Wohnung dann energetisch kippen, weil man ja nicht weiß, was mit dem Gegenstand schon alles passiert ist. Das gilt auch für Kunstwerke, denn ein Maler beispielsweise bringt seine eigene Stimmung in sein Bild mit rein, während er es schafft“, erklärt er näher. Junge Paare, die beschließen, zusammenzuziehen, sollten auch etwas beachten, damit das Glück bestmöglich anhalten kann: „Wenn einer zum anderen zieht und dann also in dessen Wohnung lebt, ist das nie gut, weil der Neue hier nie seinen eigenen Platz hat, gerade wenn Dinge aus der vorigen Beziehung vorhanden sind. Es ist für die Partnerschaft also immer ratsam, sich gemeinsam ein neues Zuhause ohne energetische und emotionale Erinnerungen zu nehmen.“

Wir kennen das doch alle: Man muss umziehen, besichtigt aus diesem Grund mehrere Immobilien, geht dabei auch irgendwann in eine Wohnung hinein, die schön und hell und geräumig ist, aber irgendetwas passt vom Gefühl her nicht. Diese Immobilie nimmt man dann aus einem Bauchgefühl heraus nicht, obwohl der Verstand einem sagt: „Die wäre doch ideal!“ Dieses Phänomen, dass wir uns scheinbar ohne erkennbaren Grund in einem Raum unbehaglich fühlen, geht darauf zurück, dass irgendetwas mit uns in Resonanz tritt, was auch tatsächlich auf irgendeine Art und Weise mit uns selbst zu tun hat. Anders gesagt: Meistens sucht man sich eine Wohnung, die genau dem Gemütszustand entspricht, darum sollte man beispielsweise nach einer Scheidung aufgrund der Resonanzproblematik jemanden, der neutrale Gefühle mitbringt, als Begleiter zur Wohnungssuche mitnehmen, damit man keine Bleibe wählt, in der man sich dann so richtig im eigenen Leid suhlen kann, sondern eine unbelastete Wohnung mit positiver Energie, die beim Neuanfang hilft. Wir baden ohnehin den ganzen Tag in den energetischen Sümpfen aller Menschen im Umfeld, da ist es umso wichtiger, sein Eigenheim klug zu wählen und sich etwas auszusuchen, das beim Energieauftanken unterstützt.

So ein Clearing ist übrigens nicht das Gleiche wie Feng Shui, schildert der Lebensberater: „Feng Shui passt meiner Meinung nach nicht zu uns Menschen in Europa, weil wir andere Traditionen haben. Ich würde ja auch nicht in einem rosa Anzug zu einem Vorstellungsgespräch gehen, obwohl das in Asien gut passt. Feng Shui verändert außerdem Räume, indem etwas hingestellt oder weggenommen wird, aber die feinstoffliche Reinigung verändert die Raumenergie, ohne etwas umstellen zu müssen. Andererseits ist das auch etwas, das nicht bleibt, also eine feinstoffliche Reinigung ist nicht für die Ewigkeit, und ich bin auch kein Wunderwuzzi, sondern verabschiede einfach nur die alten Dinge mit Achtung und Respekt, indem ich mich ihnen aussetze, mich darauf einlasse und davor verneige. Das ist ganz ähnlich wie beim Familienstellen. Ich bin mir immer der Ordnung bewusst: Der Ort war vorher da, hat darum die älteren Rechte, also zwinge ich ihm nichts auf, ohne dessen Einverständnis zu erhalten."

Wie geht ein Clearer konkret vor?

Ähnlich wie beim Akupunktieren sucht er sich Punkte am Ort, die er neu informiert, damit sich das Gefüge energetisch verändern kann: „Dem Arbeitszimmer eines Physiotherapeuten kann man jene neuen Informationen geben, die dazu führen, dass sich der Patient darin gut öffnen kann. Im eigenen Schlafzimmer hingegen braucht es gute Energie zum Schlafen, während Kinder etwas Spielerisches benötigen. Wenn ein Kind also aus Platzmangel in einem Arbeitszimmer schlafen muss, sollte dieses im Vorfeld neu informiert werden, damit

Babys und Kinder sich darin wohlfühlen können. Bei einem Geschäftslokal mit hoher Fluktuation und insolventen Leuten beginnt man mit der Information von Vorgängern, wenn man die Energie reinigen möchte. In einem Wellnessbereich ist es wichtig, nicht zu vergessen, was da jeweils vom Vorgänger abgeladen wurde – das ist beim Therapeuten dasselbe. Auch im Warte- oder Behandlungszimmer eines Zahnarztes hängen die Ängste von Patienten energetisch fest. Sie sehen also: Es muss nicht immer etwas Schlimmes passiert sein wie Selbstmord oder Vergewaltigung – jeder Raum und jedes Objekt hat einfach eine besondere Information, aber daran denken wir oft nicht. Ich erinnere mich da an einen Mann, der äußerst schlecht schlief. Das Geheimnis dahinter war schnell gelüftet: In der Bettlade hatte er mehrere Sachen aus den Weltkriegen gelagert, weil das sein Hobby war. Das war sein Schatz und sein Heiligtum, aber als er diese Dinge weggeräumt hatte, konnte er sofort gut schlafen."

Es ist durchaus eine Gratwanderung, was ein Energetiker aus einem Raum nimmt und was er darin belässt, da die Menschen manchmal noch einen Rest der alten Informationen brauchen, um ihre Geschichten aufarbeiten zu können. Manchmal geht auch nicht alles auf einmal, weil das System ansonsten kippen würde. Dennoch kann jemand, der die feinstoffliche Reinigung beherrscht, eine Wohnung oder ein Haus mit wenigen Handgriffen energetisch putzen. Wenn beispielsweise ein Zuviel an Erdung in einem Zimmer vorliegt, merkt man das in Schlafräumen meist daran, dass einem beim Lesen nach nur wenigen Seiten meistens schon die Augen zufallen. In diesen Fällen nimmt ein feinstofflicher Reiniger wie Ferdinand Heindl einen Zettel, zeichnet ein Runenbild darauf und legt es unters Bett. Oder er setzt die Information von mehr geistiger Beweglichkeit, indem er ein Runenzeichen in das Schlafmöbel ritzt. Jedes Runenzeichen braucht eine Emotion, damit es aktiviert wird – auch die Strichrichtung ist dabei wichtig und Aktivierungspunkte gehören ebenfalls gesetzt. Momentan herrscht dann zwar eine Art Unruhe im Raum, wenn in bestehende Informationen eingegriffen wird, weil es etwas dauert, bis sich das Aufgewühlte wieder setzt, aber wenig später spüren Betroffene meist eine positive Wirkung.

Seines Erachtens nach ist das, was er tut, nichts Besonderes, erklärt Ferdinand Heindl: „Man weiß, ob man sich wo wohlfühlt oder nicht, und das muss man dann einfach verfeinern. Im Prinzip kann das jeder, jedenfalls in der Theorie, aber die mentale Arbeit, wie man die Blockaden oder schlechten Energien konkret auflöst, muss man natürlich lernen. Ich arbeite mit den alten 24 Runen – die sind meine vorrangigen Handwerkszeuge. So ist etwa die dritte Rune die Schutzrune, die ich häufig einsetze." Herr Heindl ist jemand, der nicht gern als Esoteriker bezeichnet wird, weil er sich als einen Realisten versteht: „Ich mache nichts Ungewöhnliches, nichts, das irgendwie abgehoben wäre. Natürlich muss man bei diesen Dingen aufpassen, dass man kein Spinner wird. Viele, die mich bei Vorträgen über diese Methode reden hören, wollen dann so etwas wie mein Zauberlehrling werden und wollen das nur aus dem Grund lernen, weil es das eigene Ego befriedigt oder weil sie glauben, dadurch Macht zu bekommen. Für mich ist das aber kein Hokuspokus, sondern ein normales Werkzeug wie für einen Tischler der Hobel, und wenn ich fertig bin mit meiner Arbeit, packe ich den Hobel wieder weg – nicht mehr und nicht weniger ist diese Methode für mich."

Ein konkretes Fallbeispiel aus dem Immobilienbereich

Für eine komplett renovierte Wohnung in bester Lage wird ein Käufer gesucht. Seit mehr als einem Jahr wurden mehrere Makler damit beauftragt, doch bislang ohne Erfolg.

Im Erstgespräch erzählt der Klient folgende Details: Interessenten besichtigen die Wohnung und sind vom ersten Eindruck begeistert. Je länger sie allerdings verweilen, umso mehr schwindet der Enthusiasmus. Daran können auch die großzügig angelegten und hellen Räume oder der Umstand, dass Heizung, Küche, Bad und WC im Neuzustand sind, nichts ändern. Der Verkaufspreis ist auch kein Thema.

Im Kundenverhalten zeigt sich folgendes Muster: Die Anwärter sagen ab, können den Grund dafür jedoch nicht wirklich beschreiben.

Der Auftrag an den Clearer ist in diesem Fall, wieder ein neutrales Raumklima herzustellen. Im Zuge der Besichtigung wird eine gründliche Anamnese erstellt. Aus ihr ergibt sich schnell die Antwort auf die Frage, warum sich kein Käufer für dieses Objekt findet: Der Vorbesitzer starb nach langer und schwerer Krankheit in dieser Wohnung. Die emotionale Altlast bestand daher aus Traurigkeit, Wut, Schmerz, Auflehnung gegen das Schicksal, Angst vor dem Tod sowie Hoffen und Bangen zwischen Gesundheit und Krankheit – sozusagen eine emotionale Achterbahnfahrt, deren Auswirkungen in den Zimmern gespeichert waren. Jeder Interessent, der die Immobilie besichtigte, fühlte trotz des neuen Anstrichs und der frisch versiegelten Parkettböden diese Schwere, die die Raumqualität prägte. Die Wohnung fühlte sich kalt an. Nach einiger Zeit in ihr verspürte man eine nicht erklärbare Nervosität und Unruhe, man fühlte sich ausgelaugt und niedergeschlagen.

Nachdem der Altballast entfernt worden war, wurde das Objekt an einem der nächsten Besichtigungstermine gekauft.

Was sagt die Wissenschaft?

Ein wissenschaftlicher Beweis für die Wirkung feinstofflicher Reinigungen existiert nicht.

Der Praxistest

PAMELA OBERMAIER BEI FERDINAND HEINDL

Die feinstoffliche Reinigung von Räumen betreffend, erlebe ich unerwartet den kürzesten Praxistest von allen: Ferdinand Heindl geht durch meine Räumlichkeiten, meint schnell, dass er hier auch gern wohnen und sich sehr wohlfühlen würde, weil ich einen guten Ort als mein Zuhause gewählt hätte. Er geht ins Schlafzimmer und berührt das Bett, erklärt mir, hier sei eine starke Erdung spürbar, was gut ist für den Raum, in dem man die Nachtruhe verbringt. „Es ist alles wunderbar in Ihrer Wohnung!“, lässt er mich wissen. Ein bisschen mehr Luft im Schlafzimmer würde trotzdem nicht schaden – das ist freilich energetisch in Bezug auf das Element Luft gemeint, und nicht den Sauerstoff betreffend. Dieser Hinweis lässt mich aufhorchen, da mir die Feng-Shui-Beraterin genau dasselbe gesagt hat. Als der Rundgang mit viel Aufmerksamkeit beendet ist, meint Ferdinand Heindl: „Ich kann nur arbeiten, wo Bedarf ist, und hier herrscht keiner. Ich war vorher auch schon ein bisschen in der Gegend unterwegs, weil die Umgebung zu einer Wohnung dazugehört und ich sie mir deshalb immer ansehe, und da habe ich eine kleine Kapelle im Park nebenan entdeckt und dort eine ausnehmend gute Energie gespürt. Ich glaube, dass die Wohnung deshalb so harmonisch ist.“ Das höre ich natürlich gern und fühle mich zu Hause gleich noch wohler und weiß, dass ich – sollte ich jemals ein Geschäft eröffnen oder in eine neue Wohnung ziehen – noch ein Stück hellhöriger sein werde, wenngleich mich meine Intuition bisher offenbar gut geführt hat. Und wenn ich eines Tages ein Kind bekomme, möchte ich ganz sicher die Qualität seines Schlafplatzes überprüft wissen, denn alles, was ich über das Clearing erfahren habe, klingt logisch für mich; eigentlich sogar so nachvollziehbar, dass es zum Standardprogramm gehören sollte, wenn man ein neues Gebäude bezieht. Denn nützt es nichts, so schadet es gewiss nicht!

8. Feng Shui – mehr Harmonie im Wohnbereich

Was ist Feng Shui?

„Feng Shui“ ist Chinesisch, bedeutet „Wind und Wasser“ und bezeichnet eine daoistische Lehre, die die Harmonisierung des Menschen mit seiner Umgebung zum Ziel hat, welche durch eine bewusste Gestaltung der Wohn- und Lebensräume erreicht wird. Nach der traditionellen Vorstellung sollen mit Feng Shui „die Geister der Luft und des Wassers geneigt gemacht“ werden können, denn für die Chinesen ist der Wind jene Energie, die das Wasser herbeibringt, ohne das nichts wachsen kann. Ein wütender Sturm kann allerdings auch zerstörerisch sein und eine Sintflut oder ein Hochwasser können die Felder und Äcker ertränken – es geht also um das harmonische, ausgleichende Zusammenspiel dieser beiden Kräfte; und diese (wieder) in Einklang zu bringen, ist das Anliegen von Feng Shui. Ein zentrales Element dieser Lehre ist die Lebensenergie, die „Qi“ oder auch „Chi“ heißt.

Woher kommt es, wer hat es entwickelt?

Feng Shui hat seine Wurzeln im I Ging, dem „Buch der Wandlungen“, welches eine Sammlung von Zeichnungen und Sprüchen darstellt und der älteste der klassischen chinesischen Texte überhaupt ist. Damit handelt es sich um eine mindestens 4.000 Jahre alte Weisheitslehre, die abgesehen vom erwähnten I Ging auch noch auf chinesischen Philosophiesystemen wie der Yin-und-Yang-Lehre, den nach den Himmelsrichtungen ausgerichteten acht Trigrammen sowie der Fünf-Elemente-Lehre basiert. Die älteste Schule im klassischen Feng Shui ist Luan Tou, bei uns im Westen „Formenschule“ genannt. In ihr geht es um die optimale Auswahl eines Bauplatzes und sie wurde sowohl für Wohnhäuser als auch für Grabstätten angewendet. Li Qi Pai, die „Formelschule“, welche bei uns auch oft als Kompassschule bezeichnet wird, arbeitet hingegen mit den Himmelsrichtungen, die mit einem Kompass ermittelt werden. Traditionell wird Feng Shui als Philosophie betrachtet, die sowohl künstlerische als auch wissenschaftsähnliche und administrative Elemente in sich vereint. Bis ins 19. Jahrhundert gab es darüber keine schriftlich fixierten Anweisungen, sondern nur Erfahrungsregeln, die individuell weitergegeben wurden. Auf diese Art diente die Weitergabe auch als Machtinstrument der kaiserlichen Elite in China. Nach der kommunistischen Revolution von Mao Zedong wurde Feng Shui verboten. Aufgrund dieses Verbots und der daraus resultierenden Vertreibung von Feng- Shui-Praktizierenden aus dem kommunistischen China hat sich das klassische Feng Shui je nach Ort anders weiterentwickelt: Das Feng Shui aus Hongkong unterscheidet sich deshalb von jenem aus Malaysia oder Taiwan.

Im Westen ist durch die Vermischung von traditionellen Grundideen des Feng Shui mit Vorstellungen der New-Age-Bewegung nach und nach ein neues System entstanden, das vorwiegend als Methode zur Harmonisierung von Wohnräumen angewendet wird. Die in China übliche Praxis, die Lehre bereits bei der Planung von Bauobjekten zu berücksichtigen, findet bei uns nur selten statt. In der hierzulande populären Methode werden Theorien von Farbgestaltung und dem energetischen Einfluss von Kristallen und Düften miteinbezogen. Unter Verwendung zahlreicher Hilfsmittel (etwa Windspiele, Goldsteine und Wasserposter) soll der Fluss der Lebensenergie in Wohnräumen reguliert werden.

Das Neo-Feng-Shui oder New-Age-Feng-Shui richtet Maßnahmen nach dem Hauseingang oder der Wohnungstür aus, während klassisches Feng Shui in China versucht, bereits bei den Baumaßnahmen Einfluss auszuüben, indem auch Himmelsrichtungen berücksichtigt werden.

Was kann es konkret bewirken?

Feng Shui kann laut Anwendern dabei helfen, den privaten und beruflichen Lebensweg zu verbessern. Es soll aber auch allgemein das Wohlbefinden steigern. Uns allen ist bewusst, dass Wohnen wichtig ist, weil unser Zuhause unser Zufluchtsort ist: Hier lässt man los wie nirgends sonst, regeneriert sich, fühlt sich sicher, ist man selbst, denn die eigene Wohnung oder das eigene Haus ist so etwas wie der erweiterte Körper, in dem man sich selbst zum Ausdruck bringt. Feng Shui kann darum auch helfen, Magien ins eigene Leben einfließen zu lassen, wenn man bereit dafür ist. Die verschiedenen Säulen im Leben – Beruf, Familie, Spiritualität, Freunde/Partnerschaft und Wohnen – haben große Bedeutung, und durch Feng Shui wird sichergestellt, dass alles miteinander vernetzt ist.

Grundregeln für optimales Wohnen

- bei einem Neubezug kann oder sollte man alle Räume ausräuchern, intensiv lüften und den Zimmern neue Energie einhauchen
- man ist gut beraten, zu vermeiden mit dem Rücken zur Tür zu sitzen, vor allem an seinem Arbeitsplatz, wo man bedeutend länger verweilt als beispielsweise am Essplatz
- es ist ideal, keinen Spiegel im Schlafzimmer zu haben, weil Spiegel unerwünschte Energien ins Bett projizieren und so unseren gesunden Schlaf stören können (die alten Chinesen glaubten, die Seele würde während des Schlafens aus dem Körper treten und könne sich bei ihrem Anblick im Spiegel erschrecken)
- Schmutzwäsche im Schlafzimmer zu haben ist nicht ideal, weil es sich bei ihr um verbrauchte Energie handelt
- den WC-Deckel sollte man stets schließen, damit das Qi nicht verloren geht

- Fenster und Türen sollen nicht gegenüber voneinander liegen, um ausreichend Lebensenergie in den Wohnräumen sammeln zu können
- dunkle Ecken sollte man mit hellem Licht oder Bewegungsmeldern ausstatten, damit das Qi gehoben wird
- man sollte vermeiden, Gerümpel anzusammeln oder bereits verstaubte getrocknete Blumen herumstehen zu haben, weil das nicht für frische Energie sorgt

Die wichtigsten Hilfs- und Heilmittel im Feng Shui

- Spiegel aktivieren, gleichen fehlende Bereiche aus und füllen damit energetische Leere
- Paravents und andere Raumteiler können richtig platziert harmonisieren
- Edelsteine und Mineralien sind kleine Energiekraftwerke, die das Qi anziehen und verstärken
- Bilder (Fotos, Gemälde, Zeichnungen, Postkarten etc.) mit positiven Motiven sind gute Energieträger, aktivieren und verstärken das Qi
- Pflanzen sind gute Qi-Träger und verhindern beispielsweise vor Fenstern, dass die Lebensenergie abwandert
- Licht ist ein wichtiges Element und Heilmittel, da es für das Leben selbst steht – auf ausreichend Tageslicht und Lichtquellen in dunklen Ecken und Räumen sollte man unbedingt achten; setzt man Licht gezielt ein, können die meisten Bereiche wunderbar aktiviert werden
- Düfte harmonisieren, dürfen aber nicht zu aufdringlich sein, weshalb ätherische Öle und Räucherstäbchen am geeignetsten sind
- Glückssymbole aller Art und Herkunft (Hufeisen, Klee, Engel, Fächer, Glücksschweine etc.) ziehen gute Energien an

- bewegte Objekte wie Mobiles und Windspiele bedeuten Bewegung und heben in Bereichen stagnierender Energie (wie es etwa oft am Ende eines langen Ganges der Fall sein kann) das Qi-Niveau an
- Wasser regt den Qi-Fluss an, ionisiert die Luft und steht außerdem für Fülle und Reichtum, weshalb sowohl Springbrunnen als auch Bilder von Wasserfällen ein heißer Tipp sind
- Klangspiele können harmonisierende Schwingungen erzeugen, ziehen das Qi an und gleichen nicht nur Räume, sondern auch uns selbst aus

Dem Feng Shui liegen – wie bereits erwähnt – unterschiedlichste Systeme zugrunde, die unter- und miteinander kombinierbar sind und individuell angewendet werden können. In der Regel entscheidet der Feng-Shui-Berater, welche Methode im jeweiligen Fall am günstigsten und zielführendsten ist, um Harmonic und Ausgleich zu bewirken. Dabei spielt auch die durch lange Erfahrung gestärkte Intuition eine Rolle.

Die Lehre der fünf Elemente

Die fünf Elemente sind Ausdrucksformen des Qi. Die Lebensenergie wird auf diesen fünf Ebenen analysiert und ausgeglichen: Erde, Metall, Wasser, Holz und Feuer. Dabei gilt Feuer als großes, Holz als kleines Yang, Metall als kleines, Wasser als großes Yin und die Erde als neutral.

Folgende Eigenschaften werden den einzelnen Elementen zugeschrieben:

	Holz	**Feuer**	**Erde**	**Metall**	**Wasser**
Farbe	Grün	Rot	Gelb, Braun, Beige	Weiß, Silber, Grau, Gold	Blau, Schwarz
Symbole, Form	hoch, aufrecht	spitz, dreieckig	quadratisch, flach	rund, oval	wellenförmig
Himmelsrichtung	Osten	Süden	Zentrum, Mitte	Westen	Norden
Jahres-/Tageszeit	Frühling, früher Morgen	Sommer, Mittag	Spätsommer, alle Übergänge	Herbst, früher Abend	Winter, Nacht
Sinnesorgan	Auge	Mund	Zunge	Nase	Ohren
Mondphase	Zunehmend	Vollmond	Vollmond, alle Übergänge	abnehmend	Neumond
Gefühle	Großzügigkeit, Zorn	Freude, Hass	Ruhe, Sorge, Stabilität	Vertrauen, Kummer	Mut, Angst
Schöpfungszyklus	nährt Feuer, wird genährt von Wasser	nährt Erde, wird genährt von Holz	nährt Metall, wird genährt von Feuer	nährt Wasser, wird genährt von Erde	nährt Holz, wird genährt von Metall
Zerstörungszyklus	zerstört Erde, wird zerstört von Metall	zerstört Metall, wird zerstört von Wasser	zerstört Wasser, wird zerstört von Holz	zerstört Holz, wird zerstört von Feuer	zerstört Feuer, wird zerstört von Erde

	Holz	Feuer	Erde	Metall	Wasser
Umgebung	Wälder, Berge	spitze Berggipfel	Hügel, Plateaus	Hügelkuppen	Bach, See, Fluss, Meer
Gebäudemerkmale	Türme, Hochhäuser	Spitzdächer, Kirchtürme	abgeflachte Dächer	Rundbögen, Kuppeln	große Fenster
Materialien	Holz, Korbwaren, Kork	Kunstleder, Plastik	Terrakotta, Keramik, Porzellan	Gold, Silber, Kupfer, Eisen	Glas
Gegenstände	Kerzenhalter	Kerzen, Feuerstellen, Öfen	Teller, Schalen	runde Rahmen, glänzende Kugeln	Zimmerbrunnen, Aquarien
Möbel	Holz- und Rattanmöbel,	rote und Kunststoff-Möbel	Truhen, Bänke	Metallmöbel	Glastische, Vitrinen
Pflanzen	Bonsai	Blütenpflanzen	Hängepflanzen	Nadelgehölz	wellige Pflanzen
Stoffe	Baumwolle	Kunstfaser, Latex	Leinen	durchwirkte Stoffe	Seide, Satin
Muster	vertikale Streifen	Dreiecke, Zackenlinien	waagrech-te Streifen	Punkte, Halbkreise	Wellenlinien

Das Wissen um die Auswirkung von Farbe, Form, Maßen und Klang auf den Menschen wird im Feng Shui als sehr wichtig erachtet. Darum kann ein Raum durch die Anordnung von Möbeln und Gegenständen und durch das Anbringen von Objekten, Farben oder anderen Hilfsmitteln harmonisch gestaltet werden. Konkret bedeutet das: Manche Kombinationen von Elementen wirken sich harmonisch aus, manche verlaufen disharmonisch, weshalb man diese ausgleichen sollte.

Die günstigen und ungünstigen Kombinationen der Elemente

1. Element	2. Element	Beziehungsqualität	Ausgleich	Farbe
Holz	Holz	harmonisch	-	Grün
Holz	Feuer	harmonisch	-	Grün
Holz	Erde	disharmonisch	Feuer	Rot
Holz	Metall	disharmonisch	Wasser	Blau
Holz	Wasser	harmonisch	-	Blau
Feuer	Feuer	harmonisch	-	Rot
Feuer	Erde	harmonisch	-	Rot
Feuer	Metall	disharmonisch	Erde	Gelb
Feuer	Wasser	disharmonisch	Holz	Grün
Erde	Erde	harmonisch	-	Gelb
Erde	Metall	harmonisch	-	Gelb
Erde	Wasser	disharmonisch	Metall	Grau
Metall	Metall	harmonisch	-	Weiß
Metall	Wasser	harmonisch	-	Weiß
Wasser	Wasser	harmonisch	-	Blau

Diese ungünstigen Beziehungsqualitäten beziehen sich allerdings nicht nur auf Anordnungen von oder Gegenständen in Räumen, die relativ problemlos ausgeglichen werden können, sondern es verhält sich laut Feng Shui auch in Partnerschafen so, dass es Schwierigkeiten geben kann, wenn zwei Personen unterschiedlichen Elements aufeinandertreffen. Die Zuordnung von Elementen für den Menschen basiert auf dem Geburtsdatum, wobei zu berücksichtigen ist, dass das chinesische Jahr erst im Februar beginnt. Verschiedene Tabellen im Internet oder in Feng-Shui-Fachbüchern geben diesbezüglich genaue Auskunft.

Treffen nun beispielsweise ein Feuer- und ein Wasser-Mensch in einer Liebesbeziehung aufeinander, hilft zum besseren Verständnis, wie ungleich diese Partner sind, schon mal die simple Vorstellung, was diese beiden Elemente in der Natur miteinander anstellen: Wasser löscht Feuer aus. Damit also eine Partnerschaft zwischen zwei solch unterschiedlichen Personen dennoch bestmöglich gedeihen und bestehen kann, ist es wichtig, bei der gemeinsamen Wohnungseinrichtung auf Ausgleich zu achten, indem man ein Übergewicht des Wassers in Bezug aufs Feuer ausgleicht. Das funktioniert durch das harmonisierende und vermittelnde Element, das in diesem Fall Holz ist, und durch grüne Elemente wie Pflanzen. Mit wenig Aufwand und nur ein paar Einkäufen und Handgriffen kann das gemeinsame Heim eines an sich schwierigen Paares so umgestaltet und harmonisiert werden, dass nicht nur das Beziehungsleben ein qualitativ hochwertiges bleibt oder wird, sondern auch in anderen Bereichen wie Job, Karriere und Reichtum kann sich alles verbessern, da gutes Feng Shui das Gleichgewicht zwischen den Polaritäten Yin und Yang genauso herstellt wie es einen Ausgleich zwischen den Elementen bewirkt.

Das Drei-Türen-Bagua

Eine der beliebtesten Methoden im westlichen Feng-Shui unserer Zeit ist das Drei-Türen-Bagua, auch als das „magische Quadrat" bezeichnet: Es ist in vier Wandmittelstücke und vier Ecken sowie ein Mittelstück eingeteilt, wobei jeder Abschnitt einem gewissen Lebensbereich zugeordnet ist. Im Zentrum befindet sich das Tai Qi, welches neutral ist, die Eingangstür ist der sogenannte Mund des Qi und maßgeblich für den Fluss der Lebensenergie verantwortlich. Man legt das Bagua daher immer so auf einen Wohnungsgrundriss, dass die Grundlinie am Eingang liegt. Auf diese Weise sieht man, wo und in welchen Räumen die acht Lebenswünsche Reichtum, Ruhm, Partnerschaft, (Herkunfts-)Familie, Kinder, Wissen, Karriere und hilfreiche Freunde im eigenen Zuhause angeordnet sind. Dadurch ist man in der Lage, Fehlbereiche und ungünstige Positionierungen zu erkennen und diese durch Feng-Shui-Hilfsmittel auszugleichen.

Reichtum Holz 4	Ruhm Feuer 9	Partnerschaft Erde 2
Ahnen Familie Holz 3	Mitte Erde 5	Kinder Kreativität Metall 7
Wissen Erde 8	Lebensweg Karriere Wasser 1	hilfreiche Freunde Metall 6

Was kann es nicht, wo liegen seine Grenzen?

Feng Shui kann keine Wunder bewirken, wenn handfeste Entscheidungen wie eine Trennung, ein Wohnungswechsel oder eine Kündigung im Job anstehen. Karin Wimmeder, eine Raumgestalterin, die nach den Regeln des Feng Shui einrichtet, erklärt anschaulich: „Es handelt sich um eine hilfreiche Methode, durch deren Anwendung man sich in seinen eigenen vier Wänden wohlfühlen kann. Feng Shui hilft dabei, regenerieren zu können und Lebensbereiche auszugleichen, mit denen wir unzufrieden sind. So können beispielsweise schwerwiegende Konflikte in der Liebesbeziehung nicht nur mittels Veränderungen im Partnerschaftseck gelöst oder verbessert werden, auch bei körperlicher Erkrankung kann der Lebensfluss positiv aktiviert werden, allerdings kann Feng Shui keine ärztliche Behandlung ersetzen."

Was sagen seine Anwender?

Von der Wirkung Überzeugte schreiben dem Feng Shui eine hohe Macht im positivsten aller Sinne zu, da sämtliche Lebensbereiche in die gewollte Richtung gebracht werden können, wenn man den eigenen Wohnbereich nach den Regeln des Feng Shui gestaltet. Wer einmal den guten Einfluss der chinesischen Lehre erfahren hat, weil in stockenden, problembehafteten Bereichen plötzlich alles auf den gewünschten Kurs kam, wird nie mehr in eine neue Wohnung ziehen, ohne von vornherein auf ausschlaggebende Dinge zu achten, um präventiv alles nach den wichtigsten Feng-Shui-Regeln zu gestalten.

Die energetische Wohnberaterin Karin Wimmeder schildert auf den Punkt gebracht, worauf es beim Eigenheim ankommt: „Es geht darum, den Naturgesetzen gemäß zu wohnen. Natürliche Materialien und nicht zu viel Metall in der Wohnung sind immer ein guter Anfang, da wir in unserem stark strukturierten Tagesablauf ohnehin zu viel Yang-Energie aufnehmen. Außerdem ist es bedeutend, dass man eine Wohnung wählt, die einem hilft, auftanken zu können und die eigene Mitte zu finden. Auch die Anordnung der Räume ist wichtig, und wie Einrichtungsgegenstände in den einzelnen Zimmern angeordnet werden. Eine Wohnung ist von sich aus ideal, wenn ihr Grundriss rechteckig oder quadratisch ist. Die Ausgewogenheit zwischen Yin und Yang liefert die Basis für ein gutes Feng Shui, denn wenn zu viel Yin vorherrscht, kommt man nicht in die Gänge und es fehlt die Struktur, wenn aber zu viel Yang vorkommt, können wir nicht entspannen, denn dann sind wir immer auf Hochtouren."

Was sagt die Wissenschaft?

Feng Shui gilt unter Wissenschaftlern als Pseudowissenschaft. Hauptsächlich wird damit argumentiert, dass es keinen Beweis für die Existenz der Lebensenergie Qi gibt, wodurch es sich um reinen Glauben, aber keine Wissenschaft handelt. Kritiker fordern daher eine Erklärung, warum die altchinesische Lehre von den fünf Elementen angesichts des modernen Chemieverständnisses der Elemente noch Bestand haben soll. Skeptiker bemängeln zudem, dass Feng Shui in Dienstleistungsangeboten häufig in Zusammenhang mit anderen nicht naturwissenschaftlichen Konzepten wie Elektrosmog, Radiästhesie oder Erdstrahlung gebracht wird. Allerdings gibt es in der Quantenphysik durchaus Annäherungen, wenn es um das Konzept Qi geht.

Der Praxistest

PAMELA OBERMAIER BEI KARIN WIMMEDER

Bereits vor unserem persönlichen Zusammentreffen in meinem Heim wollte sich Karin Wimmeder den Grundriss meines Zuhauses ansehen und hat sich nach meinem Geburtstag erkundigt, um auch meine persönliche Elementezuordnung berechnen zu können. Sie ist also gut vorbereitet, als ich sie in meiner Wohnung begrüße. Zunächst bittet sie mich, sie herumzuführen, um alles, was sie bislang nur vom Plan kannte, live erleben zu können. Nachdem sie alles genau in Augenschein genommen und einige Fragen gestellt hat, gibt sie mir eine Menge an interessanten Informationen: Meine Wohnung ist Yin-lastig, erfahre ich als erstes. Das überrascht mich nicht besonders, da ich einen recht femininen Einrichtungsstil habe. Schnell lässt sie mich wissen, dass immer etwas fehlt, wenn etwas anderes zu stark ausgeprägt ist, jedoch ist es bei mir trotzdem noch ausgewogen: „Man fühlt sich sofort wohl hier, es ist alles liebevoll und kuschelig gestaltet, aber nicht überlastet mit weiblichen Dingen." Außerdem sei bei der starren Struktur, die ich durch meinen Arbeitsalltag einzuhalten habe, die Yin-Lastigkeit als Ausgleich zu werten, meint sie. Als nächstes erklärt sie mir, dass ich ein östlicher Typ sei, was so einiges über mich aussagt, das ich auch von der Astrologie oder der Numerologie her kenne: Der Ost-Typ schwelgt in Ideen, ist neugierig und kreativ, dem Osten zugeneigt und wird darum von den Elementen Feuer, Wasser und Holz unterstützt. Das heißt, dass die Farben Rot, Schwarz und Grün inspirierend auf mich wirken. Im Unterschied dazu ist ein westlicher Typ jemand, der Ideen auch gern in die Tat umsetzt, weil ihm das Materielle sehr wichtig ist, erklärt sie mir. Doch zurück zur Wohnung: Der Eingang ist nordwestlich, was nicht zu meinem Typus passt, und darum könnte ich mit den genannten Farben die Energie für mich positiver gestalten. Frau Wimmeder hat da auch sofort Vorschläge: „Vor dem Eingang wären Blumentöpfe aus Terrakotta mit grünen Büschen ideal, aber wenn kein Platz für so etwas ist, kann auch schon ein grüner Kranz mit roter Schleife oder etwas Ähnliches Abhilfe schaffen." Als sie meinen nicht gerade begeisterten Blick sieht, der daraus resultiert, dass Türkränze nicht gerade meinen Geschmack treffen, fügt sie hinzu, dass es natürlich etwas sein muss, das mir gefällt, aber dass eine Veränderung im Eingangsbereich auf jeden Fall wichtig wäre, da man dadurch schneller in der eigenen Energie ankommt, wenn man über die Schwelle tritt.

Nun kommt die nicht so gute Nachricht: Meine Wohnung ist nicht regelmäßig geschnitten, und das ist grundsätzlich suboptimal. Genau das war es, was mir an ihr so gut gefallen hat, weil ich außergewöhnliche Zimmerformen mag und mir rechteckige Räume schlicht zu langweilig sind. Karin Wimmeder beruhigt mich, indem sie darauf hinweist, dass man das ausgleichen kann. Ausgangspunkt für ihre Arbeit ist immer die Haustür, weshalb wir auch hier begonnen haben; und das magische Quadrat des Baguas, mit dem sie nach Feng Shui analysiert und ausgleicht, liegt immer so, dass unten die Bereiche 8, 1 und 6 sind, was sie mir in unserem Gespräch mitteilt. Bei mir kommt man daher durch den Bereich „Lebensweg/Karriere“ in die Wohnung. Doch bevor sie weitermacht, legt sie das Bagua als ideale Form, die ja tatsächlich nicht vorhanden ist, über den Wohnungsgrundriss, wodurch schnell sichtbar wird, wo die Fehlbereiche liegen und wo Hilfsmittel zum Ausgleich beitragen können.

Ich lausche, schaue und frage nach. Währenddessen bemerke ich, dass ich inzwischen wirklich fasziniert bin von all den Dingen, die Frau Wimmeder erzählt. Sie ist lösungsorientiert und nicht problembehaftet, weshalb ich sofort Beispiele fürs Gegensteuern erhalte: Im Bad wäre es gut, eine schwere Skulptur oder einen schweren, schönen Stein neben das WC oder das Waschbecken zu stellen – als Ausgleich dafür, dass hier zu viel Energie (Wasser) im Berufsleben verloren geht. Der 5er-Bereich, also die Mitte, ist idealerweise frei in meiner Wohnung. Um den unregelmäßigen Grundriss auszugleichen, könnte man an der Deckenlampe einen kleinen Kristall aufhängen, denn der bündelt die Energie und verteilt sie wieder neu. In einem anderen Lebensbereich fehlt durch die Form des Raumes ein Teil des idealen Quadrats, weshalb rote Dinge hier gut tun würden, doch das hätte ich bereits intuitiv perfekt erledigt, stellt die Beraterin erfreut fest, als sie all die roten Elemente in diesem Bereich erblickt. Auch an jenen Stellen, wo bei mir Fenster einer Tür gegenüberliegen, was dazu führen würde, dass das Qi verloren geht, habe ich bereits automatisch Barrieren dazwischen geschaffen: „Das wurde wohl unbewusst so kreiert, dass die Energie drinnen bleibt“, so die Feng-Shui-Beraterin. Allerdings steht der Fernseher bei mir – wie interessanterweise in vielen Wohnungen – ausgerechnet im Partnerschaftseck, was nicht optimal ist, weil Liebende so Gefahr laufen, nur mehr miteinander fernzusehen, warnt sie mich. Dann legt sie das magische Quadrat auch über den Grundriss meiner Terrasse und ich erfahre, dass ich auch hier ausgleichen und Hilfsmittel einsetzen kann, um verschiedene Bereiche in meinem Leben zu optimieren. Karin Wimmeder merkt schließlich noch auf positive Weise an, ich hätte ein gutes intuitives Feeling für das Richtige und ermutigt mich, ihre Vorschläge zusätzlich umzusetzen, bevor sie sich verabschiedet.

Kaum ist sie weg, recherchiere ich im Internet nach passenden Dingen, die nicht nur ihren Tipps, sondern auch meinem Stil entsprechen und werde tatsächlich fündig. Ich bin sogar ein bisschen vorfreudig aufgeregt, als ich einige Gegenstände bestelle, die mein an sich sehr gutes Leben noch verbessern sollen.

Wenige Tage danach bekomme ich alles geliefert und packe erfreut aus, was meine Wohnung an manchen Stellen noch verändern wird. Und ich muss sagen: Seit damals muss ich jedes Mal lächeln, wenn ich meine Eingangstür aufsperre und auf die rote VIP-Fußmatte schaue – und ich bilde mir ein, tatsächlich freudiger nach Hause zu kommen und schneller in meiner Rückzugs- und Aufladeenergie zu landen. Überhaupt läuft alles gut und besser, wobei das in einer Lebensphase, in der ich so viele unterschiedliche Methoden teste, natürlich schwer an einer bestimmten festmachbar ist, aber ich fühle mich wirklich noch eine Spur wohler in meiner Wohnung, als ich das ohnehin schon immer getan habe. Alles, was ich über Feng Shui erfahren habe, bringt mich dazu, die Aufforderung der Beraterin, sobald ich ausziehen und übersiedeln möchte, möge ich ihr doch die Grundrisse infrage kommender Wohnungen per E-Mail schicken, auf dass sie mir rückmelden kann, ob das jeweilige Objekt grundsätzlich geeignet für mich wäre, unbedingt nachkommen zu wollen. Mein Fazit: Unbedingt ausprobieren!

9. Fernheilung – Telekommunikation mit den Energien

Was ist Fernheilung?

Bei der Fernheilung handelt es sich, wie bei jedem anderen Teilbereich der Geistheilung auch, um eine alternative Behandlungsmethode, die sich nicht der wissenschaftlichen Medizin oder klassischen Psychotherapie zuordnen lässt. Sie wird in verschiedene Methoden unterteilt und erfolgt stets ohne direkten Kontakt zwischen „Arzt" und „Patienten". Im Gegensatz zu „Wunderheilungen", die häufig mit dem Besuch von Wallfahrtsorten und dem dort herrschenden Heiligen- oder Marienkult in Verbindung stehen, rücken bei der Fernheilung das Vertrauen in die durchführende Person und die Überzeugung vom Erfolg der Behandlung in den Vordergrund.

Die Fernheilung, die auf einem universellen Welt- und Menschenbild basiert und somit physische, psychische, seelische und spirituelle Ebenen berücksichtigt, wird als ganzheitliche Energiemedizin verstanden. Sind die Energieflüsse in einem Organismus aus dem Gleichgewicht geraten, herrscht eine sich auf Körper, Geist oder Seele negativ auswirkende Disharmonie. Dieser Mangel oder Überschuss an Energie führt unter Umständen nicht nur zu Störungen des Wohlbefindens, sondern kann eine ernsthaft Gefährdung der Gesundheit darstellen. Bei einer Fernheilung wird das Energielevel reguliert und die unrund laufenden Vorgänge im Organismus werden harmonisiert.

Laut Eigendefinition zielt die Fernheilung darauf ab, durch Stimulation der Lebens- beziehungsweise Bioenergie die Selbstheilungskräfte zu aktivieren und den Menschen beim Wahrnehmen seiner gesundheitlichen Eigenverantwortung zu unterstützen.

„Ein Teil der Heilung war noch immer, geheilt werden zu

wollen", wusste schon der römische Philosoph Lucius Annaeus Seneca (ca. 4 v. Chr.–65 n. Chr.).

Woher kommt sie, wie hat sie sich entwickelt?

Vorstellungen über die heilende Wirkung übernatürlicher Kräfte lassen sich bis in die Frühzeit der Medizingeschichte zurückverfolgen. Im Christentum stellt natürlich Jesus das klassische Beispiel eines Geistheilers dar, gefolgt von sämtlichen heilenden Heiligen, aber auch von den Exorzisten. Man findet die Fernheiler beinahe in allen Kulturen, genannt werden sie Voodoo-Priester, Schamane, Medizinmann etc.

In unseren Breiten hat jedoch längst die Schulmedizin die Oberhand gewonnen, auch wenn der „Esoterik-Boom" und die Wiederentdeckung der Naturheilkunde in den letzten Jahrzehnten diese oft in ihre Schranken verweist.

In den Kulturen, in denen die alten Traditionen überlebt haben, werden grundsätzlich neben der vorhandenen konventionellen medizinischen Betreuung Geistheiler konsultiert.

Die beiden bekanntesten Methoden der Fernheilung sind das Besprechen beziehungsweise Gesundbeten und das mediumistische Heilen.

Beim Besprechen handelt es sich um die jahrhundertealte Kunst, mit der Kraft der Worte in die Seele beziehungsweise die erkrankte Körperzone einzudringen und mithilfe energetischer Schwingungen einen Selbstheilungsprozess einzuleiten. Das Gesundbeten unterscheidet sich vom Besprechen nur durch den religiösen Hintergrund. In allen hohen Kulturen hatten die weisen Männer und Frauen stets kleine Sprüche oder Gebete parat, die leise wispernd gesprochen und meist viele Male wiederholt, häufig verblüffende Heilungserfolge erzielten.

Basis des mediumistischen Heilens ist die Annahme, dass die negativen Energien jenseitiger Wesen Menschen körperlich und geistig beeinflussen und auch krank machen können. Die

Fernheiler übernehmen bei dieser Methode die Funktion eines Mediums, das mit den Wesen in Kontakt tritt und deren störende Schwingungen ab- oder umleiten.

Was kann sie konkret bewirken?

Fernheilung wird vor allem in den Fällen angewandt, in denen die Entfernung zwischen Energetiker und „Patient" zu groß oder der Kontakt von Angesicht zu Angesicht aus einem anderen Grund nicht möglich ist. Die Entfernung spielt auf der Quantenebene keine Rolle, ist also zweitrangig.

Etwas bewirken kann allerdings nicht die Fernheilung direkt, sondern der Absender der Informationen: Der Energetiker ist der Arzt, der mittels Löffel als Metapher für die Fernheilung die Medizin verabreicht. Somit ist die Wirkungsweise dieser Praktik keine andere als die jeder anderen Geistheilung beziehungsweise alternativmedizinischen Behandlung auch.

Was kann sie nicht, wo liegen ihre Grenzen?

Aus spiritueller Sicht gibt es keine Grenzen, da mittels Fernheilung jede Krankheit kuriert und jedes Leid zum Verschwinden gebracht werden kann. Die Grenzen liegen vielmehr beim Empfänger der Informationen – es geht darum, ob er in der Lage ist, diese zu empfangen und positiv für sich zu nutzen. Darüber hinaus können negative Energien die Sendung blockieren oder unterbinden, da bei Übertragung von Quanten – und um nichts anderes handelt es sich hierbei – keine Störungen vorkommen dürfen. Diese werden vorwiegend von Dingen des täglichen Gebrauchs verursacht, in erster Linie von elektronischen Geräten, die Elektrosmog erzeugen. Weiters kann eine Übertragung durch die Umwelt behindert werden – einerseits durch die vom Menschen verursachte

Verschmutzung, andererseits etwa durch Sonnenstürme. Und schließlich bremsen auch Emotionen wie Wut, Ärger und Hass die Fernheilung aus. Bereits ein einfacher Streit inklusive negativer Gefühle und Gedanken genügt, um mit einer schlechten Ausstrahlung der positiven Information entgegenzuwirken und sie zu neutralisieren. Dieselben Folgen hat eine negative mentale Beeinflussung von einer außenstehenden Person auf die Fernheilung. Es gibt jedoch die Möglichkeit des Schutzes vor diesen Blockaden, die jeder gute Energetiker kennt und mit welcher er auch arbeitet.

Was sagen ihre Anwender?

Energetiker behaupten, dass ihnen gewisse Fähigkeiten zur Verfügung stehen, die sie allerdings nur dann nutzen können, wenn sie ein reines Herz haben und keine negativen Emotionen in sich tragen. Den Vorgang selbst bringen die Anwender mit Quantenphysik in Verbindung: Alles existiert auf der Quantenebene und besteht bis ins Kleinste aus winzigen Teilchen, welche flexibles Wissen beinhalten und die ein „Baumeister" so zusammengesetzt hat, dass daraus Materie und letztlich Leben entstanden ist. Und die Fernheilung nutzt diese Quantenteilchen, um Informationen zu transportieren. Sie kann bei jeder Art von Erkrankung oder Befindlichkeitsstörung, bei Stress, bei körperlichen und bei seelischen Verletzungen angewandt werden, wobei Genesung im ganzheitlichen Sinne zu jedem Zeitpunkt und in jeder Situation möglich ist. Weder Anamnese noch Diagnosen sind erforderlich, damit geistige Heilmethoden wirken. Ein Fernheiler sollte in der Lage sein, die physischen und psychischen Leiden seiner Klienten unter mentaler Überwindung jeder Distanz zu diagnostizieren und die Probleme zu beheben.

Der Energetiker muss, bevor er mit seiner Behandlung via Äther beginnt, für sich eine Umgebung schaffen, in der er senden beziehungsweise geben und der Empfänger auch empfangen und nehmen kann. Zuerst gilt es, alle negativen Gedanken und Emotionen zu vertreiben, danach ist das Entfernen von störenden Geräten aus dem Umfeld an der Reihe. Ein weiterer Punkt, der zu beachten ist: Es darf zu keiner Auren-Überschneidung kommen, da der Heiler sonst womöglich Informationen über den falschen Menschen erhält. Darum sind Messungen über die Distanz dann mit Vorsicht zu genießen, wenn sich die Person nicht allein in einem Raum aufhält. Wichtig für den Erfolg ist außerdem, dass man Ergebnisse bespricht, damit der Heiler die Energien gegebenenfalls umlenken kann.

Was sagt die Wissenschaft?

Bis auf einige dieser Methode offen gegenüberstehenden Quantenphysiker behaupten die Wissenschaftler, allen voran die Mediziner und Pharmazeuten, dass eine Heilung allein durch Gedankenkraft und mittels Senden von Informationen nicht möglich, weil nicht mess- und daher nicht nachweisbar ist.

Der Praxistest

GABRIELE HASMANN BEI KLAUS TOBISCH

Zuerst einmal das Ergebnis vorweg: Ich bin „überdurchschnittlich gesund", wie mir der Energetiker Klaus Tobisch attestiert.

Bevor wir loslegen, muss ich einige Fotos knipsen – bei den Motiven handelt es sich um mein Handy, meinen PC, meinen Fernseher sowie meinen DVD- und CD-Player. Auch das Haus, in dem sich meine Wohnung befindet, soll von außen abgelichtet werden. Die Bilder werden nun an Klaus geschickt, damit er verhindern kann, dass der von meinen Geräten ausgehende Elektrosmog innerhalb meiner vier Wände und diverse Strahlungen in der Atmosphäre vor dem Gebäude die heilende Energiezufuhr blockieren. Klaus erklärt, wenn jemand den ganzen Tag mit Handy und Laptop durch die Gegend läuft oder permanent vor dem PC oder Fernseher sitzt, sei kein Durchkommen möglich. „Es ist meine Aufgabe, diese Störungen aus der Umwelt zu eliminieren", teilt er mir mit. Na dann ...

Der bayrische Energetiker fragt mich nun nach meinen gesundheitlichen Problemen, die eigentlich harmlos sind – aber irgendetwas muss ich ja finden, was er heilen kann (eine Kleinigkeit fällt mir auch tatsächlich ein). Klaus Tobisch teilt mir daraufhin mit, dass er nun jederzeit mit der Fernheilung beginnen könne und das auch tun würde. Super, denke ich mir, total bequem. Mich nerven Arztbesuche mit stundenlangen Wartereien inklusive Bazillenschleudern im Raum und abgegriffener Frauenzeitschriften und/oder uralter Wissenschaftsmagazinen ohnehin total. Also wenn das klappt, kündige ich meiner Allgemeinmedizinerin die Patientenschaft.

Eine Woche vergeht, ohne dass ich wesentliche Unterschiede wahrnehme: Ich fühle mich nicht gesünder, aber glücklicherweise auch nicht kränker, nur ein wenig ausgeliefert, ehrlich gesagt. Beim Arzt in der Praxis hat man wenigstens noch ein Minimum an Einfluss auf das, was er tut. Aber so über die Ferne? Alternativmedizinische Energien durch die Atmosphäre transportiert – da kann alles passieren. Braucht nur eine universelle Strahlung querschießen, die Heilerkraft auf dem Weg zu mir mutieren lassen ... und ich wache plötzlich mit einem Rüssel im Gesicht auf.

Irgendwie ist mir nicht wohl bei der Sache, obwohl ich ja offen bin für alles (außer für den Rüssel), andererseits auch verdammt skeptisch. Also bitte ich Klaus um einen Zwischenbericht. Der sieht zusammengefasst etwa so aus:

„Gabi wird mit Heilungsinformationen konfrontiert. Erste Messungen ergeben ein paar bakterielle und einige parasitäre Verunreinigungen im endokrinen System."

Gleichzeitig wird mir aber versichert, ich sei wirklich sehr, sehr gesund. Okay, also pfeif ich auf die paar bakteriellen und parasitären Verunreinigungen. Soll nichts Schlimmeres passieren.

Ein paar Wochen später hat sich mein kleines gesundheitliches Problem tatsächlich stark gebessert und ich bin beeindruckt – obwohl sich mein Körper natürlich auch zum selben Zeitpunkt gedacht haben könnte: Du nicht, du Bayer, bevor du da herumpfuschst, heil ich mich lieber selbst. Aber vielleicht ist ja auch gerade das eine der Reaktionen, die den Erfolg dieser Methode ausmachen.

Ein paar Tage später erhalte ich wieder einen Bericht von Klaus Tobisch:

„Messung: im endokrinen System entstehen Toxine, im Stammhirn entstehen Toxine, das heißt, das Immunsystem greift nun die Erreger an. Durch einen Hinweis von Gabi wird das Immunsystem in den gesamten Schleimhäuten aktiviert. Sehr starke Toxinbildung ist festzustellen. Ein Hinweis auf eine Schwächung des Immunsystems wird im Moment nicht gefunden."

Mehr erfahre ich wieder zwei Wochen später:

„Regelmäßige Messungen, keine besonderen Ausschläge. Ruhiger Fortgang. Danach Anwendung der neuen Methode bei Gabi. Anfangs heftige Reaktion des Körpers, sehr starke Reaktion des Immunsystems und der Systemregulierung."

Heftige Reaktion des Körpers und ich habe nichts davon bemerkt. Danach ging die Fernheilung dem Ende zu und war eine Woche später, ohne weiteren „medizinischen" Bericht, abgeschlossen. Alles okay, hieß es. Mein gesundheitliches Mini-Problem ist bereits in dieser Zeit zurückgekehrt – und geblieben. Bis heute.

Mein Fazit: Ich war skeptisch, bin es nach wie vor und werde es weiterhin bleiben. Natürlich kann nicht ausgeschlossen werden, dass eine „mystische Gabe" im Spiel ist und die Fernheilung tatsächlich funktioniert – vermutlich dann, wenn sich die positiven Schwingungen des Energetikers mit dem eigenen Glauben an dessen Fähigkeiten und universelle Mächte paaren und dadurch tatsächlich die Selbstheilungskräfte der erkrankten Person aktiviert werden. Und das ist völlig okay, solange man für diesen Schubs in Richtung Glaube an die eigenen Kräfte nicht sein ganzes Hab und Gut verscherbeln und das Geld dem geistigen Heiler auf sein irdisches Konto überweisen muss.

Ich jedenfalls steh total auf meine traditionell praktizierende, schulmedizinisch geprägte Ärztin ... selbst wenn ich auch ihr nicht alles glaube und immer offen dafür bin, andere Wege zu gehen und mit alternativen Heilmethoden zu experimentieren – aber alles mit Sinn und Verstand. Und dass ich mit einer Kündigung der Patientenschaft geliebäugelt habe ... darf sie nie erfahren.

Wer krank ist, sollte nichts unversucht lassen, um gesund zu werden, und wer an Fernheilung glaubt und sich wohl damit fühlt, sollte auch diese Möglichkeit nicht völlig ausklammern.

10. Handliniendeutung – Landkarte samt Wegweisern

Was ist Handlesekunst?

Die Hand stellt mit ihren Linien eine Art Landkarte dar, die Auskunft über charakterliche Anlagen und Potenziale eines Menschen gibt; außerdem spiegeln sich in ihr Eigenschaften, Gesundheitsveranlagung sowie intellektuelle Fähigkeiten wider. Auch die Erlebnisse der Vergangenheit und die Entwicklungsmöglichkeiten in der Zukunft sind erkennbar. Die

Redensart „Das Schicksal liegt in deiner Hand“ kommt also nicht von ungefähr!

Gedeutet werden Form, Linien, Berge und Finger, und aus dem Zusammenspiel der dabei erhaltenen Informationen setzt sich ein Gesamtbild der betreffenden Person zusammen.

Es gibt auf der Erde keine zwei Hände, deren Muster auf der Innenfläche sich genau gleichen, sie sind so unverwechselbar und individuell wie ein Fingerabdruck. Handlinien können sich allerdings auch verändern und sogar komplett verschwinden, oder neue tauchen plötzlich auf, was wiederum zeigt, dass das Schicksal eines Menschen nicht unabänderlich ist.

Bei der Handlesekunst oder Chiromantie (von altgriechisch *cheír*, auf Deutsch „Hand“ und *manteía*, auf Deutsch „Weissagung“) beschäftigt man sich mit der linken Hand (Erbhand), möchte man die ursprünglichen Anlagen erkennen und in die Zukunft sehen, in der rechten (Entwicklungshand), erscheint das, was die betreffende Person bisher aus ihren Veranlagungen gemacht hat und wie sie ihre Lebenssituation optimieren könnte.

Die meisten Chiromantiker konzentrieren sich hauptsächlich auf die Furchen, welche die Handinnenfläche durchziehen. Zu den Hauptlinien zählen Lebenslinie, Kopflinie, Herzlinie und Schicksalslinie.

Die **Lebenslinie** beginnt zwischen Zeigefinger und Daumen und läuft bogenförmig um den Daumenballen. Ist sie lang und gut sichtbar, bedeutet dies Vitalität und stabile Gesundheit. Ist die Linie dünn und weist Unterbrechungen auf, ist das ein Hinweis auf eine Neigung zu Krankheiten.

Die **Kopflinie** beginnt zwischen Daumen und Zeigefingeransatz und endet, leicht nach unten geneigt auf Höhe des Ring- und Mittelfingers. Ist die Linie lang und gut ausgeprägt, besitzt die Person einen klugen Kopf und wachen Geist. Eine kurze Kopflinie hingegen steht für praxisorientiertes Denken. Verästelungen an der Linie deuten auf Kreativität und viel Fantasie hin.

Die **Herzlinie** verläuft direkt unter den Fingeransätzen und stellt die oberste der drei Hauptlinien dar. Ist die Herzlinie breit und tief mit wenigen Unterbrechungen oder Verästelungen, weist dies auf Glück in der Liebe und eine harmonische Partnerschaft hin. Bei vielen Abzweigungen nach unten oder Unterbrechungen könnte dies auf schwierige Partner oder Enttäuschungen in der Liebe hindeuten. Je ausgeprägter und rötlicher die Linie, desto mehr spielt Leidenschaft eine Rolle.

Die **Schicksalslinie** beginnt an der Handwurzel und verläuft senkrecht nach oben in Richtung des Mittelfingers. Ist die Linie, der Schicksalsweg, gut ausgeprägt und ohne Unterbrechung, deutet dies auf Erfolg und Zielstrebigkeit hin. Ist die Linie unterbrochen oder kaum vorhanden, zeigt dies viele Lebensprüfungen und Unbeständigkeit im Leben oder im beruflichen Bereich an.

Weitere (häufig kaum bis gar nicht sichtbare) Linien sind die Sonnenlinie (unter dem kleinen Finger schräg Richtung Handmitte abwärts verlaufend), der Venusring (kleiner Bogen direkt unter Mittel- und Ringfinger), die Liebeslinien (unter dem kleinen Finger an der Handkante) und die Raszetten (unter der Hand am Gelenk).

Doch die Handleser werfen noch mit weiteren Ausdrücken um sich, so haben sogar die Finger eigene Namen: Zeigefinger = Jupiterfinger (Selbstwertgefühl, Ehrgeiz, Autorität), Mittelfinger = Saturnfinger (Stabilität, Verantwortungsgefühl, Gewissen), Ringfinger = Venusfinger (Ästhetik, Genuss, Idealismus), kleiner Finger = Merkurfinger (Kommunikation, Rhetorik, Wissensdrang). Die unter den Fingern befindlichen Berge tragen dieselben Namen und Eigenschaften.

Andere wichtige Erhebungen sind Sonnenberg (Daumenballen), Marsberg (in der Spreizung des Daumens), Plutoberg und Mond- sowie Uranusberg (unter dem Merkurberg entlang der Handkante).

Weiter heißt es, eine große Anzahl an Linien deutet auf viele Inkarnationen hin, eine kleine auf eine noch sehr junge Seele.

Woher kommt sie, wie hat sie sich entwickelt?

Das Bestreben, Charaktereigenschaften, Anlagen und Schicksal des Menschen aus seiner Hand zu lesen, reicht bis in die frühen Hochkulturen Indiens, Ägyptens, Babyloniens und Assyriens zurück. Eine besondere Eignung der Hände für Weissagungen wurde aus dem Umstand abgeleitet, dass diese neben dem Gesicht den am individuellsten ausgeprägten Teil des Körpers darstellen.

Die ersten belegbaren Hinweise auf das „Lesen in der Hand" finden sich in China um 2000 v. Chr., als die Linien auf den Fingerkuppen untersucht wurden, um aus den Ergebnissen auf den Charakter eines Menschen zu schließen.

Im fünften und vierten Jahrhundert v. Chr. interessierte man sich im antiken Griechenland bereits dafür, was die Linien in der Handfläche preisgaben – auch Platon und Aristoteles waren fasziniert von der Chiromantie, die damals als Geheimwissenschaft galt. Hippokrates wandte zu dieser Zeit eine Art der Handdiagnostik an, wenngleich auch nur zu medizinischen Zwecken. Ebenso sollen die Römer eifrige Handleser gewesen sein, sogar der mächtige Herrscher Gaius Iulius Cäsar (100–44 v. Chr.) wollte auf diese Art mehr über sein Schicksal erfahren.

Um etwa 400 n. Chr. sprach die Kirche die ersten Verbote gegen die offene Ausübung der Handlesekunst aus, wodurch sie ein wenig in Vergessenheit geriet beziehungsweise nur noch im Geheimen von „Hexen und Zauberern" praktiziert wurde.

Erst im 12. Jahrhundert gewann die Handliniendeutung in Europa langsam wieder an Popularität. 1448 veröffentlichte der Arzt Dr. Johannes Hartlieb in Augsburg „Die Kunst der Chiromantia". 1456 schrieb er seine Gedanken zur Handlesekunst in dem Auftragswerk „Das Buch aller verbotenen Kunst" nieder, das er für den Markgrafen Johann von Brandenburg-Kulmbach, genannt der Alchimist, verfasste.

Im 16. Jahrhundert interpretierte unter anderem der deutsche Universalgelehrte Agrippa von Nettesheim (1486–1535) die Hand als Abbild des Kosmos und versuchte, die traditionelle Form der Chiromantie wiederzubeleben. Der Philosoph und Ethiker Rudolph Goclenius, der auch als frauenfeindlicher Hexentheoretiker in Erscheinung trat, verfasste 1620 das Werk „Besondere physiognomische und chiromantische Anmerkungen".

Danach fand die Zukunftsdeutung aus der Hand größtenteils nur noch auf Jahrmärkten oder im Verborgenen statt. Von diesem Imageverlust hat sich die Chiromantie bis heute nicht vollständig erholt.

Was kann sie konkret bewirken?

Eine seriöse Handliniendeutung stellt im Prinzip eine Art von intuitiver Lebensberatung dar. Der Experte hat dabei einerseits sein „Handwerk" zu beherrschen und über die nötigen Kenntnisse zu verfügen. Zusätzlich kann er mithilfe seiner Erfahrungen und Intuition Rückschlüsse ziehen, die aufgrund zahlreicher Hinweise im Verhalten des Klienten auf der Hand liegen. Das betrifft allerdings in erster Linie charakterliche Tendenzen, Veranlagungen, gesundheitliche Schwächen und aktuelle Problematiken oder Emotionen. Ein professioneller und routinierter Handleser schafft eine Trefferquote von etwa 80 Prozent, erkennt damit Eigenschaften wie Willensstärke (die er allerdings sicher bereits am kräftigen Händedruck beim Begrüßen festmacht), sieht Talente wie eine musische Begabung, weist auf Schwachstellen im Körper oder Unterfunktionen von Organen hin und spürt beispielsweise eine momentane Unzufriedenheit im Privatleben. Der Klient kann danach entscheiden, was er mit den erhaltenen Informationen anfängt, wobei sich häufig ein Gespräch mit dem Anwender entwickelt, was eine Sitzung beim Therapeuten erspart.

Was kann sie nicht, wo liegen ihre Grenzen?

Handlinien verraten, ähnlich wie die Astrologie, nur wenig über die Zukunft und lassen höchstens Tendenzen erkennen.

Eine lange Lebenslinie zu besitzen bedeutet beispielsweise nicht automatisch, dass man ein hohes Alter erreicht, sondern nur, dass die Anlage dafür vorhanden ist – umgekehrt deutet eine kurze nicht darauf hin, dass man jung verstirbt.

Was sagen ihre Anwender?

Es ist einerseits möglich, die Vergangenheit eines Menschen zu sehen, die ihre Spuren in dessen Hand gezeichnet hat, andererseits höchstpersönliche zukünftige Ereignisse zu prophezeien, deren Erfüllung allerdings von der Entwicklung der betreffenden Person abhängt. Die Linien zeigen nämlich nur das Szenario, das laut Status quo von dem Tag, an dem es prognostiziert wird, eintritt. Wenn sich der Mensch und seine Einstellung aber grundlegend ändern, wandeln sich auch die Linien in der Hand, weshalb an ihnen auch die Entwicklung eines Individuums erkennbar ist.

Chiromantiker müssen gute Menschenkenner sein, wenn sie ihren Job gut machen wollen. Ist das der Fall, können sie ihren Klienten mit Rat und Tat zur Seite stehen, während sie die Analyse vornehmen.

Der irische Schriftsteller Oscar Wilde (1854–1900) schrieb in seinen Erzählungen und Aphorismen: „Meine liebe Herzogin, die Vorsehung kann heutzutage sicher schon der Versuchung widerstehen. Ich glaube, daß jeder Mensch einmal im Monat in seiner Hand lesen lassen müßte, um zu wissen, was er nicht tun darf. Natürlich tut man es doch, aber es ist so hübsch, wenn man gewarnt wird."

Die Wissenschaft sagt „Ja" zur reinen Chirologie beziehungsweise Chirognomie, bei der die gesamte Physiognomie berücksichtigt wird. Ausschlaggebend sind bei dieser Methode die Form der gesamten Hand sowie der einzelnen Finger, die Position des Daumens, die Fingernägel und die Hautbeschaffenheit. Diese Lehre lässt in erster Linie Rückschlüsse auf die Vitalität und Gesundheit eines Menschen, aber auch auf seine Persönlichkeit und den Charakter zu. Ab Mitte des 17. bis Ende des 18. Jahrhunderts wurde in Deutschland die Chirologie an deutschen Universitäten gelehrt.

Die Ärztin Charlotte Wolff (1897–1986) arbeitete zwanzig Jahre lang auf dem Gebiet der Chirologie und führte zahlreiche psychologische Handdiagnosen durch, über die sie vier Bücher verfasste. Durch die Vermittlung von Aldous Huxley erhielt sie Zugang zu Pariser und Londoner Künstlerkreisen und beschrieb in ihrer ersten Studie aus dem Jahr 1936 Handabdrücke von unter anderem Virginia Woolf, George Bernard Shaw und Man Ray. Wolff publizierte den ersten Entwurf einer psychologischen Theorie der Hand in der surrealistischen Zeitschrift „Minotaure". Später brachten ihr die umfangreichen Untersuchungen eine Ehrenmitgliedschaft in der British Psychological Society ein. Die bekannte deutsche Chirologin Marianne Raschig nahm zwischen 1924 und 1935 insgesamt 2.500 Handabdrücke von bekannten Personen, darunter Albert Einstein, Georg Hauptmann, Bertolt Brecht, Thomas Mann und Hans Albers. Sie sah in Handlinien und -formen einen Spiegel seelischer und physischer Eigenschaften.

Die Wissenschaft sagt jedoch „Nein" zur Chiromantie, die eine Diagnose der gegenwärtigen und zukünftigen Lebenssituation miteinschließt, vor allem was Bereiche wie Liebe oder Beruf betrifft.

Die meisten Handleser üben eine Mischform aus: Sie beziehen in ihre Deutungen die gesamte Physiognomie der Hand mit ein und analysieren dann anhand aller optischen

Gegebenheiten, inklusive Linien und Berge, aktuelle Zustände und prognostizieren zukünftige Entwicklungen.

Der Praxistest

GABRIELE HASMANN BEI MAGGIE BÖHMER

Ich sitze Maggie Böhmer in ihrer Funktion als Chiromantikerin gegenüber, die mein eiskaltes Händchen begutachtet. Dann legt sie auch schon los: „Ein gut ausgeprägter, fester und fleischiger Sonnenberg bedeutet, man ist zäh und robust – bei dir ist er allerdings eher flach, die Widerstandsfähigste bist du also nicht (Geht so.). Zu den Fingern: Sie sind konisch geformt, das heißt, du bist durch und durch eine Künstlerin (Treffer!). Dein kleiner Finger spreizt sich als Antenne nach außen leicht ab, für dich ist Kommunikation sehr wichtig (Auch wahr.). Mittel- und Zeigefinger bleiben immer zusammen, auch wenn du die Hand locker lässt – du hältst immer an deinen Idealen fest, egal, was passiert, und bist sehr strukturiert und organisiert (Wieder richtig.). Darüber hinaus besitzt du sehr viel Disziplin (Meistens – außer, wenn es darum geht, meinen Körper sportlich in Bewegung zu setzen.). Dein Daumen lässt sich nicht nach außen biegen, du hast einen starken Willen und messerscharfen Verstand (Würde ich nie bestreiten.), bist aber auch ein wenig unflexibel (Leider auch richtig.). Dein Jupiterberg, also der Ballen unter dem Zeigefinger, ist gut ausgeprägt. Das heißt, du fragst nicht lange und nimmst, was dir deiner Meinung nach zusteht, bist dabei sehr durchsetzungsstark (Das wäre mir so noch nicht aufgefallen. Ich frage eigentlich eher einmal zu viel, als zu wenig.). Dabei gehst du aber immer absolut gerecht vor und würdest nie jemanden übervorteilen (Das wiederum stimmt.). Die Form deiner Hand sagt außerdem aus, dass du lebensfroh bist und viel Humor hast (Ich kann es nicht leugnen, dass ich gerne stundenlang Witze erzähle!). Deine Haut ist sehr zart, du bist im wahrsten Sinne des Wortes dünnhäutig und musst auf dein Herz aufpassen, im organischen wie auch im emotionalen Sinne (Keine Ahnung.). Und jetzt noch zu den Linien: Die Lebenslinie geht sehr weit nach unten, ist gut zu sehen und verzweigt sich zweimal, das bedeutet, du wirst halbwegs gesund alt, hattest aber bereits eine Operation und eine zweite wird in ein paar Jahren folgen (Ich hatte schon zwei Operationen.). Deine Kopflinie ist kaum sichtbar, extrem kurz und sehr verästelt – du denkst immer praktisch und lösungsorientiert, und das mit viel Fantasie und Kreativität (Wohl wahr!). Deine Herzlinie deutet auf glückliche Partnerschaften hin, die Liebeslinien unter dem kleinen Finger an der Handkante zeigen zwei vergangene an, und eine, die noch kommen wird (Ja, zwei hatte ich schon – nachdem ich sie jetzt nicht mehr habe, werden sie sooo glücklich nicht gewesen sein. Kann also nur besser werden.). Deine Schicksalslinie ist einmal unterbrochen und läuft versetzt weiter, was mir sagt, du bist einmal beim Berufswechsel ein hohes Risiko eingegangen (2011 habe ich mich selbstständig gemacht). Die schwache Ausprägung bedeutet aber auch, dass sich der große Erfolg noch nicht eingestellt hat, was womöglich auch so bleiben wird (Na gut, damit werde ich leben müssen. Aber wie mein Mittel- und Zeigefinger schon sagen: Ich halte immer an meinen Idealen fest, egal, was passiert!)."

Mein Fazit: Ich bin wirklich erstaunt, was man aus einer Hand alles herauslesen kann. Und es trifft sogar vieles davon zu! Irgendwie hatte ich bei dieser Praktik als einer von wenigen so ein bisschen das Gefühl, dass es mir fast zu persönlich wird, was die Expertin plötzlich alles von mir „weiß".

Wenn man Geld ausgeben möchte, um sich einmal „wahrsagen" zu lassen, empfehle ich unter anderem das Handlinienlesen noch am ehesten.

11. Heilsteine – sich die Wirkung von Steinen zunutze machen

Was sind Heilsteine?

Heilsteine oder auch Gesundheitssteine sind anorganische oder fossile Substanzen, vor allem Minerale, die für die Menschheit seit Langem interessant sind – so spannend, dass es sogar die sogenannte Lithotherapie, also Steinheilkunde oder auch Edelsteintherapie genannt, gibt. Diese Disziplin befasst sich mit der Unterstützung durch Halbedelsteine, die zu energetischer Ausgewogenheit im menschlichen Körper führen soll und damit als Hilfe zur Selbsthilfe verstanden wird – weshalb ein Lithotherapeut sich übrigens nicht als Heiler, sondern als ein Helfer versteht. Es gibt eine Vielzahl von Steinen, denen eine heilende Wirkung zugeschrieben wird – unter anderem handelt es sich dabei um Quarzvarietäten wie den Onyx, den Amethyst oder auch den Malachit.

Wer hat Steine als Heilmittel für Menschen entdeckt?

In praktisch allen Kulturen auf allen Kontinenten wurden und werden Steine und ähnliche Materialien wie Korallen, Perlmutt und versteinertes Holz herangezogen, um eine Heilwirkung zu erzielen. Die erste uns bekannte und überlieferte Erwähnung über die Verwendung sogenannter Heilsteine stammt aus dem Mittelalter („De Lapidibus"). Zu dieser Zeit waren es allerdings Steindenkmäler, zu denen die Menschen pilgerten, um von ihnen eine Hilfestellung zu erfahren. Die antiken Griechen, Perser, Ägypter, Römer, Inder, Chinesen, alle mittel- und südamerikanischen Kulturen, die nordamerikanischen Ureinwohner, mittelasiatische Steppenvölker und schwarzafrikanische Kulturen vertrauten neben der Schmuckverarbeitung von Steinen auch auf deren Heilkraft. Sämtliche Naturvölker wussten demnach um die Wirkung von Steinen, und zwar völlig unabhängig voneinander. Erstaunlich dabei ist: Alle Kulturen haben jeweils dieselben Steine für dieselben Leiden herangezogen, so verwendeten beispielsweise alle den Türkis zum Entsäuern.

Warum aber waren Steine so populär? Nomaden hatten nicht in jedem Gebiet dieselben Kräuter, um Beschwerden zu lindern, aber Steine sind im Unterschied zu Pflanzen haltbar und man kann sie problemlos überall hin mitnehmen. Das könnte wohl der ausschlaggebendste Grund für die Beliebtheit von Heilsteinen gewesen sein. Selbst heute noch finden sich bei den Berbern Nordafrikas und bei den australischen Aborigines Steine in den Apotheken.

Erst wesentlich später, nämlich im Zusammenhang mit der New-Age-Bewegung im 20. Jahrhundert hat sich der Glaube an heilende Schmuck- und Edelsteine auch in unseren Breitengraden wieder durchgesetzt, obwohl Steine in Mitteleuropa bereits seit dem Mittelalter in Verwendung waren. Doch damals war es gefährlich, sich mit Heilsteinen auszukennen: Alle Heilkünste wurden der Hexerei zugeordnet und darum drakonisch bestraft – nicht selten mit dem Tod. Aus Angst vor einer solchen Strafe ging viel Allgemeinwissen dieser Zeit verloren. Eine der prominentesten Vertreterinnen der Steinheilkunde war die heilige Hildegard von Bingen, die neben Steinen auch auf Kräuter vertraute.

Steine in Kronen und Zeptern von Herrschern hatten übrigens ebenfalls nicht nur eine Wertbedeutung. Rubine, die häufig in Kardinalsringe oder Bischofsstäbe eingearbeitet wurden, gelten als Steine fürs untere Körperdrittel, die Kraft und Macht verleihen – die Kirchenmänner haben also vermutlich von jeher um die Wirkung von Heilsteinen gewusst und diese auch bewusst eingesetzt. Eine der umfangreichsten Heilsteinsammlungen wird daher auch im Vatikan aufbewahrt.

In unseren Breitengraden werden Heilsteine wie selbstverständlich im Alltag eingesetzt, wenn das auch oft abgetan wird, indem die Besitzer als Erklärung Aussagen wie „Ach, das war nur ein Geschenk, ich selbst glaub ja eigentlich gar nicht an so etwas“ oder „Das ist nur ein Talisman“ tätigen: Bernsteinketten für zahnende Kleinkinder hat wohl jeder schon einmal gesehen, der Malachit, der „Hebammenstein“, der die Entbindung erleichtern soll, ist vor allem im nördlichen Ostösterreich und in Böhmen weit verbreitet, und verschiedene Berufsgruppen schwören auf bestimmte Steine als Geheimtipp: Der Lapislazuli ist so als Stein der Gerechtigkeit bei Richtern schwer beliebt, während der Chalzedon von Schauspielern gegen das Lampenfieber gern in der Hosentasche mitgetragen wird. Außerdem sieht man an PC-Arbeitsplätzen häufig den Rosenquarz, der die Computerstrahlung neutralisieren soll.

Was können sie konkret bewirken?

Heilsteine wirken über ihre Form, ihre Farben und die in ihnen enthaltenen Mineralien positiv regulierend auf unser Energiesystem. Und die Heilkunst besteht darin, die jeweilige vom Stein ausgehende Schwingung so einzusetzen, dass die Organe des Lebewesens in ihrer Ursprungsschwingung wiederhergestellt werden, wenn diese aus dem Gleichgewicht geraten sind. Aber das ist nicht so schnell erklärt, da es sich um ein enorm komplexes Thema handelt, wie Lithotherapeut Michael Tmej schildert: „Es gibt rund 450 Mineralien und ich arbeite mit 120 davon, weil ich nur mit diesen Erfahrungswerte vorweisen kann.“ Übrigens werden auch viele Substanzen als Steine bezeichnet, obwohl sie streng genommen etwas anderes sind: Bernstein ist beispielsweise kein Stein, sondern versteinertes Harz, und so gibt es auch aus Holz oder Meteoriten entstandene „Steine“, die ihrer eigentlichen Definition nach keine Mineralien sind, aber in der Lithotherapie dennoch zum Einsatz kommen.

Die drei Haupteinsatzformen von Heilsteinen

- Steine in Wasser legen und das mit der Energie angereicherte Wasser trinken
- Steine auflegen oder am Körper tragen
- Steine ansehen

Dabei ist das Trinken des Steinwassers die stärkste Methode und das Ansehen von Mineralien die wirkungsschwächste.

Raue und metallisch glänzende, quecksilberhaltige Steine sollte man nie in Wasser legen, durchsichtige wie der Bergkristall oder der Rosenquarz sind jederzeit unbedenklich. Allerdings sollte man keinesfalls zu viele Steine kombinieren, denn da verhält es sich wie mit Radioapparaten: Wenn man mehrere Radios mit jeweils unterschiedlichen Frequenzen gleichzeitig einschalten würde, könnte man keinen Sender mehr raushören. Genauso ist ein Wirrwarr an Schwingungen im Fall von Heilsteinen unsinnig und wenig förderlich. Über Nacht beziehungsweise bis zu zwölf Stunden sollten die Mineralien im Wasser liegen, damit dieses ausreichend mit deren Energie angereichert werden kann. Das Ganze hält dann für etwa vier Stunden, in denen man das Steinheilwasser trinken soll. Praktischerweise ist das Wasser, wenn man es mit Essig oder Alkohol verbindet, auch über längere Zeit fixierbar, indem man es dann in Fläschchen füllt und als Essenz bei sich trägt und jederzeit ein wenig davon einnehmen kann. Steine können übrigens auch zerrieben und in einer Salbe zum Auftragen auf erkrankte Körperstellen verarbeitet werden.

Wenn man sich Heilsteine auflegt oder auflegen lässt, sollte man darauf achten, das Handy auszuschalten, Uhren vom Handgelenk zu nehmen und sämtliche Edelmetalle abzulegen. Das gezielte Auflegen von ausgewählten Heilsteinen auf bestimmte Punkte des Körpers ist erst eine Hilfestellung zur Erlangung des energetischen Gleichgewichts, wenn deren Wirkung von nichts mehr behindert werden kann. Freilich kann man das selbst machen, doch Michael Tmej bringt die Vorteile, zu einem Steinheiltherapeuten zu gehen, auf den Punkt: „Im Gegensatz zur Eigenanwendung wird mit Sicherheit ein perfektes und eindeutiges Steinmaterial verwendet. Die Steine sind weiters optimal vorbereitet, also entodet und aufgeladen, und ich kann auch teure Steine wie etwa Rohdiamanten zum Einsatz bringen, die man sich selbst nicht so schnell kaufen würde. Mal ganz abgesehen davon, dass man sich ohne eigene Vorbereitung erfahrungsgemäß leichter entspannt."

Beim Tragen am Körper gibt es die Möglichkeiten von zu Schmuck verarbeiteten Heilsteinen, bei denen es darauf ankommt, sie richtig zu platzieren – denn ob ein Stein auf dem Hals oder dem Herzen zu liegen kommt, macht einen großen Unterschied, auf welches Organ er seine Energie abgeben wird. Zwischen ein paar Minuten und mehreren Tagen sollte ein Stein dann getragen werden – je nachdem, um welches Leiden und folglich auch um welchen Heilstein es sich handelt.

Um durch das bloße Anschauen eines Steines schon dessen Wirkung verspüren zu können, muss man sehr geübt in der Steinheilkunde sein.

Übersicht über die gängigsten Heilsteine und deren Einsatzgebiete

Stein	Wirkung/Einsatzbereiche
Amethyst	bietet Schutz, stärkt die eigene Spiritualität
Aquamarin	bringt zur Ruhe, schärft den Weitblick
Aventurin	hilft bei Überanstrengung
Bergkristall	ist ein Universalstein, wird „der Verwandler" und „erster Stein" genannt
Bernstein	gibt Lebensfreude, beruhigt
Calcit	unterstützt und stärkt die Knochen
Chalzedon	unterstützt die Kommunikation
Granat	unterstützt die Fruchtbarkeit, wird „Krisenstein" genannt

Stein	Wirkung/Einsatzbereiche
Hämatit	stärkt den Kreislauf, hilft bei Eisenmangel
Jade	bringt inneren Frieden, gibt Ausgleich
Karneol	hilft gegen Ängste
Lapislazuli	stärkt die eigene Intuition
Malachit	hilft gegen Entzündungen
Mondstein	hilft bei Wechselbeschwerden
Obsidian	hilft bei Schockzuständen und seelischem Druck
Rosenquarz	fördert die Harmonie
Rubin	ist ein Universalstein, der „Herrscherstein"
Saphir	ist ein Universalstein, fördert die Weisheit
Smaragd	ist ein Universalstein, fördert die Regeneration, bewahrt die Jugend
Tigerauge	ist ein Dämpferstein
Türkis	bietet Schutz, entsäuert

Was können sie nicht, wo liegen deren Grenzen?

„Es endet, wenn ich als Anwender keine Ahnung habe“, drückt es Michael Tmej aus. Wenn also das Wissen um Steine nur halbherzig angeeignet wird, dann kann man so einiges falsch machen, denn giftige Mineralien sollte man natürlich nicht ins Wasser legen, das man anschließend trinkt. Ähnlich verhält es sich, wenn man nur eine Seite einer Wirkung bedenkt und etwa weiß, dass ein Tigerauge dämpft und darum bei Migräne oder Aufgekratztheit helfen kann, aber ausklammert, dass es nach zweiwöchigem Tragen dann auch zu Durchblutungsstörungen kommen kann. „Man sollte bei der Verwendung mit Heilsteinen nie den Verstand ausschalten“, so Michael Tmej. Ihm ist es deshalb auch ein Gräuel, wenn Menschen die Medizin ausgrenzen wollen und nur noch auf die Heilwirkung von Mineralien schwören: „Ich hasse nichts mehr als Scharlatane, die die Schulmedizin missachten, wenn es um schwere Krankheiten geht und sterbenden Menschen allerhand Schwachsinn aufschwatzen wollen. Wären Steine ein Allheilmittel, würde es die Medizin nicht brauchen, dann hätte sich die Menschheit gar nicht in diese Richtung weiterentwickelt. Beachtet man allerdings die klassische Medizin und bindet sie mit ein beziehungsweise geht in einem ersten Schritt immer zunächst zum Arzt, um körperlich eindeutige Ursachen aufzudecken oder auszuschließen, dann kann man als Unterstützung sehr viel mit Steinen machen“, ist Tmej überzeugt. Zusammengefasst kann man also sagen: Medizin heilt, Steine sind fürs Wohlbefinden da.

Was sagen deren Anwender?

Seriöse Lithotherapeuten stilisieren Anwendungen mit Heilsteinen nicht zu einem Allheilmittel hoch, sondern weisen darauf hin, dass die Therapie mit Steinen lediglich eine Ergänzung zu anderen Heilmethoden und der klassischen Medizin darstellt. So weist auch Michael Tmej sofort darauf hin: „Viele sehen Steine als etwas rein Esoterisches. Ich vertrete die Steinheilkunde allerdings nur, wenn sie analytisch, also rein auf Basis der Inhaltsstoffe des jeweiligen Steins vorgeht. Manche Lithotherapeuten sagen ihren Klienten, sie bräuchten unbedingt einen Achat, der von der Schnittart her eine Blase aufweist, damit die Blasenschwäche positiv beeinflusst werden könne. Das ist Blödsinn, denn jeder Achat kann bei Problemen mit der Blase helfen. Es ist Hokuspokus, wenn erzählt wird, es müsse ein ganz speziell aussehender Stein sein, aber wenn es einem Klienten hilft, daran zu glauben, dass seine Beschwerden abklingen, ist das natürlich auch nicht schädlich. So allgemeingültige Aussagen wie „Schwarze Jade bringt Pech" jedoch sind einfach nicht seriös und schlichtweg falsch."

Der große Vorteil von Heilsteinen ist, dass man den Körper bei seiner Heilung unterstützen kann, ohne ihn einer chemischen Belastung auszusetzen. Der Nachteil liegt darin, dass es kompliziert ist, sich mit Steinen auszukennen, weil es beispielsweise allein 40 bis 45 Arten gibt, die bei Kopfweh helfen können – man muss also, um den richtigen Heilstein zu finden, zunächst ausschließen, woher die Kopfschmerzen nicht rühren, um sich so langsam an das passende Heilmittel heranzutasten. Was die Sache mit Steinen auch nicht ganz einfach macht, ist der Aufwand, der mit deren Pflege verbunden ist: Heilsteine müssen gereinigt werden, damit ihr Energiefeld immer gut funktioniert. Sie im fließenden Wasser – natürlich ohne Reinigungsmittel – zu waschen, mit Sonnenlicht oder einer Steindruse (das ist ein ausgehöhlter Stein) aufzuladen, ist also eine wichtige Voraussetzung dafür, dass sie lange Zeit als therapeutisches Hilfsmittel fungieren können. Zudem sind sie höchst sensibel: Durch ein Magnetfeld in ihrer Nähe kann ihr Energiefeld belastet oder gar zerstört werden, weshalb ein Grundwissen über all diese Dinge unerlässlich ist, um Heilsteine erfolgreich anwenden zu können.

Außerdem gibt es einiges beim Kauf von Heilsteinen zu beachten: Man ist gut beraten, sich vom Händler bestätigen zu lassen, dass es sich um unbehandelte Edelsteine handelt, also dass das Material weder gebrannt noch gefärbt oder sonst einer Veränderung von Menschenhand unterzogen worden ist. Das ist darum so wichtig, weil andernfalls die natürliche Zusammensetzung nicht gewährleistet ist und so auch die entsprechende Wirkung nicht erzielt werden kann.

Um die richtigen Steine für sich auszuwählen, gibt es mehrere Möglichkeiten: Die sicherste ist freilich, sich von einem ausgebildeten Lithotherapeuten dabei helfen zu lassen. „Der Edelsteintest kann mir schon sehr viel über mein jeweiliges Gegenüber verraten", so Michael Tmej. „Wenn ich einem Klienten den großen Edelsteinkasten hinlege und ihn auffordere, mir zu sagen, welche Steine ihm gefallen, lässt die Auswahl wichtige Rückschlüsse zu: Depressive etwa greifen gern zu Lithium, wenn jemand Entzündungen im Körper hat, fühlt er sich oft zu Kupfer hingezogen. Die Inhaltsstoffe jedes einzelnen Heilsteins geben mir Informationen darüber, was derjenige, der ihn ausgesucht hat, braucht, um energetisch wieder rund zu laufen – weil man sich immer das aussucht, was einen ausgleicht." Allerdings kann man auch allein nicht viel falsch machen, wenn man ganz einfach seinem Bauchgefühl folgt oder mit der Hand testet, ob der Stein einem gut tut, das Pulsieren in den Handinnenflächen stärker oder der Stein in der Hand warm wird; denn all diese Dinge sind gute Zeichen, dass man den richtigen Heilstein für sich (und den Moment) gefunden hat. Ansonsten kann man sich einiger anderer auch in diesem Buch erwähnter Methoden bedienen, um die Wahl zu treffen: Welcher Stein es sein soll, kann ausgependelt oder durch den kinesiologischen Muskeltest herausgefunden werden.

Was sagt die Wissenschaft?

Die Stimme der Wissenschaft ist erwartungsgemäß streng und skeptisch: Es gibt keine nachweisbare ursächliche Wirkung, sondern lediglich den Glauben an eine Wirkung. Wissenschaftliche Hinweise für eine Heilkraft, die über den altbekannten Placebo-Effekt hinausgehen würden, existieren bis zum heutigen Zeitpunkt de facto keine, wenn auch die unterschiedliche energetische Schwingung von Steinen sehr wohl wissenschaftlich nachweisbar ist. Verschiedene Forschungsgruppen (u. a. in Deutschland) sind darum bemüht, in Testreihen auf wissenschaftlicher Basis Beweise für die eindeutig zuordenbare Wirksamkeit zu erbringen.

Der Praxistest

PAMELA OBERMAIER BEI MICHAEL TMEJ

Als Vorbereitung für die Behandlung erhalte ich die Anweisung, am betreffenden Tag keine Medikamente einzunehmen und keinen Alkohol zu trinken, weil das die Heilkraft negativ beeinflussen oder eine Wirkung sogar gänzlich vereiteln könnte, erklärt mir Herr Tmej. Gut, beides war nicht wirklich schwer einzuhalten, obwohl: Da ich ein körperlich mittlerweile chronisch gewordenes Leiden, für das es keinerlei organische Ursache zu geben scheint, dem Selbstversuch mit Heilsteinen unterziehen möchte, ist das Verbot von Medikamenten, die ich doch immer wieder mal hoffnungsvoll einnehme, ein wichtiger Hinweis, also verzichte ich heute sehr bewusst auf die Einnahme. Bei der Wahl meiner Kleidung soll ich zu Baumwolle greifen und auf synthetische Materialien verzichten, Schmuck und Uhr trage ich ohnehin nicht, wenn es um energetische Methoden geht, weil ich inzwischen weiß, dass Edelstahl nicht gerade förderlich ist. Sofort als ich den Praxisraum des Lithotherapeuten betrete, und noch während ich den angenehmen Duft, der sich im ganzen Zimmer ausgebreitet hat, genussvoll aufnehme, fordert mich Michael Tmej auf, meine Tasche, die ja wie jede Frauenhandtasche heutzutage mindestens ein Handy enthält, in die Ecke zu stellen, denn auch die Mobilfunkstrahlung würde das Energiefeld eines jeden Steines stören. Dann bekomme ich zwei silberfarbene Steine in beide Hände gedrückt: „Das sind magnetische Steine, die Ihnen jetzt die überschüssige Energie entziehen werden!“, heißt es dazu, und ich behalte jeweils einen in jeder Hand und schließe meine Finger zu einer Faust, während ich mich noch etwas skeptisch und mit tausend Fragezeichen im Kopf umsehe. Die zunächst recht kühlen Steine fühlen sich bald warm und angenehm an. Als nächstes bekomme ich zu trinken, denn der Wasserhaushalt muss passen, das ist überaus wichtig.

Nun erklärt mir Herr Tmej, er werde jetzt den Heilsteine-Test mit mir durchführen, und zwar werde er nach der erweiterten Methode (131 Steine in zwölf Farbreihen) vorgehen: Er hat mehrere Paletten vorbereitet, die an Setzkästen erinnern, in denen statt angestaubter Figürchen die wichtigsten Steine, auf Hochglanz poliert und durch Holzwände voneinander getrennt, liegen. Zunächst möge ich mir aus diesen zahlreichen Steinen einen aussuchen, der mich besonders anspricht, weil er für mich persönlich irgendwie anders als die anderen ist. Mein Blick schweift über diese vielen Steine und drei stechen mir ins Auge, doch ich entscheide mich trotzdem recht schnell für einen, der mir ausnehmend gut gefällt, von dem ich aber nicht sagen könnte, wie er heißt. Weiter geht es damit, dass ich die Steine, die farblich nach Chakren geordnet sind, in Dreierreihen durchgehe und bis zu drei aus jeder Zusammenstellung wähle – es muss aber auch gar keiner dabei sein, erhalte ich als Zusatzinformation. Tatsächlich sprechen mich beinahe immer zwei bis drei Steine an, oftmals gäbe es sogar mehr, was aber die Regeln sprengt, und ich muss die Reihenfolge, also Rangordnung dazu nennen. Nur bei den orangen Steinen gefällt mir lediglich einer – freilich habe ich keine Ahnung, was das bedeuten könnte. Der Lithotherapeut macht Notizen zu meinen Aussagen und trägt in ein Raster ein, welche Steine ich aussuche. Als wir fertig und alle Farben durchgegangen sind, hat er einiges über mich zu berichten: Mein Hauptstein, also mein aktueller Leitstein, ist ein Granat – das ist ein besonders begehrter Stein, so erfahre ich, der in unseren Breiten gerne zur Vermählung und Hochzeit geschenkt wurde und auch heute noch wird, da er Kraft, Durchhaltevermögen, Fruchtbarkeit und Harmonie bringen soll. Dann schweift der Blick von Michael Tmej über seine Notizen und er kann zu jedem Stein, den ich gewählt habe, aus dem Stehgreif etwas sagen, was mich ziemlich beeindruckt, da ich als Laie den Eindruck habe, mir ohne Nachschlagewerk gar nichts davon merken zu können. Ich höre also, dass ich bemerkenswerterweise einige Steine genommen habe, die fast nie ausgesucht werden und dass ich zudem mehr feminine als maskuline Heilsteine gewählt habe. Das

Verhältnis zwischen durchsichtigen und nicht transparenten Mineralen ist gut ausgewogen und auch von der Farbpalette her habe ich eine auffällig schöne und bunte Zusammenstellung. Mir wird erklärt, was es über mich aussagt, dass ich ein so ausgeglichenes, vielfältiges und attraktives Spektrum ausgewählt habe, das lediglich im Orange-Bereich zu schwach ausgeprägt war (ich glaube ja, das liegt schlicht und ergreifend daran, dass Orange zu jenen Farben gehört, mit denen ich wenig anfangen kann) und was mein Leitstein über meine momentane Situation verrät: „Die Steinkombinationen zeigen, dass Sie großen Herausforderungen gegenüberstehen. Strategisches Denken und Hinarbeiten auf einen neuen Lebensabschnitt sind derzeit dominierende Themen. Eine leichte Ängstlichkeit, verbunden mit dem Gefühl, in wichtigen Situationen auf sich selbst gestellt zu sein, ist auch ersichtlich. Sie suchen aktuell nach Antriebskraft, Willensstärke, Selbstvertrauen, Mut, Lebenskraft und Vitalität, Durchhaltevermögen und Widerstandskraft. Ihr Körper könnte leicht übersäuert sein und das sollten Sie beobachten! Außerdem sollten Sie Ihrem inneren Kind erlauben, sich auszuleben. Spaß und Freude sind ganz wichtig für Sie.“

Erstaunlich! Ich kann mit fast allen Aussagen und Hinweisen etwas anfangen, habe das meiste davon schon über mich gewusst oder in einem der anderen Praxistests für dieses Buch erfahren, was ich echt spannend, ja richtiggehend mystisch, finde. Dann frage ich, ob nun aber auch einer der Steine etwas über mein körperliches Problem, das ich gern loswerden möchte, erzählt, und Herr Tmej, der zu Beginn bereits erfragt hat, ob ich dieses Leiden medizinisch schon abgeklärt habe, holt aus einer anderen Ecke des Raumes ein paar Steine und gibt sie mir – es handelt sich um verschiedene Ausformungen des Pyrit. Einer von ihnen ist unglaublich schön und faszinierend für mich: Er ist apfelgroß, silberfarben und erinnert mich einerseits daran, wie ich mir als Kind die Kugel der Prinzessin aus „Der Froschkönig“ vorgestellt habe, und andererseits an ein Miniaturmodell eines Planeten unseres Sonnensystems. Auch die Assoziation zu einer Discokugel liegt nahe, und ich habe das Gefühl, dieses Mineral einen Tag lang betrachten zu können, ohne dass mir ernsthaft langweilig dabei werden würde. Als mir dann auch noch ein kleines, kantiges, silbernes Objekt in Würfelgröße und -form entgegengehalten wird, das aus demselben Material ist, bin ich richtiggehend beeindruckt, weil ich erfahre, dass dieser Stein nicht geschliffen oder sonst wie bearbeitet ist, sondern genau in dieser geometrischen Form wächst. Wunderschön, wirklich! Nun darf ich mich bäuchlings auf die Behandlungsliege legen und Michael Tmej bringt zwei flache Steine jenes Minerals, die, wie ich erfahre, aus den eben beschriebenen entstanden sind, als sie von hoch oben über einen Wasserfall auf Stein prasselten, auf Lungenhöhe auf meinem Rücken an. Die anderen Steine, die mich so gefangen nehmen, bekomme ich in die Hand gedrückt, und während ich hier liege und in mich hineinhorche, wie ich mich fühle, was nun in mir vorgeht, und nachspüre, wie die Steine sich auf meinem Körper langsam aufheizen, bemerke ich plötzlich, dass ich mit meinem Gegenüber zu plaudern begonnen habe und mich in eine echte Quasselstrippe verwandelt habe: Ich spreche Gedankengänge, Hoffnungen und Überlegungen genauso aus wie Befürchtungen und Ängste, Sehnsüchte, Wünsche und Lebensziele, und auf einmal sind wir an einem Punkt angekommen, der eventuell die Ursache für mein körperliches Leiden sein könnte, denn versinnbildlicht passt das Gefühl, das ich dabei habe, zu den Symptomen. Der Lithotherapeut lächelt mich an und meint: „Und sehen Sie, was Steine noch bewirken: Sie bringen einen zum Reden! Denn Sie haben sicher nicht vorgehabt, mir diese Dinge zu erzählen, als sie heute hergekommen sind, oder?“ Nein, da hat er recht, das hatte ich nicht so geplant! Ich schmunzle und beginne zu grübeln, während ich mich umdrehen darf und noch einen Stein auf die geplagte Körperstelle, also meinen Hals, gelegt bekomme. Auch diesen lassen wir eine Weile wirken, und währenddessen spreche ich erneut ungefiltert aus, was mir so durch den Kopf geht. Es ist wirklich wie ein Wahrheitsserum, das zudem die Zunge lockert, denn ich rede und rede und rede – und fühle mich danach tatsächlich irgendwie befreit und ein Stück leichter. Meine Beschwerden sind für den Moment auch gemildert, und ich gehe mit der Aufforderung, den orangefarbenen Stein, den ich mitgebracht habe, weil er ein Geschenk einer lieben Freundin zu Weihnachten an mich war, unter fließendem Wasser zu reinigen und in der Sonne aufzuladen und mich manchmal mit ihm zu beschäftigen – denn wie der Zufall es wollte, war ich beim Steine-Test ja genau bei der orangen Auswahl am zurückhaltendsten.

Ich gehe nach Hause und bemerke: Mir imponiert diese Methode. Und die Silberkugel würde ich mir am liebsten sofort selbst kaufen. Damit ich nicht vergesse, worauf es ankommt und auf was ich in Zukunft vorrangig achten soll, bekomme ich wenige Tage nach dem Praxistest eine schriftliche Zusammenfassung von Herrn Tmej geschickt, was das Ergebnis des Edelstein-Tests betrifft. So kann ich immer wieder nachlesen und überprüfen, ob sich die Gegebenheiten verändert haben.

12. Kartomantische Zukunftsperspektive – Wahrsagen mit Bube, Dame und König

Was bedeutet Wahrsagen? Was ist Kartomantie?

Was früher in einem Zelt auf dem Jahrmarkt passierte, als Frauen „mit dem zweiten Gesicht" in eine Kristallkugel starrten und ihrem Gegenüber danach die Zukunft weissagten, wird heute von vielen Experten (und Scharlatanen) auf der ganzen Welt angeboten. Ob es sich bei der Dienstleistung dieser Personen, die gegen Bezahlung das Schicksal ihrer Klienten vorhersehen und die Entwicklungen deuten, um eine übersinnliche Gabe oder eine hervorragende beziehungsweise geschulte Menschenkenntnis handelt, wird nicht pauschal zu beantworten sein.

Mit dem Begriff „Wahrsagerei" (auch Mantik oder Divination genannt) werden jene Praktiken und Methoden zusammengefasst, die dazu dienen, gegenwärtige oder vergangene Ereignisse, die sich der Kenntnis des Fragenden entziehen, zu ermitteln und/oder zukünftige Ereignisse vorherzusagen. Unter Divination (vom lateinischen Wort *divinatio*, auf Deutsch „Erforschung des göttlichen Willens", im weiteren Sinne „Wahrsagung") versteht man allerdings nicht nur Enthüllung der Zukunft, sondern alle Arten der Auslegung von göttlichen Zeichen.

Auch der Kartomantie, dem Kartenlegen mittels Spiel- oder Symbolkarten, liegt – wie bei jeder Form der Wahrsagerei – ein Weltbild zugrunde, das von einem einheitlichen Organisationsprinzip des gesamten Kosmos ausgeht. Die Welt gilt als so aufgebaut und geordnet, dass ihre Teile analog strukturiert sowie miteinander verknüpft sind und einander spiegeln. So wird ein Zusammenhang zwischen Kosmischem/Himmlischem und Irdischem/Menschlichem angenommen und ebenso davon ausgegangen, dass auch zwischen Wahrnehmbarem und (noch) Verborgenem detaillierte Analogiebeziehungen bestehen. Diese Erkenntnis soll es ermöglichen, das Verborgene – auch Zukünftiges – zu erfassen, und ein Wahrsager behauptet, diese einschlägigen Gesetzmäßigkeiten zu kennen. Viele dieser Personen arbeiten auch mit dem Bild „Akasha-Chronik", der Vorstellung von einem übersinnlichen „Buch des Lebens", das in immaterieller Form ein allumfassendes Weltgedächtnis enthält und in dem man lesen kann.

Dabei wird, anders als in früheren Zeiten, in der modernen Mantik davon ausgegangen, dass das Vorausgesagte nicht unabänderlich sei, sondern ein durch Wahrsagung Gewarnter sein künftiges Schicksal noch beeinflussen kann. Das Deuten der Zukunft dient also vordergründig dem Zweck, drohendes Unheil durch eine geeignete Maßnahme zu verhindern oder einen Fehler frühzeitig zu erkennen und dessen unangenehme Folgen durch eine Korrektur im Verhalten abzuwenden. Häufig soll einem der Blick in die Zukunft auch die Augen öffnen und etwa berufliche Chancen erkennen lassen, oder die Sinne für die große Liebe schärfen, an der man ohne den spiritistischen Fingerzeig vorbeilaufen würde.

Neben der Kristallkugel und den Karten gibt es noch jede Menge anderer Möglichkeiten des Weissagens: Es werden beispielsweise Würfel, Steine, Runen, Äste oder Tierknochen auf eine feste Unterlage geworfen und dann die Lage der Dinge, auch zueinander, interpretiert. Weiters gibt es Zukunftsprognosen unter Zuhilfenahme atmosphärischer Phänomene wie Stand und Form der Wolken oder tierischer Verhaltensweisen wie dem Vogelflug oder Benehmen von Katzen, oder auch mithilfe in kaltem Wasser erstarrten Kerzenwachses, mittels Kaffeesatz beziehungsweise Teeblätter und sogar der Eingeweide von Tieropfern – und, ja, neuerdings auch mithilfe von Gummibärchen!

Gegenstände oder Vorgehensweisen, mithilfe derer die wahrsagende Person eine höhere Instanz zur Deutung der

Zukunft befragt, werden Orakel genannt. Eines der bekanntesten war das dem Gott Apollo geweihte Orakel von Delphi im antiken Griechenland.

Woher kommt es, wie hat es sich entwickelt?

Im Alten Orient wurde Wahrsagung vorwiegend im Auftrag der Herrscher und ihrer Familien praktiziert. Wie schriftliche Quellen belegen, stellte im 3. Jahrtausend v. Chr. das wichtigste Verfahren die „Eingeweideschau" dar. Dabei haben „die Weisen" meist aus der Beschaffenheit der Leber eines geschlachteten Opfertiers auf den Willen der Götter geschlossen und gedeutet, wie ein geplantes Vorhaben – beispielsweise eine Reform oder Schlacht – ausgehen würde.

Im antiken Griechenland sagten Hellseher die Zukunft anhand des Vogelflugs voraus, nahmen Leberschauen vor und deuteten die Träume ihrer Klienten. Auch Orakel, deren Sprüche oft rätselhaft formuliert und daher unterschiedlich interpretierbar waren, erfreuten sich großer Beliebtheit. Allerdings gab es bereits zu dieser Zeit häufig heftige Kritik an der Wahrsagung.

Im Römischen Reich gehörten ebenfalls Vogelflug und Eingeweideschau, welche von Priestern vorgenommen wurden, zu den wichtigsten Methoden. Die Staatsmänner und Feldherren wollten damals in erster Linie die Götter hinsichtlich politischer oder militärischer Vorhaben um Rat fragen. Die von berufsmäßigen Wahrsagern betriebene Zukunftsdeutung innerhalb der Bevölkerung, die Wahrsagung außerhalb staatlicher Institutionen, war den römischen Behörden jedoch ein Dorn im Auge und gesetzlich reglementiert. Im Verlauf der Christianisierung des Römischen Reichs im 4. Jahrhundert kam es zu scharfen gesetzlichen Wahrsageverboten, da die Kirche die Praktiken als gotteslästerlich kritisierte und als Teufelswerk bezeichnete. Dennoch setzte sich die Wahrsagerei immer wieder durch, die Untersagungen zeigten nur teilweise Wirkung.

Die Kunst der Kartomantie ist in Europa seit dem Ende des 13. Jahrhunderts bekannt – sie wurde durch die fahrenden Völker verbreitet und sofort kriminalisiert. Doch schon im 14. Jahrhundert ließ sich der Adel an den Herrscherhöfen von Kartenlegern beraten und unterhalten – besonders auf rauschenden Festen, auf welchen sie, meist auffällig kostümiert, vor den geladenen Gästen eine große Show abzogen und dafür nicht schlecht bezahlt wurden, waren Medien gerne gesehen.

„Das Wahrsagen bringt mehr ein als das Wahrheitsagen." (Georg Christoph Lichtenberg, deutscher Physiker und Aphoristiker, 1742–1799)

Im Mittelalter und in der Frühen Neuzeit hat sich die Wahrsagung immer weiter verbreitet, obwohl sie von den kirchlichen Autoritäten weiterhin bekämpft, verteufelt und zurückgedrängt wurde.

Die Kartomantie wurde mit der Französin Marie Anne Lenormand, die am Hofe Napoleons für treffsichere Weissagungen sorgte, salonfähig. Die berufstüchtige und emanzipierte Madame hatte sich zuvor im Jahr 1793 mit einem „Bureau für Wahrsagerei" in Paris selbstständig gemacht.

Seit der Antike gab es parallel zu den weltlichen Sehern auch immer schon religiöse Propheten, die christliche Formen des Voraussagens praktizierten. Vor allem die Hagiografie, bei der Heilige die Geschehnisse in zeitlicher Ferne kennen, war sogar in kirchlichen Kreisen akzeptiert.

Bis heute gilt das Wahrsagen als eher unseriös und dubios, trotzdem suchen zwei Drittel aller Menschen in Mitteleuropa mindestens einmal in ihrem Leben eine Person auf, die behauptet, in die Zukunft blicken zu können (fast ausschließlich mithilfe von Spiel- oder Symbolkarten).

Was kann es konkret bewirken?

Eine Zukunftsvorhersage kann Ahnungen bestätigen, Hoffnungen nähren und Personen in ihren Vorhaben bekräftigen, dem Klienten daher den Rücken stärken und Selbstvertrauen schenken. Das bedeutet allerdings nicht, dass nur positive Nachrichten gute Neuigkeiten darstellen – auch Hiobsbotschaften können in diesem Zusammenhang als Vorteil interpretiert werden (weil man sich auf eine Situation vorbereiten und, falls sie tatsächlich eintreffen sollte, dementsprechend darauf reagieren kann). Die Menschen fühlen sich generell einfach sicherer, wenn sie wissen, was auf sie zukommt (selbst dann, wenn die Vorhersagen nicht oder nur teilweise zutreffen – letztlich ist das ja auch wieder nur Interpretationssache und von der Fantasie des Klienten abhängig).

Oft übernimmt der Kartenleger die Funktion eines „Seelenklempners“, da einige Klienten angesichts der Spannung, gleich einen Blick in die Zukunft werfen zu können, ihr Herz auf der Zunge tragen oder sich durch Andeutungen, Gestik und Mimik verraten. Mit sensiblen Antennen erkennt der Anwender daraufhin sofort, was die jeweilige Person benötigt, um sich besser zu fühlen und wird auch genau das prophezeien.

Jeder Mensch weiß zu jeder Zeit unbewusst zu etwa 80 Prozent bereits, was ihn erwartet, wenn er nicht aktiv eingreift und sein Schicksal abändert. Sehr empathische, psychologisch begabte oder dementsprechend geschulte Hellseher fangen die von der jeweiligen Person unbewusst ausgesandten Signale auf, packen die wahrscheinlichste Entwicklung ihrer Lebenssituation obendrauf und sagen auf diese Art die Zukunft voraus.

Was kann es nicht, wo liegen die Grenzen?

Die Ereignisse, von welchen der Klient noch nichts wissen kann, wie etwa ein Autounfall drei Tage später, wird auch ein

Medium nicht vorhersagen können. Zukunftsdeuter sichern sich dahin gehend ab, indem sie behaupten, schwere unabwendbare Schicksalsschläge der betreffenden Person niemals mitzuteilen, um sie zu schützen.

An dieser Stelle möchte ich jedoch ausdrücklich betonen, dass ich es nicht für ausgeschlossen halte, dass einige Menschen tatsächlich über eine hellseherische Fähigkeit verfügen und zukünftige Ereignisse „sehen" – ohne dabei auf die Signale des Gegenübers angewiesen zu sein.

„Weissagungen sind oft nur fromme Wünsche. Manchmal auch große Blicke in die Weltgeschichte und Gefühl vom Wiederkehren der Dinge", sagte der deutsche Dichter Johann Wolfgang von Goethe (1749–1832).

Was sagen die Anwender?

Kartenleger und andere Wahrsager bieten üblicherweise Zukunftsprognosen sowie manchmal auch verschiedene Perspektiven an und geben Impulse mit dem Ziel, die Lebensqualität ihrer Klienten zu verbessern. Sie wollen ihren Klienten dabei helfen, sich auf unabänderliche Ereignisse vorzubereiten beziehungsweise bei ungünstigen Vorhersagen einzugreifen, falls dies möglich ist. Die Arbeit der Anwender beinhaltet üblicherweise keine therapeutische Empfehlung, medizinische Diagnose oder sonstige Fachberatung.

Die meisten Anwender lassen nicht durchblicken, wie genau sie die relevanten Informationen erhalten oder sich diese beschaffen und bewahren ihr Geheimnis.

Was sagt die Wissenschaft?

Seit dem 18. Jahrhundert ist die Frage, ob Wahrsager tatsächlich zukünftige Ereignisse vorhersagen können, nicht mehr

Gegenstand wissenschaftlicher Diskussionen. Die Annahme, dass ein Blick in die Karten verraten kann, was das Schicksal noch für eine Person bereithält, rechnen Forscher wie auch Theologen dem Aberglauben zu.

Einzig die Psychologie äußert sich noch wohlgesonnen zu dem Thema und erklärt, dass der Hauptgrund für die anhaltende Beliebtheit des Wahrsagens nicht der erhoffte Blick in die Zukunft wäre, sondern die Suche nach Orientierung, Sicherheit, Aufmerksamkeit und einem geduldigen Zuhörer. Der Mantiker übernehme in Wahrheit nicht vorrangig die Funktion des Sehers, sondern die eines Psychotherapeuten, der bei den „Deutungen" die Befürchtungen, Wünsche und Absichten seines Klienten erkenne, thematisiere und einen Anstoß zum Ergreifen geeigneter Maßnahmen gebe beziehungsweise Lösungsvorschläge anbiete. Sobald sich eine Person gut verstanden fühle, werde sie sich mehr und mehr öffnen, sodass der vermeintlich übersinnlich Begabte leichtes Spiel habe. Dennoch sei eine solche „Vorhersage", die hilft, erleichtert, beruhigt und zum Handeln anregt, in einer Zeit der Unsicherheit, Verzweiflung oder Trauer auf alle Fälle empfehlenswert, zumal sie nicht mehr kostet, als eine Therapiesitzung.

Der Praxistest

GABRIELE HASMANN BEI CHRISTA REGENSPURGER

Ich bin zu Besuch bei der Kartenlegerin Christa Regenspurger. Sie erklärt mir, dass sie mithilfe ihrer medialen Fähigkeiten in der Lage sei, Zukunftsperspektiven ihrer Klienten und verschiedene andere Prognosen, die sich auf deren Leben beziehen, intuitiv auszuarbeiten. Die Karten dienen ihr dabei als Konzentrationsstütze und Impulsgeber.

Die Atmosphäre bei der „Wahrsagerin" ist freundlich und nett, ich fühle mich wohl und bin gespannt, was ich nun gleich erfahren werde. Vorab erfährt Frau Regenspurger von mir nur meinen Namen, mein Sternzeichen und meinen Beziehungsstatus.

Während sie ihre Karten, die ich davor gemischt habe, vor sich auszubreiten beginnt, erzählt sie mir, was aktuell in meinem Leben los ist – und mir bleibt schon nach wenigen Worten der Mund offen stehen. Gewisse Dinge von mir wissen wirklich nur Verwandte und enge Freunde ... und Frau Christa Regenspurger. Eine Gänsehaut überzieht meinen Körper, ich weiß nicht genau, ob es mich gruselt, ich mich fürchte oder einfach nur fasziniert bin. Vermutlich Letzteres – immerhin war ich schon nachts auf Geisterjagd in einem irischen Spukschloss, habe monatelang alleine in einem großen Haus am Waldrand gewohnt und bin auch sonst kein Feigling, da werde ich doch in einer vergleichsweise harmlosen Situation nicht plötzlich schreckhaft sein.

Ich frage mich, wie sie das macht, habe doch sonst auch immer für fast alles eine Erklärung. Ihre Schilderungen gehen weit über das hinaus, was man erraten oder dank guter Menschenkenntnis in meiner Mimik oder Gestik lesen könnte. Ratlos komme ich aus dem Staunen nicht mehr heraus.

Die Kartenlegerin beginnt jetzt, einen Blick in meine Zukunft zu werfen. Sie erzählt mir über berufliche und private Entwicklungen, die mehr oder weniger erfreulich und durchaus realistisch sind. Ich erfahre dabei, dass ein Zeitpunkt nicht genau festgelegt werden kann, es nicht möglich wäre zu sagen, ob eine Voraussage in drei Monaten oder erst in einem Jahr einträfe. Danach werden die Karten verdeckt auf den Tisch gelegt; ich darf einige aufdecken und dazu Fragen stellen.

Etwa 50 Minuten später verlasse ich Christa Regenspurger mit gemischten Gefühlen – ich weiß immer noch nicht genau, ob es mich gruselt, ich mich fürchte oder einfach nur fasziniert bin.

Die Vorhersagen meine Zukunft betreffend, muss ich ohnehin auf mich zukommen lassen, wirklich eingreifen kann ich in meinem Fall nicht – so gesehen stehe ich an derselben Stelle, wie vor meinem Besuch bei der Kartenlegerin. Aber unterhaltsam war es allemal.

Mein Fazit: Wer ein bisschen Geld übrig hat (so teuer ist das nicht) und gerne einen Blick in seine Zukunft werfen möchte, der sollte das unbedingt ausprobieren. Ein Besuch bei der „Wahrsagerin“ eignet sich darüber hinaus auch hervorragend als Geschenk für einen Menschen, der an übersinnliche Phänomene glaubt. Vorsicht ist nur dann geboten, wenn man befürchtet, sich von den Prognosen abhängig zu machen oder zu stark beeinflussen zu lassen.

Zwei der von Frau Regenspurger prophezeiten Ereignisse sind übrigens bereits eingetroffen – und ich weiß nicht genau, ob es mich gruselt, ich mich fürchte oder einfach nur fasziniert bin.

13. Kinesiologie – den Verstand austricksen, um Blockaden zu lösen

Was ist Kinesiologie?

Wissenschaftlich wird der Begriff „Kinesiologie“ (von griechisch κίνησις, *kinesis*, auf Deutsch „Bewegung“ und λόγος, *logos*, auf Deutsch „Wort“) als Lehre der Physiologie der Bewegung beschrieben. Diese befasst sich mit dem Lösen von Blockaden im Energiebereich, die Schmerzen und Fehlfunktionen hervorrufen und den Organismus hindern können, sich in einem ausgewogenen Zustand zu halten. In der Kinesiologie geht man davon aus, dass zwischen emotionalen, körperlichen, psychischen und familiendynamischen Faktoren Zusammenhänge bestehen, die gemeinsam auf das Wohlbefinden wirken. Dabei behandelt Kinesiologie weder Symptome noch Krankheiten, sondern fokussiert die Selbstheilungskräfte und hilft der jeweiligen Person, wieder ins Gleichgewicht zu kommen.

Zentrales Mittel und allen unterschiedlichen Schulen der Kinesiologie gemeinsam zugrunde liegend ist der sogenannte Muskeltest – sozusagen das Markenzeichen der Kinesiologie. Er erzeugt eine direkte Reaktion des Körpers (Biofeedback), die als einzigartiges Hinweisschild für individuelle Lösungen genutzt wird. Dieses physiologische Rückmeldesystem bildet die Ausgangsbasis für alle kinesiologischen Behandlungen und ist insofern einzigartig, als die Muskeln mit einem automatischen Reflex reagieren, der nicht bewusst vom Verstand kontrolliert oder beeinflusst werden kann.

Dieser präzise Test geht auf den amerikanischen Chiropraktiker George Joseph Goodheart (1918–2008) zurück, der Anfang der 60er-Jahre entdeckte, dass Muskelschwächen durch Stressfaktoren im Körper verursacht werden und bestimmte Muskeln bei damit verbundenen Organerkrankungen schwach reagieren.

Wie funktioniert der Muskeltest?

Anhand leichter Druckausübung auf den Arm des Klienten wird zuallererst ermittelt, ob dieser im Gelenk rastet oder nicht. Danach beginnt der faszinierende Teil, der beweist, dass der Mensch alles in seiner Wahrnehmung als körperlich stärkend oder schwächend erleben kann. Konkret bedeutet das: Der Klient wird mit einer zu testenden Information konfrontiert. Das kann ein Wort, ein Gefühl, eine Substanz oder eine Situation sein, an die sich die Person erinnert. Der Kinesiologe versucht dann, den Arm des Klienten nach unten zu drücken. Bleibt der Arm „stark“ und kann mühelos obengehalten werden, dann reagiert der Körper nicht auf die betreffende Testinformation. Das bedeutet: Dieses Thema ist für den Getesteten verträglich. Wird der Arm aber „schwach“, kann also leicht nach unten gedrückt werden, ist das ein Hinweis darauf, dass der Körper über das Unterbewusstsein das Signal gibt, dass hier eine Blockade oder eine Störung vorhanden ist.

Mit diesem Biofeedback-Test werden also die Auswirkungen negativer Emotionen auf Muskeln überprüft. Dadurch ist es möglich, mit der unbewussten und zellulären Erinnerung des Körpers zu kommunizieren, völlig unabhängig von den Glaubenssystemen des Bewusstseins. Denn Muskeln werden immer dann schwach, wenn der Energiefluss in bestimmten Meridianen gestört ist. So überprüft also der Kinesiologe die vierzehn Meridiane bezogen auf ein bestimmtes Thema und korrigiert eventuelle Störungen. Der Energiefluss lässt sich dann durch eine Vielzahl von Techniken wie Atem- oder Bewegungsübungen wieder anregen, die meist nur einmalig in einer Sitzung ausgeführt werden müssen. Die anschließende Stressfreiheit lässt sich natürlich auch wieder über den Muskeltest eruieren: der Muskel reagiert im erfolgreichen Fall „stark“.

Das bedeutet: Selbst wenn der Verstand, die Logik oder persönliche Überzeugungen eine bestimmte Meinung zu einem Thema haben („Mir geht es gut“, „Ich habe kein Problem mit meinem Arbeitskollegen“ oder Ähnliches), so kann der Muskeltest die zugrunde liegende, manchmal verdrängte oder noch gar nicht bewusst wahrgenommene tatsächliche Einstellung zur Sachlage aufdecken – insofern ist er vor allem für Logiker, also Menschen, die besonders kopfgesteuert sind, eine wunderbare Möglichkeit zu überprüfen, worum es wirklich geht, wenn man unter körperlichen oder psychischen Beschwerden leidet. Denn in einer Stresssituation baut der Körper automatisch eine Schutzfunktion auf, die man mit dem Muskeltest klar ertasten und erspüren kann. Analytiker können dieses Biofeedback also nutzen, um sich selbst auszutricksen und bei der Lösung eines persönlichen Problems nicht länger im Weg zu stehen, weil die Kinesiologie davon ausgeht, dass die Muskelspannung eine Rückmeldung über den wahren Zustand des Menschen liefert.

Woher kommt sie, wer hat sie entwickelt?

Die Kinesiologie ist in den 60er-Jahren in den USA aus der Chiropraktik entstanden – der bereits erwähnte George Goodheart ist einer der Begründer der Methodik – und stellt im Grunde eine Synthese von traditionellen fernöstlichen Erfahrungen (Akupressur, Chiropraktik) mit neuester westlicher Wissenschaft (Ernährungslehre, Bewegungslehre) dar.

Die drei wichtigsten Schulen der Kinesiologie

Applied Kinesiology: Die Angewandte Kinesiologie – oder auf Englisch Applied Kinesiology – ist ein alternativmedizinisches Diagnose- und Behandlungskonzept aus den Bereichen der Körpertherapie und der Chiropraktik. Damit ist sie die einzig wirklich wissenschaftlich anerkannte Form der Kinesiologie und deshalb auch jene, die von Ärzten angewendet und auf die Körperebene reduziert wird, um mittels Muskeltest die geeigneten Medikamente für den Patienten auszutesten. So gesehen fehlt dieser Methode jegliche Mystik, weshalb wir uns hier auch nicht länger mit ihr aufhalten wollen.

Touch for Health: Touch for Health wird mit „gesund durch Berühren" übersetzt und meint eine mittlerweile recht klassische Art der Kinesiologie, die auch mit psychotherapeutischen Ansätzen arbeitet. Dr. John F. Thie (ebenfalls Chiropraktiker aus den USA, 1933–2005) hat diese Methode in den 70er-Jahren aus dem Wissen der Angewandten Kinesiologie entwickelt. Es ist inzwischen das bewährteste, weil weltweit am weitesten verbreitete System innerhalb der Kinesiologie – vermutlich weil es jedem die Möglichkeit gibt, seine eigene Gesundheit durch Energiebalance zu erhalten und zu fördern. Dadurch eignet sich Touch for Health bestens als Prophylaxe, wird allerdings nicht zur Diagnose oder Symptombehandlung genutzt.

Man geht dabei von der schon oben erwähnten Prämisse

aus: Das menschliche Wohlbefinden beruht auf dem gleichmäßigen Energiefluss des Meridiansystems im Körper. Mittels Touch for Health können Blockaden im Energiesystem durch das Muskeltesten erkannt und in einem zweiten Schritt aufgelöst werden. Dabei gibt es neben den Bewegungs- und Atemübungen zahlreiche andere Stresslösungstechniken wie beispielsweise Überkreuzbewegungen, Augenblickrichtungen oder die Meridianklopftechnik, die nach einer Austestung angewendet werden können (und von denen wir Ihnen in diesem Buch auch ein paar vorstellen: nämlich Bachblüten, Schüßler-Salze und Heilsteine, da diese auch ohne Kinesiologie oftmals zur Anwendung kommen).

Touch for Health nutzt dabei auch Erkenntnisse und Anwendungen aus der Bewegungslehre, der Akupressur, der Chiropraktik und der Chinesischen Ernährungslehre (TCM).

Three in One Concept: Three in One meint – sicherlich wenig überraschend – die Verbindung von Körper, Geist und Seele und ist damit das weiterentwickelte Touch-for-Health-Programm. Das Three In One Concept ist eine Methode zur Bewältigung von negativ emotionalem Stress, die von Gordon Stokes und Daniel Whiteside (beide u. a. Verhaltensgenetiker aus den USA) 1983 begründet wurde. Der Inhalt basiert auf Ergebnissen der Gehirnforschung, kombiniert mit asiatischen und westlichen Methoden der Stressbewältigung. Der Fokus liegt hier beim Aufarbeiten von jenen negativen und emotional prägenden Situationen der Vergangenheit, die unsere Wahl-, Verhaltens- und Entscheidungsmöglichkeiten auch in der Gegenwart noch einschränken und unsere Denkmuster, Überzeugungen und Glaubenssysteme weitgehend formen. Meistens glauben wir, dass wir alleine durch mentales Verstehen und logisches Erkennen sowie Begreifen unseren negativen Stress abgebaut haben, doch unser Körper erinnert sich oftmals trotzdem noch an diese Erfahrungen, die mithilfe des Biofeedbacks aufgezeigt werden können.

Was kann sie konkret bewirken?

Je nach Art der „spirituellen“ Kinesiologie gibt es natürlich auch unterschiedliche Ergebnisse und Themen, die bearbeitet werden können: So ist es möglich, Giftstoffe (wie Ablagerungen und Rückstände von Medikamenten oder Amalgam) mittels Touch for Health aus dem Körper „auszuleiten“. Organe kann man stärken, indem man eine negative Information aus der Zelle nimmt, da die Kinesiologie davon ausgeht, dass jeder Muskel eine Verbindung zu einem bestimmten Organ aufweist und deshalb durch das Biofeedback herausgefunden werden kann, welchem Körperteil eine Schwäche anhaftet.

Three in One Concept, die Methode, welche am artverwandtesten zur Psychotherapie ist, bietet die Möglichkeit, mithilfe einer imaginären Zeitschiene persönliche tiefsitzende, sich wiederholende Themen zu betrachten und zu bearbeiten. Unsere angeborene genetische Veranlagung bestimmt unsere grundlegenden Verhaltensmuster im Leben, also wie wir instinktiv denken, handeln und fühlen. Gibt es jedoch Selbstzweifel, Schuldgefühle und Angst, können wir das Vertrauen in unsere instinktive Wahrnehmung verlieren. Durch das Verstehen der eigenen Struktur und Funktionen (einzigartige Denk-, Handlungs-und Gefühlsmuster) beziehungsweise der des Gegenübers können Handlungen und Aussagen angenommen werden. Neben dem Muskeltest, der aufzeigt, wo im Körper Stressoren sind und weiter angibt, woher diese kommen, ist das sogenannte Verhaltensbarometer ein weiteres wertvolles Werkzeug: eine Auflistung von Gefühlszuständen, die zeigt, in welchem Bereich sich der persönliche emotionale Stress in Bezug auf das erstrebenswerte Ziel befindet.

Generell kann man sich mit allem, was belastet und krank macht, an den Kinesiologen wenden. Es gibt eine Vielzahl von „kinesiologiespezifischen“ Themenbereichen, und das sowohl die mentale/geistige als auch die seelische/psychische und die körperliche Ebene betreffend.

- körperlich: Allergie, Asthma, Epilepsie, Neurodermitis, Rheuma, (chronische) Schmerzen, Gewichtsprobleme, Migräne, Inkontinenz, Sucht, sexuelle Störungen etc.
- mental: Persönlichkeitsentwicklung, Erziehungs-, Ehe- und Familienberatung, Lernstörungen, Beziehungsfragen, Verhaltensänderungen, Umgang mit Stresssituationen, Förderung individueller Stärken und Talente, Aufzeigen und Kommunizieren eigener Grenzen etc.
- seelisch: Schock- und traumatische Erlebnisse, Eifersucht, Zwänge, sexuelle Probleme, Ängste etc.

Was kann sie nicht, wo liegen ihre Grenzen?

Bei körperlichen Leiden kann die Kinesiologie keinen Arztbesuch und keine medizinische Untersuchung ersetzen. Ansonsten liegen die Grenzen dieser Methode(n) lediglich im Therapeuten/Berater selbst, der nämlich „leer" und „frei" sein muss, um unvoreingenommen den Muskeltest durchführen zu können, ohne ihn zu beeinflussen. Ist nämlich der Anwender von eigenen Themen blockiert, kann es passieren, dass er sein persönliches Glaubenssystem auf den Klienten überträgt und damit in seiner Arbeit interpretativ agiert, was das Ergebnis verfälschen kann. Daher ist man gut beraten, sich jemandem anzuvertrauen, der sich nicht als Guru sieht, der frei von Fehlern arbeitet und es darum nicht für notwendig hält, sich selbst zu überprüfen und zu reflektieren.

Was sagen ihre Anwender?

Angela Koschier ist Coach und Kinesiologin, die unterschiedlichste Methoden miteinander kombiniert und vereint, um für ihre Klienten das bestmögliche Ergebnis erzielen zu können. So bietet sie nicht nur Familienaufstellungen in Verbindung mit

Kinesiologie an, sondern auch ein innovatives und individuelles Coaching mithilfe des Muskeltests.

Kinesiologie ist ihrer Erfahrung nach eine passende Methode, „wenn Menschen mehr über sich erfahren möchten, also beispielsweise die seelischen Themen hinter Krankheitsbildern und körperlichen Symptomen oder über wiederkehrende störende Lebensmuster und Verhaltensweisen. Dann bietet diese Art von Coaching mithilfe des Muskeltests einen wunderbaren Einblick hinter die persönliche ‚Kulisse'. Der menschliche Körper zeigt den Weg zu den tieferliegenden Themen, die wir mittels unseres Verstandes oft gar nicht mehr bewusst abrufen können und findet dabei auch noch für alte, störende Muster entsprechende Lösungen. Ich bin immer wieder fasziniert davon, wie intelligent unser Körper ist."

Die einzelnen Schritte in einem Coaching mit Kinesiologie umfassen im Groben folgende Stationen: Erkennen der Ist-Situation, Ursachen kinesiologisch erforschen, Energieblockaden lösen, Verhaltensweisen und Handlungsschritte im Hier und Jetzt definieren und in den Alltag integrieren. Angela Koschier dazu: „Meine Erfahrung zeigt, dass eine Kombination der Gesprächs- und Körperebene für dauerhafte Veränderungen nachhaltiger ist."

Was sagt die Wissenschaft?

Die Kinesiologie wird von Naturwissenschaft und Medizin nicht anerkannt, ein wissenschaftlicher Wirksamkeitsnachweis existiert nicht.

Der Praxistest

PAMELA OBERMAIER BEI ANGELA KOSCHIER

Ich habe mich für einen sogenannten Stress-Ausgleich entschieden, werde mir also mithilfe der Kinesiologin die „Work-Life-Balance“ in meinem Leben ansehen. Im Vorgespräch kommt dabei klar heraus, dass die Mehrbelastung meiner unterschiedlichen Berufe doch eine nicht zu unterschätzende ist und ich unterm Strich zu wenig Zeit für Erholung und mein Privatleben habe. Angela Koschier erklärt mir, dass die Kinesiologie hilft, Stress abzubauen, was nicht nur oberflächlich gesehen für den Moment hilft, um sich entspannter zu fühlen, sondern in weiterer Folge auch die Voraussetzung dafür bildet, neue Lebensziele für sich zu formulieren und letztlich Entscheidungen zu treffen, da man im Stress nur in Mustern reagiert, aber nicht überlegt agieren kann. Klingt logisch, kennt man ja von sich.

Frau Koschier eröffnet, indem sie mir sagt, sie werde bei mir jetzt den Muskeltest als Werkzeug nutzen. Dann schildert sie mir noch, dass es bei allen Belangen wichtig ist, die Ursachenthemen für gewisse Probleme oder Beschwerden herauszufinden und dass genau diese mittels Kinesiologie ausgeforscht werden können. Ich möge mich jetzt weitestgehend entspannen und sie werde meinen Körper ins Gleichgewicht bringen. Ich bin immens neugierig, was da nun gleich passieren wird.

Ich stehe nach Anweisung aufrecht da, mit beiden Füßen bewusst den Boden unter mir spürend. Die Kinesiologin stellt sich mir direkt gegenüber auf und berührt mit einigen Fingern meine Oberarme. Es ist gar nicht so einfach zu beschreiben, wie sie das tut ... Sie öffnet ihre Hände, führt ihre Rechte zu meinem linken und ihre Linke zu meinem rechten Oberarm, spreizt die Finger und führt sie dann direkt an meinen Armen wieder zusammen, und das mehrmals hintereinander. Damit, so schildert sie mir, weil ich natürlich wissbegieriger und skeptischer bin als der Durchschnittsklient, alles hinterfrage und ganz genau wissen will, aktiviert sie die Muskelgruppen an den genannten Körperstellen. Im nächsten Schritt strecke ich beide Arme etwa dreißig Grad nach vorne und sie drückt sie mit ihren Händen sanft nach hinten, um zu sehen, wie stark sie gerade sind; so sieht sie, ob etwaiger Stress von der logischen oder der emotionalen Gehirnhälfte ausgeht. Indem sie dann auch noch überprüft, wie meine Arme vorne und wie sie hinten reagieren, kann sie davon ableiten, ob der Stressfaktor in der Vergangenheit oder in der Gegenwart liegt. Dann streicht sie meine Muskeln am Rücken links und rechts aus und meldet mir zurück, dass ich sehr verspannt bin. Hm, ja, daher rühren dann vermutlich auch die Kreuzschmerzen, die mich immer wieder mal besuchen, derentwegen ich mich manchmal wie ein geprügelter Hund fühle. Nun bearbeitet sie meine Arme noch diagonal, um zu sehen, ob noch etwas fehlt, ob ich noch etwas brauche für das, was nun folgen wird. Als mein Körper anzeigt, es wäre alles getan, fragt sie laut, ob wir hier nun weiterarbeiten dürfen und holt sich die Antwort erneut auf die beschriebene Weise. Als nächstes will sie wissen „Ist das das richtige Thema?“, dann fragt sie nach, wie hoch der Stresspegel in mir ist und geht mehrere Prozentangaben durch, bis sie bei 90 ankommt. Sie arbeitet still weiter und erläutert mir dann, mein Körper habe angezeigt, das Stressthema stamme ursprünglich aus der Vergangenheit. Sie erfragt dann, auf welcher Stufe dieses Stressgefühl erstmals in meinem Leben aufgetaucht sei, und so landet sie zunächst beim Alter von sieben Jahren, geht aber weiter zurück und bekommt noch das Alter von vier Jahren heraus. Sie erkennt dann ein Muster, fragt nach, ob es so etwas gewesen sein könnte, ich muss tatsächlich bejahen und bin erstaunt, was mein Körper da so alles verrät. Das könnte mir unangenehm sein, würde ich meinem Gegenüber nicht so vertrauen.

Nun darf ich mich setzen. Angela Koschier legt mir sanft ihre linke Handfläche auf die Stirn und ihre rechte ruht an meinem Hinterkopf. Gleichzeitig veranschaulicht sie, dass das Blut sich in Stresssituationen aus der Körpermitte ins Gehirn zurückzieht, damit dieses gut versorgt ist; durch die Berührung kommt es aus dem Zentrum wieder heraus. Ich schließe die Augen und sehe dann wie einen Film diese ganz alte Situation aus meinen Kindheitstagen vor mir und fühle mich plötzlich recht traurig. Faszinierend, wie gut das funktioniert! Die Kinesiologin klärt mich auf, dass Kinder, wenn ihnen etwas zu viel wird, sich aus der jeweiligen Situation rausnehmen und dabei eine Art Seelenanteil verloren geht, den wir nun wieder zurückholen und integrieren. Dazu sagt sie, was ich mir vorstellen soll, gibt mir ein wenig Zeit, bis mir dies gelungen ist, fragt dann mithilfe des Muskeltests nach, ob das so für mich genügt, und geht all die Situationen, die mein Körper anzeigt, durch, um auch im pubertären Alter von vierzehn Jahren und im jungen Erwachsenenalter bestimmte Stresssituationen im Nachhinein aufzulösen, bis wir im Hier und Jetzt gelandet sind. Am Ende dieses Prozesses lässt sie mich wissen, dass große emotionale Reaktionen auf Situationen im Alltag immer ein Hinweis auf alte, unverarbeitete Themen sind und damit Parallelthemen zu heute bilden. Sie gibt mir mit auf den Weg, ich möge mir immer wieder bewusst Auszeiten nehmen zwischen meinem Hauptberuf und den anderen Tätigkeiten, ich solle regelmäßig auch ganz Ruhe geben und mir in diesen Phasen Spaß und Freude holen, denn das waren die Werkzeuge, die ich selbst genannt habe, als sie mich gefragt hat, was ich brauche, um mich wohlzufühlen.

Angela Koschier erklärt mir abschließend, dass Menschen, wenn ihnen alles zu viel wird, leicht in eine Negativspirale rutschen, die sie gefühlsmäßig zurück zu ihren Kindheitsproblemen katapultiert – und mehr oder weniger traumatische Kindheitserlebnisse hat jeder von uns in seinem Lebensrucksack. Sie lässt mich noch ein konkretes Berufsziel ausformulieren, also was ich mir von den Rahmenbedingungen auf Dauer wünsche, um eine gute Work-Life-Balance leben zu können, schildert, wie ich mich zunächst auf die Ist-Situation einstimmen und die Umstände im Jetzt annehmen kann, um mich dann bewusst für eine bessere Gestaltung meiner Zeit zu entscheiden. Dabei ist es das oberste Gebot, auf die eigenen Bedürfnisse zu achten, Rückzugsmöglichkeiten in den Alltag einzubauen und bei mir im Speziellen eben Freude und Spaß Raum zu geben. Als allerletzten Schritt dieser Behandlung, für die ich längst entflammt bin, testet sie meinen Körper noch einmal und fragt, wo nun mein Stresspegel liegt. Er ist nicht bei null, also noch nicht gänzlich verschwunden, hat sich aber von 90 auf 30 Prozent verringert und das ist sehr hilfreich, denn er wird in den nächsten Minuten vorübergehend wohl wieder von allein nach oben schnellen, da ich flott zu meinem Auto laufen muss, weil der Parkschein abgelaufen ist. Während ich also direkt nach diesem Praxistest zum Wagen hetze, muss ich schmunzeln, weil mir bewusst wird, dass Stress unterm Strich nicht ganz zu vermeiden sein wird, aber ich fühle mich wirklich gestärkt nach dieser Sitzung; wie ein Auto nach dem großen Service ... Und Strafzettel habe ich glücklicherweise keinen bekommen. Das ist doch entstressend!

14. Klangschalen – mit schwingenden Tönen zu mehr Wohlbefinden

Was sind Klangschalen?

Eine Klangschale ist eine Schale aus Bronze, die Töne erzeugt, wenn man sie mit einem Schlägel anschlägt. Diese Schalen werden zur Meditation, zur Klangtherapie und zur Klangmassage verwendet, was von den Anwendern meist als „Klangschalentherapie“ bezeichnet und angeboten wird. Als reines Musikinstrument setzt man sie hingegen nur selten ein. Die verbreitetsten Schalen nennt man „Planetenschalen"; sie klingen und schwingen in jeweils einer der Umlauf- oder Rotationsfrequenzen eines Planeten unseres Sonnensystems. Diese Planetenklangschalen werden durch Schalen, die man den Erd- und Mondschwingungen zuordnet, ergänzt, und dann kommen noch welche hinzu, die der Gravitationslänge der Sonne gleichkommen sollen: diese Schalen entsprechen Sternzeichen oder Chakren.

Wird eine Klangschale also angeschlagen, ist akustisch ein Phänomen zu beobachten: Es sind mehrere Töne gleichzeitig zu hören, und zwar jeweils ein tiefer Grundton und dann noch ein bis mehrere höhere Obertöne. Je nachdem, wie der Schlägel beschaffen ist und wie mit ihm angeschlagen wird, können bei einer einzigen Schale also auch unterschiedliche Töne erzeugt werden.

Woher kommen Klangschalen?

Die goldfarbenen Schalen stammen vorwiegend aus dem fernöstlichen Raum, konkret aus Tibet, Indien, China, Japan und Nepal. Jene aus dem Himalaya-Gebiet soll es bereits seit dem fünften Jahrhundert v.Chr. geben. Sie wurden angeblich als Opferschalen für religiöse Rituale, schamanistische Praktiken und zur Meditation verwendet, sollen aber ursprünglich ein traditionelles Küchengeschirr gewesen sein, auch wenn das nicht eindeutig nachgewiesen werden kann. Im traditionellen Zen-Buddhismus werden ähnliche Instrumente verwendet: Das Keisu ist eine Standglocke in Form einer großen Klangschale, die als Begleitung zu Rezitationen geschlagen wird. Das Inkin ist eine Stiel-Glocke, die in ihrer Form und Funktion einer Klangschale auf einem Stiel entspricht. Sie wird verwendet, um den Beginn und das Ende von Rezitationen einzuläuten. Dass die Klangtherapie eine uralte buddhistische Methode ist, was häufig behauptet wird, lässt sich allerdings nicht belegen, doch soll bereits Hildegard von Bingen vor mehr als 800 Jahren Klangschalen zur Therapie verwendet haben.

Klangschalen werden in aufwendiger Handarbeit hergestellt und bestehen traditionell meistens aus einer Mischung aus verschiedenen Metallen wie Gold, Silber, Kupfer, Eisen, Blei oder Zinn, am häufigsten aus einer Legierung aus Kupfer und Zinn (Bronze). Es gibt sie in verschiedenen Größen, von sehr kleinen, nur wenige Hundert Gramm wiegenden Klangschalen bis hin zu wirklich großen, die mehrere Kilogramm und einen dementsprechend großen Durchmesser haben. Zur Herstellung einer Klangschale wird das jeweilige Metallgemisch geschmolzen und in kleinen Mengen in Gussformen gefüllt. Aus dem flachen, runden Metall-Rohling wird die Schale schließlich unter großer Hitze in Form getrieben und danach poliert. Der Preis für eine Klangschale richtet sich nach deren Gewicht und liegt in der Regel zwischen 50 und 800 Euro.

Das Handwerk der Klangschalenherstellung wurde in der Himalaya-Region zwischen 1900 und 1940 fast völlig aufgegeben und erst viel später aufgrund der Nachfrage aus den westlichen Ländern wieder aufgenommen. Weil es wesentlich günstiger ist, werden Klangschalen heutzutage oft aus einer weniger hochwertigen Messinglegierung angefertigt beziehungsweise lediglich gegossen. So wurden Klangschalen inzwischen auch aus Quarz gemacht. Im Gegensatz dazu gibt es allerdings auch besonders teure Gefäße aus Kristall.

Was können sie konkret bewirken?

Die Klangschalentherapie soll mithilfe der angenehmen Klänge, die vom Anwender erzeugt werden, vor allem beim Stressabbau helfen. Um das zu bewirken, werden die Schalen auf den Körper des Klienten aufgesetzt und dann leicht angeschlagen oder einfach nur angerieben – sie können auch in geringer Entfernung über dem Kopf des zu Behandelnden gehalten werden. Durch diese Vorgehensweise überträgt sich der Schall des erzeugten Tons auf den Körper, was von den Klienten als Vibration wahrgenommen wird. Eine solche Klangmassage soll entspannend und beruhigend wirken, was Phonophorese genannt wird. Die Wirkung wird damit erklärt, dass unser Körper überwiegend aus Wasser besteht, das durch die Schallwellen in Bewegung versetzt wird, was einen Massageeffekt der Körperzellen erzielen soll. Im spirituellen Anwendungsbereich sollen die positiven Folgen aber über jene der reinen Entspannung hinausgehen, weshalb Klangtherapien in Zusammenhang mit den Chakren gebracht werden, weil man davon ausgeht, dass bestimmte Töne, die durch Klangschalen erzeugt werden, den verschiedenen Chakren zugeordnet werden können und diese harmonisierend beeinflussen. Da Wasser gut leitet, können die von der Klangschale ausgehenden Schwingungen sich nach und nach im ganzen Körper ausbreiten und dabei Blockaden auflösen und Energien wieder in Fluss bringen, die zuvor blockiert waren. So lösen sich Spannungen, Selbstheilungskräfte setzen ein und Energien werden frei, sind die Anwender überzeugt.

Eine Klangschalentherapie kann daher bei Stress, Schlafstörungen und Rückenverspannungen genauso Linderung bringen wie sie bei Menschen mit ADHS oder Konzentrationsschwäche für mehr innere Ruhe sorgen und bei Problemen zwischenmenschlicher Natur oder Ängsten und anderen negativen Emotionen Abhilfe schaffen kann.

Diese Form der Behandlung dient allgemein der Steigerung des Wohlbefindens, was bereits bei der ersten Anwendung zu tragen kommt. Bei weitreichenderen Themen und Schwierigkeiten ist es sinnvoll, mehrere Sitzungen abzuhalten, um eine bleibende positive Veränderung zu erzielen.

Bei der Klangschalentherapie kommen bis zu vierzehn unterschiedliche Schalen – abgestimmt auf das Energiefeld des jeweiligen Klienten – zur Anwendung, indem sie auf den Körper gestellt und nach einem bestimmten System angeschlagen werden. Dadurch entsteht ein regelrechter „Klangteppich“, der den Menschen in einen Zustand der Tiefenentspannung versetzen kann. Neben dem Wiederherstellen der richtigen Balance im Körper können sich auch persönliche Einstellungen und Gewohnheiten ändern, gemäß der Einheit von Körper, Seele und Geist. Füllt man die Schalen mit einer Flüssigkeit, verändert das die Tonhöhe – mit steigender Menge wird sie immer tiefer, da die Resonanzfrequenz der Schale sinkt. Durch das Reiben des Randes entstehen außerdem Wellen auf der Oberfläche, die bei zunehmender Intensität stärker werden und in kleinen nach oben spritzenden Tropfen brechen. Ähnliches kann man bei gefüllten Weingläsern beobachten, die man bekanntlich zum Singen bringen kann, indem man mit einem feuchten Finger über deren Rand fährt.

Was können sie nicht, wo liegen ihre Grenzen?

Jeder seriös und verantwortungsbewusst arbeitende Anwender wird ungefragt darauf hinweisen, dass Klangschalen weder einen Arzt noch einen Psychotherapeuten ersetzen können. Eine Klangschalentherapie kann aber sowohl bei physischen als auch psychischen Problemen als Begleitmaßnahme empfohlen werden.

Was sagen ihre Anwender?

Der Autor Peter Hess (1941 in Deutschland geboren) vertritt die Theorie, dass die Töne der Klangschalen die Behandelten in einen tranceähnlichen Zustand versetzen, was von der Wirkung her bestimmten Ritualen von Schamanen ähnelt. In diesem Zustand sind laut Hess Veränderungen auf körperlicher, seelischer und geistiger Ebene möglich, weil Klang und Vibrationen Blockaden im feinstofflichen Bereich lösen können.

In der Körpertherapie kann die Klangmassage die Aufarbeitung von Traumatisierungen unterstützen: Die Klänge sollen in das Gedächtnis des Körpers vordringen und dort das Trauma lösen. Astrologisch orientierte Anwender nutzen die mathematischen und astronomischen Herleitungen des Musikwissenschaftlers und Mathematikers Hans Cousto (1948 in der Schweiz geboren), der 1978 mit dem Oktavgesetz die Töne der Erde, des Mondes, der Planeten und der Sonne und später noch verschiedene molekulare Töne entdeckt und berechnet hat. Er brachte die Umlauffrequenzen der Planeten durch Oktavierung in den hörbaren und sogar in den für Menschen sichtbaren Bereich. Bei Klangschalen, deren Klangspektren solche Töne enthalten, spricht man von den bereits erwähnten Planetenschalen.

Ob man Klangschalen nun im Wellness-Bereich für die reine Entspannung verwendet, sie in der Körpertherapie oder für die seelisch-geistige Arbeit einsetzt – faszinierend bleibt auf jeden Fall der Umstand, dass man aus diesen Gefäßen beinahe überirdische Klänge herausholen kann. Die Töne können beruhigend oder anregend und vitalisierend wirken, das heißt: Sie gleichen aus, was aus der Balance geraten ist. Die Klänge und Schwingungen bringen Körper und Seele zurück zum natürlichen Urzustand.

Annelies Heller, die ihren Klienten auch mit Tarot, Quantenmatrix und einem Kristallbett aus Brasilien zu helfen versucht und all das in Summe als „Seelenarbeit" bezeichnet, hat ausschließlich gute Erfahrungen mit Klangschalen gemacht: „Oft sind die Schalen der einzige oder zumindest beste und schnellste Weg, um ein ADHS-Kind zu beruhigen, indem man es in die Badewanne setzt und mit den Schalen behandelt. Dadurch werden selbst die hibbeligsten Kinder innerhalb kürzester Zeit erstaunlich entspannt. Ich habe aber auch schon viele Erwachsene erlebt, die entscheidungsschwach waren und nach der Entkrampfung durch die Klangschalenmassage endlich in ihre Mitte fanden und wussten, was sie tun und wie sie sich entscheiden sollen. Wenn die Verkrampfung verschwindet und die Entspannung einsetzt, verändert das alles – von innen bis außen, vom Gedächtnis über die Emotion bis hin zum Körper. Es ist wirklich beeindruckend!", schwärmt die Energetikerin. Sie entscheidet je nach Mensch und Anliegen, welche Methode sie anwendet, aber die Klangschalen sind ein Universalmittel, das immer helfen und niemals schaden kann, erklärt sie.

Was sagt die Wissenschaft?

Die Schwingung einer Klangschale ist physikalisch messbar, jede Schale hat ihre eigene Frequenz. Doch der Ansatz, den Klang sowohl in die Aura als auch in die Chakren einzubringen, um diese „energetisch anzureichern", lässt sich wissenschaftlich nicht nachvollziehen – es existiert kein wissenschaftlich fundierter Beleg für die Wirkung von Klangschalen. Skeptiker meinen sogar, die Schalen hätten im fernöstlichen Raum ursprünglich als einfaches Küchengeschirr gedient und ihre spirituelle Verwendung sei eine Erfindung des Westens.

Auch auf Naturwissenschaftler scheinen die ungewöhnlichen Klangkörper jedoch inspirierend zu wirken. So wurden ihre akustischen und hydrodynamischen Eigenschaften in verschiedenen Studien bereits näher untersucht, zum Beispiel 2011 vom Physiker Denis Terwagne von der Université de Liège und vom Mathematiker John W. M. Bush vom Massachusetts Institute of Technology. Zunächst untersuchten die beiden Forscher das Frequenz- beziehungsweise Klangspektrum unterschiedlicher Schalen, danach das Strömungsverhalten der durch den Klang bewegten Flüssigkeit, das mithilfe einer hochauflösenden Kamera protokolliert wurde. Um die experimentellen Randbedingungen zu kontrollieren, versetzten sie die Klangschalen nicht wie üblich mit einem Schlägel in Schwingung, sondern mit einem Lautsprecher, den sie neben der Versuchsanordnung aufstellten. Mit einem Signal, dessen Frequenz der Resonanzfrequenz des jeweiligen Gefäßes sehr nahe kommt, wurde es schließlich zum Vibrieren und Klingen gebracht, wodurch die Forscher genau beobachten konnten, wie die Wellen entstehen und wachsen. Sie zeigen den Wissenschaftlern zufolge eine Art quantenmechanisches Verhalten: wie Wellen und Teilchen gleichzeitig. Die Experimente ergaben, dass Klangschalen ausgezeichnete Generatoren von Faraday-Wellen und für die nachfolgende Tröpfchenbildung sind. Diese Erkenntnisse werden für spirituelle Anwendungen wohl kaum von Nutzen sein, sie könnten allerdings in technologischen Entwicklungen Fortschritte bewirken, nämlich überall dort, wo es um die gezielte Erzeugung von Tropfen geht wie beispielsweise in Sprays.

Der Praxistest

PAMELA OBERMAIER BEI ANNELIES HELLER

In einem angenehm duftenden Raum mit kuscheliger Wohlfühlatmosphäre darf ich mich auf eine Massageliege begeben. Ich lege mich auf den Bauch und werde von Annelies Heller fürsorglich zugedeckt, schließe meine Augen und nehme mir vor, zuzulassen, was auch immer jetzt geschehen möge. Als erstes spüre ich, wie mir Klangschalen an die Fußsohlen gehalten werden – dies sei für die Erdung wichtig, erklärt mir die Energetikerin. Danach spricht sie während der Behandlung nicht mehr mit mir, geht mit den Schalen weiter und legt sie Punkt für Punkt für eine Weile jeweils auf meinen Rücken, auf meinen Po, auf meine Beine und auf meine Schultern, wo sie sie kreisen lässt. Ich spüre eine angenehme Vibration, einen Schall, eine Schwingung, höre zutiefst behagliche Töne und fühle mich ernsthaft so wunderbar entspannt wie selten zuvor. Meine Gedanken kommen relativ ruhig und ich kann sie auch ganz leicht wieder gehen, also weiterziehen lassen –

etwas, das mir ansonsten nicht gerade leichtfällt. Ich bin wohlig müde, könnte sofort einschlafen. Ich habe das Gefühl, das Ganze würde schon ewig dauern – und ich möchte auch nicht, dass es aufhört, weil ich mich geborgen wie ein Baby fühle und diesen Klängen ewig lauschen könnte. Irgendwann weckt mich Annelies Heller aus meinem Halbschlaf und fordert mich auf, mich nun umzudrehen. Ich lege mich also auf den Rücken. Als nächstes bekomme ich die Schalen auf den Bauch, meine Oberschenkel und schließlich auf die Handinnenflächen gestellt. Gegen Ende hin kreisen die Klänge mit samt ihrer Wellen über mir. Der ganze Raum wirkt durchflutet von den Schwingungen. Irgendwie märchenhaft!

Als Frau Heller fertig ist, flüstert sie, ich solle mir etwas Zeit nehmen, um langsam aufzustehen. Lieber würde ich hier liegen bleiben und gleich die Nacht durchschlafen, so müde bin ich. Aber nicht erschöpft müde, wie ich es beim Kommen war, sondern angenehm entspannt müde – wie nach einem Sonnenbad am Strand oder einer Wanderung. Das war ein wirklich außergewöhnlich angenehmes Erlebnis. Auch dass ich mal nicht mit jemandem reden oder über etwas nachdenken musste, habe ich als wohltuend empfunden und richtig genossen. Ich gehe nach Hause und schlafe in dieser Nacht ausnehmend tief und fest. Sich einen Miniurlaub dieser Art zu gönnen, würde ich jedem empfehlen, der eine Auszeit von seinem Alltag braucht. Die mystisch wirkenden Klänge haben bei mir jedenfalls ein kleines Wunder bewirkt!

15. Kraftorte – Energietankstellen und wie man sie findet

Was sind Kraftorte?

Schon Goethes Faust, dem die reale Person des Astrologen und Alchemisten Dr. Johann Georg Faust zugrunde liegt, der nachweislich Anfang bis Mitte des 16. Jahrhunderts gelebt hat, wusste: „Ist es der Sinn, der alles wirkt und schafft? Es sollte stehen: Im Anfang war die Kraft!" Jedes Lebewesen hält sich, bewusst wie auch unbewusst, am liebsten an seinem individuellen Kraftort auf, wo es ihm möglich ist, zur Ruhe zu kommen, zu entspannen und Energie zu tanken – das kann mit einer lieb gewonnenen Gewohnheit zu tun haben, oder beispielsweise auch damit, dass diese Stelle mit einer positiven Erinnerung oder Erfahrung verbunden ist.

Doch nicht nur Menschen und Tiere suchen instinktiv die Plätze auf, an welchen sie sich positiv aufladen können, auch Pflanzen bestimmen, wo sie wachsen wollen und wechseln das Revier in einer der nächsten Generationen, wenn sich die Bedingungen geändert haben. Zugegebenermaßen ist da beispielsweise der Wohnungsficus sehr benachteiligt, denn er kann nicht wählen, an welcher Stelle er stehen möchte – er zeigt Missfallen aber deutlich, indem er einfach nicht gedeiht oder sogar verwelkt.

Neben den individuellen existieren auch „allgemeingültige" Kraftorte. Es handelt sich dabei um Plätze, die aufgrund ihrer Lage oder Historie als solche wahrgenommen werden (viele davon finden sich in den Büchern „Magische Kraftorte in Österreich" von Fritz Fenzl oder „Das magische Wien" von Gabriele Hasmann und Gerhard Kunze), oder um Energiequellen, die Wünschelrutengeher oder Pendler durch *Mutung*, so bezeichnet man das Feststellen nicht offensichtlich wahrnehmbarer Energien, ermitteln.

Umgekehrt existieren natürlich ebenso Orte mit schlechten Schwingungen – solche Stellen werden von Tieren und Pflanzen gemieden, der Mensch allerdings schafft das aufgrund seines mangelnden Vertrauens auf seine Intuition nicht immer, diesen kraftraubenden Stellen aus dem Weg zu gehen, weil er die negative Energie meist gar nicht wahrnimmt. Die Folge davon können Schwindel, Übelkeit, eine Verschlechterung der Laune oder das Aufkommen einer unerklärlichen Traurigkeit sein, bei längerer Verweildauer kommt es möglicherweise sogar zu einem Ausbruch physischer und psychischer Krankheiten. Bei solchen Plätzen handelt es sich oft um ehemalige Hinrichtungsstätten, Schlachtfelder oder ähnliche Orte, an welchen jemandem großes Leid oder Unrecht widerfahren ist. Oft ist es auch die Stelle im generationsübergreifenden Familiensitz, an der ein Ahne ermordet wurde und seinen letzten Atemzug getan hat, oder das starke Magnetfeld in der Erde unter dem Bett.

Es ist für das persönliche Wohlbefinden von großer Bedeutung, dass der Mensch in sich hineinspürt, wo er sich wohlfühlt, wo er zur Ruhe kommt und durch Stress, Sorgen und Probleme verlorene Energien wieder zurückerhält. Ob das das Bankerl am See, die Kletterwand in der Sporthalle oder der Lieblingsplatz im Stammbeisl ist, muss jeder selbst herausfinden. Allerdings sollten sich immer auch in den eigenen vier Wänden einige solcher Plätze befinden – denn wer daheim nicht Kraft tanken kann, wird irgendwann nur noch müde sein und sollte daher einen Umzug erwägen. Oder versuchen, eine bestimmte Stelle mit guten Energien aufzuladen (manchmal reicht es, wenn man es sich irgendwo einfach so richtig gemütlich macht, etwa durch die Platzierung netter Andenken aus vergangenen Urlauben, Fotos lieber Menschen, Pflanzen etc., wo man nicht gestört werden und einfach nur „runterkommen" und wieder zu sich finden kann).

„Dein Kraftort ist dort, wo du laut denken kannst" (Andreas Tenzer, geb. 1954, deutscher Philosoph und Pädagoge).

Welche Arten von Kraftorten gibt es, wie sind sie entstanden und wie hat sich ihre Erforschung entwickelt?

Bei „dokumentierten" Orten der Kraft, die „offiziell" als Rückverbindung des Menschen zu der Natur und zu Gott gelten, kann man annehmen, dass es eine zeitliche Abfolge, ihre Aufgabe und Funktion betreffend, gibt.

Plätze wie Quellen, Berge, ungewöhnliche Felsformationen, Wasserfälle, Waldlichtungen oder Stellen mit besonderen Erdenergien wurden von den Menschen schon vor Tausenden von Jahren entsprechend markiert, durch Holzpfähle, Menhire (das sind „lange Steine", laienhaft auch Hinkelsteine, wie Obelix einen auf dem Rücken trägt, genannt), Steinhaufen oder Familienabzeichen (Totems). Daraus erwuchsen später Steinkreise (etwa Stonehenge) oder andere, meist geometrisch angelegte, Bauwerke, in welchen weise Männer wie Druiden und Priester astronomische Berechnungen durchführten. Diese Plätze, an welchen von unseren Vorfahren Wissen gespeichert und erweitert wurde, gelten noch heute als besonders starke Kraftorte.

Eine besondere Rolle spielten schon in der Frühzeit die geometrischen Formen: Man ging davon aus, dass sie Grundstein und Bauplan der Schöpfung darstellen, so gilt etwa der Kreis als Synonym für das Absolute, Vollkommene und damit Göttliche. Mystiker der Gegenwart propagieren am häufigsten die Pyramide als besonders energiespendend, da das Dreieck die Vereinigung von Himmel, Erde und Mensch symbolisiert (wie bereits die Ägypter und die Azteken wussten).

Das Aufsuchen von Kraftorten hat eine lange Tradition, wie unter anderem die Wallfahrten zu bestimmten Stätten mit meist spiritueller Bedeutung, die bereits im antiken Griechenland und Rom unternommen wurden, beweisen. Auch die Germanen pilgerten auf den „Waldfahrten" zu heiligen Hainen (was jedoch im Zuge der Christianisierung ab etwa dem 6. Jahrhundert verboten wurde).

Neben den Kraftorten gibt es noch Kraft- oder Energielinien, sogenannte Ley Lines (das altenglische Wort „ley“ bedeutet so viel wie „Lichtung“ oder „Rodung“), die erstmalig 1921 vom britischen Hobby-Archäologen Alfred Watkins erwähnt wurden und die er mit dem Begriff „Alignments“ (zu Deutsch „geradlinig angeordnete Objekte“) bezeichnete.

Die meisten Ley-Line-Forscher gehen davon aus, dass die Linien auf einem steinzeitlichen System der Landvermessung fußen, das auf astronomischen und religiösen Grundlagen beruht. Demnach sollen die damaligen Experten mithilfe von Pfosten und Signalfeuern schnurgerade Handelswege über das Land gezogen und diese mit Steinen, Erdwällen und Wasserstellen gekennzeichnet haben. Die Fixpunkte entstanden vermutlich auf den Ley-Quellen, an welchen feinstoffliche Energie aus der Erde strömt und die Kraftlinien speist, und an welchen die Menschen Kapellen, Steinkreuze und Kirchen errichtet haben.

Andere vermuten, dass sich die Linien auf Erdstrahlungen oder Wasseradern beziehen. UFOlogen wiederum wollen wissen, dass Ley Lines als magnetische Pfade den Außerirdischen zur Orientierung auf der Erde dienen, und einige Spiritisten denken, bei den Leys handle es sich um Geisterwege (Reisewege der Seelen, die von Schamanen in Trance „nachgeflogen“ werden) oder Totenstraßen (rituelle Transportwege Verstorbener zu ihren Grabstellen). Naturgeistkundige sind wiederum der Meinung, dass Feen auf diesen Wegen wandeln oder sich Trolle ihrer Kräfte bedienen, um damit gewaltige Distanzen innerhalb von wenigen Augenblicken zu überwinden, indem sie sich quasi „neben der Welt her“ bewegen.

Wie werden Kraftorte aufgespürt?

Neben der laienhaften Schwingungsortung und der Akzeptanz dokumentierter Kraftplätze gibt es die geomantische und radiästhetische Mutung.

Die Geomantie (oder Geomantik, also die „Weissagung aus der Erde“) ist die Kunst, aus Linien und Mustern auf Steinen und am Boden wahrzusagen. Sie gelangte im 12. Jahrhundert durch die lateinische Übersetzung arabischer Werke nach Europa und wurde in der Zeit der Renaissance zu einer beliebten Methode der Weissagung. Im 16. Jahrhundert wurde die Geomantie in unseren Breiten zusätzlich durch das Feng Shui beeinflusst. Im Wesentlichen geht es bei der Geomantie darum, „gute Plätze“, deren Nutzung die Grundlage für ein gesundes und harmonisches Wohnen und Leben bildet, aufzuspüren.

In den 20er-, 30er- und 40er-Jahren des 20. Jahrhunderts wurde die Erforschung der „Kraft der Erde“ weiterentwickelt und teilweise für politische Machtzwecke missbraucht. Beispielsweise waren sowohl die „Wolfsschanze“, Adolf Hitlers Hauptquartier im Osten, als auch der „Hochwald“, Himmlers Hauptquartier in Ostpreußen, nach geomantischen Gesichtspunkten angelegt. Beide Orte waren durch eine „Heilige Linie“ miteinander verbunden, die schon dem Deutschritter-Orden im 13. Jahrhundert bekannt gewesen sein soll. Hitler erteilte außerdem noch den Auftrag, alle alten Kultplätze der Kelten und Germanen zu kartografieren.

Die Radiästhesie (oder Radioästhesie, also das „Empfinden von Strahlen“) ist die Lehre von angeblichen Strahlenwirkungen auf Organismen. Sie wurde in Europa Mitte des 19. Jahrhunderts unter anderem durch den Wiener Neurologen und Universitätsprofessor Moriz Benedikt bekannt, der Wünschelruten zum Auffinden von „pathogenen Orten“ (jene Plätze, die Krankheiten oder Leiden auslösen) einsetzte. Erforscht wurden vor allem geologische Verwerfungszonen oder elektromagnetische Felder. 1929 ging der deutsche Naturforscher Gustav Freiherr von Pohl von einer für die Lebewesen auf der Erde schädlichen Strahlung aufgrund von unterirdischen Wasseradern aus.

Bis heute ist die Radiästhesie ihrer Bedeutung nach die Lehre von der Strahlenwirkung auf Organismen. Besonders energieraubend wirkt nach Ansicht vieler Muter das Energienetz (bestehend aus dem diagonalen „Currygitter“ und dem horizontalen „Hartmanngitter“), mit dem ihrer Meinung nach die ganze Erde überzogen ist und das entlang von Erdstrahlen verläuft (Achtung: Nicht zu verwechseln mit den positiv geladenen Ley Lines!). Besonders belastend ist für sensible Menschen demnach ein Aufenthalt an den Überschneidungspunkten der Gitter.

Die Untersuchungen und Austestungen geschehen bei der Geomantie wie auch bei der Radiästhesie mittels einer paranormalen Gabe, also einer speziellen Feinfühligkeit für Erdstrahlen, die eingesetzten „Messinstrumente“ sind dabei die seit dem späten Mittelalter bezeugte Wünschelrute, die Einhandrute oder das Pendel. Manche Muter arbeiten auch ausschließlich mit dem eigenen Körper und ihrem Gespür.

Anleitung zur Suche nach der perfekten Stelle in einem Wohnraum finden Sie auf www.geo-energetik.de/dergute-platz.html oder im Buch der Rutengängerin Käthe Bachler „Direktsuche des guten Platzes“.

Darüber hinaus gibt es zahlreiche Pendler und Wünschelrutengänger, die gerne jeden Platz austesten und Auskunft darüber geben, ob er positive oder negative Energie abstrahlt. Nähere Auskünfte erteilt der Verband für Radiästhesie und Geobiologie: Koppstraße 89-93/3/2, 1160 Wien, Tel: +43 1 408 18 83, www.radiaesthesieverband.at.

Eine weitere Möglichkeit des Aufspürens liegt in der Beobachtung nichtmenschlicher Lebewesen.

- Haustiere, die den Körperkontakt zum geliebten Herrchen meiden, sobald sich dieses auf seinen Lieblingssessel sinken lässt, drücken damit aus, dass das Möbelstück auf einem negativen Platz steht. Hunde und Katzen, die sich flach machen wie eine Flunder, nur um unter das Bett zu passen, wissen, dass dieser Ort positiv auf ihren Organismus wirkt.

- Bäume mit starkem Mistelbefall oder zahlreichen „Geschwüren" auf dem Stamm wachsen an einer Stelle, die schlechte Energie abstrahlt. Steht auf einem Landstrich ein Baum dicht neben dem anderen, deutet das auf eine Wachstumslinie hin, die sich auf einem Areal befindet, das gute Strahlungen an sein Umfeld abgibt.

Was können sie konkret bewirken?

Relaxen am individuellen oder auch am „allgemeingültigen" Kraftort steigert nicht nur das seelische Wohlbefinden, auf lange Sicht halten die guten Energien körperlich und geistig fit. Denn wer sich immer wieder positiv auflädt, ist den Anforderungen des Alltags besser gewachsen, kann Belastungen eher standhalten und geht achtsamer mit sich um. Das bedeutet, eine Person, die sich regelmäßig an (s)einem Kraftort aufhält, ist glücklicher und daher selbstbewusster als ein Mensch, der häufig – ohne es zu wissen – Zeit auf negativ geladenen Plätzen verbringt. Beides funktioniert aber vermutlich nur dann, wenn man sehr empfindsam ist und/oder an die guten Energien und bösen Strahlungen in der Atmosphäre glaubt.

Was können sie nicht, wo liegen ihre Grenzen?

An einem Kraftort kann man weder gesund werden, noch kann der Aufenthalt an einer mit positiven Energien aufgeladenen Stelle bei der Lösung eines Problems helfen, zumindest nicht direkt. Da der Mensch an einem für ihn guten Platz aber womöglich mental und körperlich gestärkt wird, ist es durchaus möglich, dass seine Selbstheilungskräfte aktiviert werden (wie es immer wieder an Wallfahrtsorten geschieht, was religiöse Personen dann als „Wunder“ bezeichnen) oder plötzlich einschießende „Geistesblitze“ eine Problemlösung erleichtern.

Was sagen ihre Anwender?

„Wünschelruten spüren Anomalien im Erdmagnetfeld auf. Es ist die Weiterleitung einer Reaktion, die der Körper aufnimmt, etwa über die Fußsohlen, Hände oder die Chakren“, heißt es seitens des Österreichischen Verbands für Radiästhesie.

Muter, also Personen, die Kraftorte aufspüren, sind von der positiven Wirkung auf Körper, Geist und Seele überzeugt. Sie empfehlen Messungen vor allem im Wohnbereich, insbesondere bei der Wahl des Schlafplatzes, um sicherzustellen, dass sich der Mensch in seiner Freizeit und in der Nacht optimal entspannen und ausruhen kann. Denn selbst, wenn man sich generell in seinen vier Wänden wohlfühlt, gibt es dort bessere und schlechtere Plätze. Spürt man die schlechte Strahlung nicht und ist dieser einige Stunden pro Tag ausgesetzt, führt das auf Dauer unter Umständen zu chronischen Leiden oder depressiven Verstimmungen.

Was sagt die Wissenschaft?

„Ich lehre das Ja zu allem, was Kraft aufspeichert“, sagte der deutsche Philosoph Friedrich Nietzsche (1844–1900).

Wissenschaftlich sind jedoch alle Annahmen, diverse Kraftorte und -linien oder negativ geladene Plätze und Gitter betreffend, nicht haltbar.Positive oder negative Energieströme konnten noch nie mit physikalischen Messinstrumenten nachgewiesen werden, da sich feinstoffliche Energie mit grobstofflichen Instrumenten eben nicht erfassen lässt. Daher wird auch das Aufspüren derselben, das Muten, der Para- oder Pseudowissenschaften zugeordnet (außer bei der belegbaren Wirkung ionisierender, teilweise auch nicht ionisierender Strahlung auf Organismen, wie sie unter anderem aus dem All oder von radioaktiven Stoffen in die Atmosphäre abgegeben werden).

Der Praxistest

GABRIELE HASMANN & HUND MAX

Da ich bereits über ein gut ausgeprägtes Gespür für kraftspendende, ebenso wie für energieraubende Orte verfügte, werde ich, anstatt mit einem Muter positive Plätze zu suchen, einen Negativ-Test durchführen und mich über die Dauer einer Woche täglich mehrere Stunden lang an einem (für mich) schlechten Platz aufhalten. Darüber hinaus kann ich von meinem Hund Max berichten, der einen ganz bestimmten Platz in dem Wohnhaus, in dem wir leben, meidet wie der Teufel das Weihwasser.

Es gibt in einem wunderschönen Park in meiner Heimatstadt Baden ein bestimmtes Plätzchen, an dem ich beim Herumstreifen jedes Mal vorbeizische wie eine gezündete Rakete, obwohl ich ansonsten eher der Typ „gemächlicher Schlenderer" bin. Doch an dieser Stelle beginnen meine Beine jedes Mal von ganz allein zu laufen – ich hätte nie gedacht, dass es ausgerechnet an einem idyllischen Ort wie diesem eine derart negative Stelle gibt, doch auf die Reaktion meines Körpers kann ich mich verlassen.

Ich mache mich also im Spätsommer auf, um gegen die bösen Kräfte im Park anzukämpfen, und habe vor, mich an sieben Tagen hintereinander abends für je drei Stunden lesend auf eine Bank zu setzen, die sich in dieser Gefahrenzone befindet. So zumindest der Plan.

Große Überwindung kostet mich bereits das Hingehen zu

jenem Platz, an dem sich eine kleine Höhle befindet, da wie immer sofort mein Fluchtreflex ausgelöst wird, sobald ich mich der Stelle nähere. Doch ich kann meine Beine im Zaum halten und sie zu der Bank bewegen. Ich beginne, in dem mitgebrachten Buch zu lesen, was mehr schlecht als recht funktioniert, da ich mich nicht konzentrieren kann. Es ist, als wäre unterhalb des Platzes, an dem ich mich wirklich extrem unwohl fühle, ein riesiger Magnet angebracht, der mich abwärts zieht. Aber ich halte durch und schaffe sogar zehn Seiten.

Am zweiten Tag wird mir nach einer halben Stunde übel, doch ich bleibe sitzen, bis zum bitteren Ende, und schaffe sieben Seiten.

Bereits am dritten Tag sträubt sich alles in mir gegen das Setzen auf diese Bank und ich beginne, unter ärgsten Stimmungsschwankungen zu leiden. Mir geht es wirklich schlecht, sodass ich nach einer Stunde abbreche. Die Konzentration kann man auch nicht als solche bezeichnen, ich habe keine ganze Seite gelesen.

Und am vierten Tag will mein Körper dort nicht mehr hingehen, ich leide bereits daheim nach dem Aufstehen an Kopfschmerzen und mir ist übel. Ich bekomme regelrechte Panikattacken bei dem Gedanken an den Park. Aus, denke ich, das tu ich mir nicht an. Daher bleibe ich zu Hause, kann mich allerdings auch am fünften Tag nicht aufraffen und beende das Experiment an dieser Stelle.

Später recherchiere ich in der Stadtchronik, kann aber zu besagtem Platz nichts Relevantes finden – und ich hatte mich bereits darauf eingestellt, dass dort irgendwann einmal von einem irren Killer ein Blutbad angerichtet worden oder zumindest ein Wanderer tödlich verunglückt ist. Ich finde Monate später allerdings zufällig heraus, dass sich in der Höhle immer wieder Satanisten treffen und ihren Teufelskult zelebrieren. Da hatte ich also meine Erklärung: Nicht die Geister irgendwelcher grausam abgeschlachteteter Mordopfer verbreiten an diesem Ort eine schlechte Energie, sondern Satan und seine Jünger!

Und jetzt zu Testtier Max: Es existiert in dem Haus, in dem ich seit mehreren Jahren lebe, auf dem Gang eine kurze Strecke zwischen dem Eingang und der Tür zu meiner im Erdgeschoss liegenden Wohnung, auf die mein Hund keine Pfote setzt. Er stemmt mit weit aufgerissenen Augen alle Viere in den Boden und stellt eine Linie Haare am Rücken auf, dass er aussieht wie ein Zebra, nur andersfarbig. Max trottet in einer großen Kurve um diese Stelle herum, was bedeutet, dass er sich aufgrund des Ausweichmanövers eng an der Mauer und den anderen Wohnungseingängen entlangbewegen muss. Das hat bereits zu manch interessanter Begegnung geführt, wenn ein Hausbewohner in dem Moment ahnungslos seine Türe öffnete, um auf den Gang zu treten – überraschend für beide Seiten! Aber jeder neuerliche Versuch, den Hund doch über die enge Kurve zu zerren, scheitert.

Ich habe mittlerweile in Erfahrung gebracht, und das hat mir eine ältere Dame aus dem dritten Stock hinter vorgehaltener Hand erzählt, dass an genau dieser Stelle im Gang ein Geist sitzt. Ich lasse das jetzt genauso stehen!

Mein Fazit: Negative Energien sind schlecht. Auch wenn ich das bereits wusste, hat es mich doch erstaunt, dass mein Körper derart intensiv auf diesen Platz im Park reagiert hat. Fühlt man das nicht so deutlich wie ich und hat an einer solchen Stelle beispielsweise sein Bett stehen, verwundert es kaum, dass man tagsüber unkonzentriert, unproduktiv und nicht belastbar ist. Ist man ein Frauchen oder Herrchen, erspart man sich den Muter, der pendelnd und Ruten führend durch die Räume läuft, denn dem Instinkt der Tiere kann man auf alle Fälle vertrauen und – wo sich Hund und Katz nicht gerne aufhalten, sollte zumindest kein Esstisch, keine Wohnzimmercouch oder kein Bett stehen. Ansonsten würde ich spirituellen oder strahlungsempfindlichen Menschen zu Untersuchungen im Hinblick auf geomantische oder radiästhetische Relevanz besonders vor dem Einzug in ein neues Heim oder spätestens beim Platzieren der Möbel raten.

16. Magische Rituale – Besiegelung eines Herzenswunsches

Was sind magische Rituale?

Obwohl weltweit unzählige symbolhafte Handlungen existieren, wird in unseren Breiten hauptsächlich Hexen- und Voodoo-Zauber angewandt – Letzterer allerdings weit seltener, weil die Riten der ursprünglich afrikanischen Religion angeblich ausschließlich bei schwarzmagischen Zeremonien wie Verwünschungen zum Einsatz kommen. Das stimmt natürlich nicht: Ob man sich positiver oder negativer Kräfte bedient, gute oder böse Mächte um Beistand bittet, für den eigenen Bedarf Geister beschwört oder anderen Menschen hilft beziehungsweise schadet, hängt nicht vom kultischen Ursprung der jeweiligen Praktik ab, sondern immer nur vom Willen des Nutzers.

Mithilfe eines magischen Rituals, das grundsätzlich im Ursprung religiöser oder kultischer Natur ist und häufig der äußeren Bekräftigung und Besiegelung eines Herzenswunsches oder der Erfüllung anderer persönlicher Anliegen dient, soll die aktuelle Wirklichkeit zugunsten einer angestrebten neuen Realität verändert werden. Für jedes angestrebte Ziel existiert eine eigene, darauf zugeschneiderte spiritistische Maßnahme – durch Liebesrituale kann man beispielsweise die eigene Attraktivität und erotische Anziehungskraft steigern, mittels einem Ritual zur Förderung des Zuflusses von materiellen Gütern soll es gelingen, finanzielle Blockaden zu lösen, damit die Geldquelle wieder sprudeln kann, oder die eigene Einstellung zu monetären Angelegenheiten zu optimieren.

Beim Hexen- und Voodoo-Zauber wird eine magische Handlung mit festgelegtem Ablauf so oft wiederholt, häufig unter Zuhilfenahme bestimmter Beschwörungsformeln, bis der gewünschte Effekt eintritt. Meist stehen dafür als „Handwerkszeug“ Talismane, Öle, Räucherwerk, Steine,

Wurzeln, Kerzen etc. zur Verfügung. Beim Ritual selbst handelt es sich um die angewandte Kunst zur Mobilisierung der ureigenen magischen Kräfte, um diese zu bündeln und ihnen Form und Ausdruck zu verleihen. Dazu werden üblicherweise die spirituellen sowie kosmischen Kräfte als auch die Elementarenergien der Erde – Feuer, Wasser, Luft und Erde – genutzt und der göttlich-magische Funke, der Geist, als fünftes Element integriert.

Woher kommen sie, wie haben sie sich entwickelt?

Die Geschichte der magischen Handlungen geht bis in die Steinzeit zurück – bereits in Höhlenmalereien wurden spirituelle Zeremonien dokumentiert, ebenso liegen den berühmten Steinkreisen der Megalithkulturen (in der Jungsteinzeit und Bronzezeit) magische Riten zugrunde.

Der Begriff Magie leitet sich von dem altpersischen *Magus* ab, was so viel wie „Gelehrter" oder „Weiser" bedeutet, weswegen die Wiege der Magie im Orient vermutet wird. Im engeren Sinn versteht man darunter die Kunst, Zustände willentlich zu verändern (und Lebewesen zu beeinflussen, wobei es sich dabei eher um schwarze Magie handelt).

Ursprünglich wurden Rituale zum Schutz der Sippe gegen Naturgewalten wie Unwetter und Krankheiten, für Fruchtbarkeit oder zur Stärkung des sozialen Zusammenhalts durchgeführt. Unsere Vorfahren machten für persönliche Schicksalsschläge oder Naturkatastrophen (die in der Folge meist großes Unglück wie Hungersnöte, Feuersbrünste oder Überschwemmungen auslösten) entweder zaubernde Mitmenschen oder Elementargeister und Götter verantwortlich. Durch spezielle Zeremonien wollte man die überirdischen Wesen sanft stimmen, um den eigenen Stamm und die Nachkommen vor Schaden zu bewahren.

Damals kannten viele Menschen die wichtigsten Rituale,

die ihnen helfen sollten, ihren Alltag zu erleichtern und sich vor Gefahren zu schützen, und führten sie bei Bedarf selbst durch. Heute suchen Interessierte „Hexen“ oder Voodoo-Zauberer auf, die ihre magischen Kräfte gegen Bezahlung anbieten und behaupten, die Gabe zu besitzen, auf uraltes Wissen zurückzugreifen – wie häufig das tatsächlich zutrifft, sei dahingestellt.

Bei Hexen handelte es sich in früheren Zeiten um archaische und kultisch tätige Waldpriesterinnen, Frauen mit besonderem Wissen (etwa in Naturheilkunde) oder Göttinnen (vorbeziehungsweise nicht christlicher Religionen) – seltener gab es auch männliche Vertreter. Im Rahmen der Christianisierung wurde angenommen, oder den Gläubigen weisgemacht, dass Hexen als heidnische Wesen ihr Wissen gegen das Gemeinwohl richten und sogar mit Dämonen oder dem Teufel im Bunde stehen würden. Der Bibelspruch „Eine Hexe sollst du nicht am Leben lassen“ (2 Mose 22,17) diente später den Inquisitoren als Rechtfertigung für die Hexenverfolgungen. Viele Hexen und Hexer (die männlichen Vertreter sind auch heute noch in der Unterzahl) der jüngeren Zeit nennen sich „Wicca“. Sie sind eine naturreligiöse Gruppierung des Neopaganismus (Neuheidentum) und praktizieren volkstümliche weiße Magie.

Voodoo, was übersetzt „Gottheit“ oder „Geist“ bedeutet, ist eine ursprünglich aus der westafrikanischen Tradition entstandene Religion, die heute in Haiti und anderen Teilen der Karibik (hauptsächlich unter den Kreolen) und in Afrika beheimatet ist und weltweit über 60 Millionen Anhänger hat. Im 16. Jahrhundert gelangte der Glaube durch die Sklaverei auf die Westindischen Inseln, wobei Elemente anderer Glaubensrichtungen aufgenommen wurden. Im Voodoo finden sich mittlerweile neben afrikanischen auch islamische, katholische und indigene Elemente. Glaubensvertreter der Religion sind die Priester (Houngan) und Priesterinnen (Mambo), die auch verschiedenste weißmagische Rituale durchführen, und Bokor, die ausschließlich Schadenzauber betreiben.

Mit dem Voodoo-Glauben verbinden die meisten Europäer

in erster Linie „Böses“, „Abstoßendes“, „Abartiges“ – zum einen aufgrund des praktizierten etwas morbiden Totenkults, zum anderen wegen der blutigen Tieropfer. Darüber hinaus spielen in den Fantasien auch noch Puppen und Nadeln, teilweise ungustiöse Fetischgegenstände und schlimmstenfalls auch noch Zombies eine Rolle. Außer der in Hollywood erfundenen Figuren, die als seelen- und willenlose Wesen weiterexistieren und auf der Suche nach Menschenfleisch seltsame Töne ausstoßend durch die Gegend wanken, sind alle erwähnten Aspekte tatsächlich Teil des Voodoo und per se nicht böse, sondern höchstens gewöhnungsbedürftig.

„Voodoo“-Puppen gab es übrigens auch in unseren Breiten. Die „Atzmänner“ (vermutlich Überbleibsel eines heidnischen Brauches), Figuren aus Wachs, Teig, Holz oder anderen Materialien, wurden im Mittelalter für magische Praktiken verwendet. Die selbst gebastelten Männlein sollten das jeweilige Opfer darstellen und wurden über dem Feuer gegrillt, mit Nägeln durchbohrt und mit Gift bestrichen. Die „Guten“ belegten die Atzmänner mit heilenden Kräutern oder badeten sie in einem schmerzlindernden Gebräu. In jedem Fall ging man davon aus, dass sich die erwünschte Wirkung auf die reale Person übertragen würde (Analogiezauber).

Was können sie konkret bewirken?

Mithilfe magischer Rituale können Wünsche oder Ziele schneller oder leichter erreicht werden, die eintretenden Erfolge stärken das Selbstbewusstsein und schenken mehr Vertrauen in die eigene Kraft und Intuition (weshalb es sinnvoll ist, klein zu beginnen und sich bei positiver Wirkung zu steigern). Rituale vermitteln Sicherheit und Schutz, wehren negative Einflüsse ab, können Selbstheilungskräfte aktivieren und Klarheit in verfahrene Lebenssituationen bringen; sie geben kreative Impulse, sorgen häufig für eine deutliche Sensibilisierung der

Wahrnehmung von Einflüssen und Schwingungen menschlicher oder spiritueller Energie und eröffnen unter Umständen neue Chancen, Möglichkeiten oder Sichtweisen, die vorher nicht wahrgenommen wurden.

Die Entscheidung, ob man sich in der Magie dem Guten oder dem Bösen zuwendet, muss jeder Mensch für sich selbst treffen. Aber Achtung: „Jedes Wort ist ein Wort der Beschwörung. Welcher Geist ruft – ein solcher erscheint!" (Friedrich Freiherr von Hardenberg, auch Novalis, 1772–1801, deutscher Schriftsteller und Philosoph).

Weißmagisches aus der „Hexentruhe" (von Maggie Böhmer) und ein Voodoo-Ritual

Bevor man ein weißmagisches Ritual durchführt, wird geräuchert, um den Raum sowie bestimmte Gegenstände (Kerzen, Glücksbringer, Accessoires, ...) und sich selbst, besser gesagt seine Aura, von feinstofflichen Altlasten zu befreien und auf die neuen positiven Energien vorzubereiten. Man hält dabei die zu verwendenden Utensilien ein paar Minuten lang über eine Schale, in der die jeweils auf den Anlass abgestimmte Mischung aus Gräsern, Blumen, Kräutern und Wurzeln glost, danach fächelt man den Rauch auf sich und mit ausladenden Gesten in die Luft.

Dieses Reinigen durch Räuchern ist in allen Kulturen und Religionen der Welt zu finden, auch im Christentum – man denke nur an die Verwendung von Weihrauch in der Kirche.

Beim Einatmen des Rauches geht es um die Wirkkraft auf die Seele, denn wenn eine Pflanze verglimmt, findet ihr Geruch über die Nase einen direkten Zugang zum limbischen System, dem Zentrum der Emotionen im Gehirn.

Zuletzt werden die Fenster geöffnet, damit der Rauch und alles darin gebundene Negative abziehen kann. Der Raum ist jetzt leer, neutral.

Bei der Durchführung eines Rituals richtet man sich idealerweise nach dem Mond: nimmt dieser ab, werden Situationen heraufbeschworen, die sich verringern sollen (etwa die entstandene Kluft zum Partner, die Gefahr, die Angst, das Risiko etc.), nimmt er zu, „hext" man sich Dinge herbei, die mehr werden sollen (zum Beispiel Geld, Liebe, Gesundheit etc.).

Danach bittet man die vier Elemente Wasser, Erde, Feuer und Luft um Hilfe und denkt so lange an sein Anliegen, bis man es nicht mehr nur im Kopf hat, sondern im Bauch spürt. Bei der Verwendung von Kerzen werden diese vorher bespuckt, denn Körpersäfte verleihen dem Ritual zusätzliche Energie. Außerdem sollte immer Leitungswasser am Tisch stehen – es wirkt harmonisierend und fängt negative Schwingungen auf.

Nach jedem Ritual trägt man im Optimalfall eines der Dinge, mit welchen man den Durchführungsort geschmückt und dekoriert hat, immer bei sich – es manifestiert den Wunsch und erinnert daran, dass man wirklich an seine Erfüllung glaubt.

Wunschritual: Man definiert in klaren Worten ein realistisches Anliegen (man will beispielsweise nicht im Lotto gewinnen, denn das Knacken des Jackpots wäre erstens unwahrscheinlich, und zweitens könnte es sich dabei auch um einen Gewinn von zwei Euro handeln, sondern möchte stattdessen lieber dank eines erfolgreichen Geschäftsabschlusses einen Bonus von 10.000 Euro vom Chef erhalten) und schreibt dieses mit so wenig Stichworten wie möglich auf einen Zettel.

Nun nimmt man eine weiße Kerze und reibt sie mit einem wohlriechenden Duft ein, platziert darunter den Zettel mit dem Wunsch und schmückt den Durchführungsort der Zeremonie mit den Dingen, die für einen Glück symbolisieren. Danach zündet man die Kerze an mehreren Tagen hintereinander an, bis sie abgebrannt ist, während man sich auf sein Anliegen konzentriert und den Wunsch tief in sich verankert – der Wunsch sollte nun in Erfüllung gehen.

Die Kerzenreste werden unter einem fruchtragenden Baum

vergraben und eine Gabe an die Naturgeister hinterlassen (etwa ein glitzernder Stein).

Liebesritual (empfehlenswert an einem Freitag bei zunehmendem Mond): Man nimmt zwei durchgefärbte rote Kerzen, ritzt in die eine den eigenen Namen, in die andere die des Wunsch- oder Herzenspartners, beträufelt beide Kerzen mit Rosenöl und dekoriert deren Standort mit symbolischen Accessoires wie Herzen oder Rosenblättern. Innerhalb der ersten drei Tage stellt man die Kerzen immer ein Stück näher zusammen und lässt sie ein wenig abbrennen. Am letzten Tag bindet man sie mit einem roten Faden zusammen und spricht bei jedem Knoten, den man knüpft, laut die Anliegen aus, die man hinsichtlich des (Wunsch-)Partners hat. Danach lässt man beide Kerzen gemeinsam abbrennen und entsorgt die geschmolzenen Wachsreste keinesfalls in einem fließenden Gewässer (ein Stückchen sollte man sich aufheben und in einem kleinen Beutelchen bei sich tragen).

Bannritual: Man nimmt eine schwarze Kerze und zieht einen Kreis aus Salz rundherum. Man lässt die Kerze abbrennen, bittet dabei um Auflösung des Fluches oder um Schutz. Die Wachsreste werden danach zerbrochen und kleinweise an verschiedenen Orten entsorgt.

Die folgende schwarzmagische *Maßnahme zur Entledigung unliebsamer Personen* (unverzichtbar im Repertoire jeder „bösen Frau") stammt, um ein Klischee zu bedienen, aus dem Voodoo:

Man nimmt 24 rote Pfefferkörner, einen Teelöffel grobes Salz und eine Hühnerleber, trocknet die Zutaten und zerstößt sie zu einem feinen Pulver, welches man vor der praktischen Anwendung Baron Samedi mit den Worten „Baron Samedi, ich werde von X belästigt. Ich bitte dich, lenke deine Kraft in dieses Pulver, sodass X für immer meinem Haus fernbleiben muss" weiht. Danach pustet man die Mischung dem Opfer dreimal auf den Rücken – angeblich wird man nie wieder von der Person belästigt.

Oben genannter Baron Samedi, der Beherrscher aller Friedhöfe und Symbol des Todes, spielt im westafrikanischen Voodoo als einer der wichtigsten Loa (geistiger oder göttlicher Führer) eine zentrale Rolle bei etlichen Ritualen.

Was können sie nicht, wo liegen ihre Grenzen?

Bei der magischen Arbeit mit Ritualen gibt es sowohl moralische als auch physikalische Grenzen und keine Garantie für die Erfüllung der beabsichtigten Ziele oder Wünsche. Ebenso kann mit den Praktiken nichts erzwungen werden, was nicht in einem kosmisch vorgesehenen Rahmen ist.

Angemerkt sind hier speziell Liebesrituale, wo eine Fixierung auf einen bestimmten Partner vorliegt, obwohl diese Person anderweitig glücklich gebunden ist oder sichtlich kein Interesse an einer Beziehung zeigt. Ist das Wunschziel im Schicksal der beiden Personen nicht vorgesehen, kann sich das erhoffte Ergebnis des Rituals ins Gegenteil verkehren.

Genauso ist es nicht möglich, unrealistische Ziele zu erreichen, wenn die Voraussetzungen nicht vorhanden sind. Beispiel: Man möchte ohne zu lernen eine Prüfung bestehen, oder, noch anschaulicher, ein Date mit Brad Pitt. Hexen- oder Voodoo-Zauber kann darüber hinaus nicht den Ablauf der Vergangenheit ändern oder bestimmte Ereignisse ungeschehen machen, er sorgt auch nicht für materiellen Wohlstand, ohne dass zuvor eine dementsprechende Leistung erbracht wurde.

Des Weiteren ist es nicht möglich, durch Rituale Tote wiederzubeleben, Unsterblichkeit zu erlangen, Blei in Gold zu verwandeln und die Gesetze der Schwerkraft aufzuheben.

Schwarzmagisch unter Umständen möglich, aber absolut nicht empfehlenswert wäre, eine „Gehirnwäsche“ bei einer anderen Person durchzuführen, damit eine Entscheidung zugunsten der Person fällt, die mittels Ritual darum ersucht. Es wird behauptet: Negatives kehrt immer zu einem zurück – ob das stimmt, wird vermutlich davon abhängen, ob es überhaupt generell möglich ist, mithilfe von magischen Praktiken Negatives zu bewirken.

Was sagen ihre Anwender?

Seriöse Anwender agieren nach dem Motto „Tu, was du willst, aber agiere zum Wohle aller und schade niemandem" und wissen, dass man nur durch diese Motivation die Festigung der eigenen Persönlichkeit erreichen kann (und ausschließlich charakterstarke Menschen haben in der Magie Erfolg).

Sie empfehlen bei der Durchführung des Zaubers, den sie für ihre Klienten nicht selbst veranstalten, sondern diese nur anleiten, passende Utensilien (Kerzen, Talismane, Öle etc.) zu verwenden und die symbolische Kraft der Bäume zu nutzen.

Hexen oder Voodoo-Priester(innen) glauben an die Macht der Magie und sind davon überzeugt, dass jeder Mensch seinem Leben mithilfe ritueller Praktiken eine Wendung geben, es in eine bessere Richtung lenken und aufgrund dessen glücklicher werden kann.

Was sagt die Wissenschaft?

Wie die „Wünsche ans Universum" (mehr dazu erfahren Sie im betreffenden Kapitel) beziehen sich auch die magischen Rituale auf die Quantenphysik, so die Meinung der Magier. Die Wissenschaft hat in diesem Fall gleiche Grundlagen wie die Magie, beide versuchen, die Welt zu erklären und in logische Theorien zu fassen sowie die Kräfte der Natur für den Menschen nutzbar zu machen. Die Wissenschaft hat sich aus der Magie entwickelt und seit der Quantenphysik finden beide Seiten langsam wieder zueinander. Eine wissenschaftlich nachgewiesene Wirksamkeit magischer Rituale existiert allerdings nicht.

Der Praxistest

GABRIELE HASMANN BEI MAGGIE BÖHMER

Maggie Böhmer versorgt mich in ihrer Funktion als Hexe mit den nötigen Utensilien, damit ich zu Hause ein einfaches Liebesritual durchführen kann. Ich habe eine rote Kerze in Frauengestalt, ein aromatisiertes Öl (es duftet nach Patschuli, sehr süß und orientalisch) und ausreichend Motivation, um mir mithilfe der Magie einen passenden Partner herbeizuhexen. Zuerst räuchere ich mit einem brennenden Salbeiblatt und huste dann rund zehn Minuten lang, weil das ganze Wohnzimmer nach qualmender Pflanze stinkt. Dann spucke ich auf die Kerze und reibe sie anschließend mit dem Aromaöl ein, dessen Geruch den Raum fast augenblicklich in eine arabische Kemenate verwandelt. Nun stelle ich die rote Dame auf eine feuerfeste Unterlage, die ich vorher mit allerlei romantisch-kitschigem Schnickschnack dekoriert habe, und zünde sie an. Ich versuche mich dabei total auf meinen Zukünftigen zu konzentrieren, der bald (hoffentlich nicht ZU bald, ich hab noch so viel zu tun ... gar keine Zeit ...) auftauchen wird, vertraut man auf die Macht des Schicksals, das man unter Umständen mit Hexenritualen in eine günstige Richtung lenken kann. Bei mir riecht es mittlerweile wie in einem psychedelischen Puff, stelle ich fest – das Patschuli in Verbindung mit dem Rauch benebelt mich ein bisschen. Mein Hund Max scheint jedenfalls high zu sein, er liegt auf dem Rücken, grunzt und wedelt scheinbar grundlos mit dem Schwanz. Ich konzentriere mich wieder auf den Traummann. Nach einiger Zeit bekomme ich Angst, die Kerze könnte umfallen und die Bude abfackeln, außerdem beginne ich, so nahe an der Flamme zu schwitzen wie ein Affe im Anorak. Jetzt nur nicht frühzeitig abbrechen, denke ich, sonst bleibt mein Typ im Zieleinlauf womöglich im letzten Moment noch in einer Art Zwischenwelt stecken. Mir ist mittlerweile etwas übel von dem intensiven Geruch, und die Kerze qualmt auch ziemlich stark – anstatt wie eine persische Schönheit in Erwartung ihres glutäugigen Prinzen, fühle ich mich wie eine patschuligeräucherte Weißwurst. Ein letztes Mal versuche ich wirklich, mich auf den Wunsch nach dem perfekt zu mir passenden und mich ergänzenden Mann zu konzentrieren. Um dem Schicksal eine Chance und genug Zeit zum Finden und Zustellen zu lassen, bitte ich um Lieferung innerhalb eines Monats. Danach blase ich die Kerze aus und lüfte das Wohnzimmer gründlich durch. Im Laufe der folgenden vier Wochen wiederhole ich das Ritual noch sechsmal, bis von der roten Kerzenfrau nur noch ein Stumpen übrig geblieben und das Ölfläschchen leer ist.

Der herbeigehexte Traummann scheint sich jedoch verlaufen zu haben ... bei mir ist er jedenfalls bisher noch nicht angekommen.

Mein Fazit: Ich habe festgestellt, dass ich von Mal zu Mal ernsthafter an die Sache herangegangen bin – nein, nicht weil ich verzweifelt einen Mann suche, sondern weil diese mystische Praktik es verdient hat, dass man sich ihr mit Respekt nähert. Ich habe mit Inbrunst und Konzentration gewünscht, trotz Hitze und Gestank, aber leider letztlich doch am Erfolg gezweifelt, was vermutlich den Ausschlag für das Scheitern des Experiments gegeben hat.

Die Durchführung eines Rituals kann im Freundeskreis Spaß machen, wenn man ein bisschen „Charmed“ spielen will. Oder es gelingt, aus vollem Herzen an den Zauber (welcher Art auch immer) zu glauben, sodass der Herzenswunsch oder ein anderes persönliches Anliegen womöglich tatsächlich erfüllt wird.

17. Mondkalender – was nicht in den Sternen steht, weiß der Mond

Was ist ein Mondkalender?

Wissenschaftliche Studien belegen, dass die Phasen des einzigen natürlichen Satelliten der Erde keinen nachweisbaren Einfluss auf die Psyche des Menschen haben, Schlafstörungen und Aggression bei Vollmond somit nur suggeriert sein dürften. Ebenso wenig ist in dieser Zeit eine Häufung von Unfällen oder Selbstmorden zu beobachten oder werden überdurchschnittlich viele Geburten verzeichnet.

Offenbar hängen diese Mythen mit der Tatsache zusammen, dass die Gravitation des Mondes die Gezeiten der Meere antreibt – und da unsere Körper, abhängig von Geschlecht und Alter, zu 60 bis 80 Prozent aus Wasser bestehen, dachte man früher, dass der Menschen synchron dazu den gleichen rhythmischen Schwankungen unterworfen wäre. Dafür existiert allerdings ebenfalls keine wissenschaftlich fundierte Bestätigung (was logisch erscheint, bedenkt man, dass es auch bei anderen geringen Flüssigkeitsmengen nicht zu Ebbe und Flut kommt).

Fest steht, dass ursprünglich die Orientierung der Pflanzen und Tiere an den Mondphasen den Ausschlag dafür gab, dass die Menschen zu aufmerksamen und aktiven Teilnehmern an diesem welt(all)umspannenden Prozess wurden. Und dieses alte Wissen um den Einfluss des Mondes auf die Natur unseres Planeten, vermischt mit einer gewissen Mystifizierung des silbrigen Lichts („das blasse Auge der Nacht“, wie es der deutsche Schriftsteller Heinrich Heine, 1797–1856, bezeichnete), sehr viel altem Aberglauben und zahlreichen Legenden (wie etwa die von der Verwandlung mancher Personen bei Vollmond in Werwölfe), wurde von Generation zu Generation weitervermittelt. Zusätzlich hat man die Überlieferungen sukzessive mit neuen Ideen, was der Mond noch alles bewirken könnte, ergänzt. Irgendwann waren die einst ausschließlich für die Natur mondrelevanten Daten komplett mit mystischen Vorhersagen und Ratschlägen betreffs aller möglichen Lebensbereiche verschmolzen, sodass der heutige Mondkalender so gut wie gar nichts mehr mit dem einstigen Lunarkalender (an dem sich schon die Menschen der Steinzeit orientierten) zu tun hat.

Berücksichtigt werden bei der Erstellung des modernen Almanachs die Phasen des Mondes sowie sein Stand in den Tierkreiszeichen (für die Astronomie sind zusätzlich Hoch- und Tiefstand und die unterschiedlichen Entfernungen zur Erde von Bedeutung).

Auffällig oft beziehen sich die Tipps aus dem Mondkalender auf die Bereiche Wellness und Schönheitspflege (vermutlich deshalb, weil die überwiegende Mehrheit der Nutzer weiblich ist), darüber hinaus gibt es Hinweise hinsichtlich Liebe/Partnerschaft, Gesundheit, Beruf, Haushalt und Arbeiten in der Natur. Er wird außerdem zu Rate gezogen, wenn es darum geht, die geeignetsten Termine für magische Rituale zu finden und dient im Rahmen der kosmobiologischen Empfängnisverhütung zur Ermittlung der fruchtbaren Tage der Frau.

Woher kommt er, wie hat er sich entwickelt?

In der Steinzeit war die Mondbeobachtung vor allem für die Männer – die Fischer, Sammler und Jäger – von großer Bedeutung, weil sie auf diese Weise erfuhren, wann Ebbe und Flut war beziehungsweise zu welcher Zeit bestimmte Beeren, Kräuter, Wurzeln etc. wuchsen und sich dort daher auch Beutetiere vermuten ließen.

Mit dem Übergang zur Ackerbaukultur im Jungpaläolithikum (40 000–9700 v. Chr.) verlor der Lunarkalender für den Menschen vorübergehend an Bedeutung.

Ein paar Jahrtausende später flammte das Interesse am

Mond und der Tatsache, dass er als einziger Himmelskörper „jeden Tag anders aussieht“, wieder auf.

Das in der Jungsteinzeit (5500–2200 v. Chr.) errichtete Steinmonument Stonehenge in England wurde so gebaut, damit auch spezielle Positionen des Mondes vorhersagbar oder bestimmbar waren. In der bis in die Bronzezeit als Observatorium genutzten Anlage haben die damaligen Weisen unter anderem den Mond und die Auswirkungen seiner optischen Veränderungen auf die Erde und ihre Lebewesen erforscht.

Im weiteren Verlauf der Geschichte brachten die Astronomen immer mehr Beobachtungen und Fakten zu Stein, später zu Papier, und so entwickelte sich der Lunarkalender ständig weiter. Auf den darin enthaltenen – in erster Linie Wettervorhersagen betreffenden – Erkenntnissen basieren etliche Bauernregeln, ebenso wie der im 17. Jahrhundert verfasste Hundertjährige Kalender.

Im „finsteren Mittelalter“ haben die Menschen den Mond dann nicht nur für Unwetterkatastrophen sowie darauf folgende Missernten und Hungersnöte verantwortlich gemacht, sondern fürchteten generell seine schädlichen Einflüsse. So wurden noch im 16. Jahrhundert Missgeburten von Hausrindern als Mondkälber bezeichnet.

Der Mondkalender, wie wir ihn heute kennen, stellt eine Kombination aus dem alten Lunarkalender mit einem modernen Interpretationssystem späterer astronomischer Erkenntnisse (in Richtung Alltagstätigkeiten) dar und existiert in dieser Form seit den 1980ern. Erst zu dieser Zeit wurde jedem Tag im Jahr eine bestimmte lunare Message zugeordnet.

Was kann er konkret bewirken?

Der Mondkalender hat eine ähnliche Funktion wie das Horoskop; er ist allerdings nicht individuell auf eine Person (oder zumindest auf ein bestimmtes Sternzeichen) ausgerichtet, dafür aber wesentlich konkreter, gibt täglich praktische Tipps für den Alltag und rät, was man erfolgreich erledigen könnte beziehungsweise was man lieber bleiben lassen sollte. Es wäre theoretisch möglich, sein ganzes Leben nach diesen Anleitungen auszurichten – beispielsweise könnte man bereits im Dezember fixieren, wann man im kommenden Jahr die Blumen aussät, auf Urlaub fährt oder den Chef um eine Gehaltserhöhung bittet. Auch die Antworten auf Fragen, wie oder wann der Hausputz am effektivsten, der Haarschnitt am sinnvollsten oder der Sex am besten ist, kann man vom Mondkalender ablesen und die Tages- und Wochenabläufe danach gestalten. Die Wechselwirkung der Mondphasen auf die Tierkreiszeichen ist ebenfalls aus einem solchen Kalender zu erfahren.

Generell wird auf die Zu- und Abnahmephasen Bezug genommen:

Der zunehmende Mond steht für Wachstum – optimal etwa für das Schneiden von Haaren, Aussäen von Pflanzen oder für den Versuch, ein Kind zu zeugen.

Die abnehmenden Mondphasen sollten für Tätigkeiten genutzt werden, die etwas vermindern sollen: So kann man zum Beispiel eine Diät beginnen, den Hausputz erledigen oder im Garten Schädlinge bekämpfen.

Der Vollmond signalisiert die Vollendung. Die Tage rund um diesen Zustand eignen sich gut, um innere Konflikte zu erkennen und hinter sich zu lassen. Es ist der beste Zeitpunkt, um langfristige Projekte in Angriff zu nehmen, etwa mit dem Rauchen aufzuhören. Darüber hinaus heißt es, dass Heilkräuter, kurz vor dem Vollmond geschnitten, ihre Wirkung besser entfalten und man Kristalle und Steine im Vollmondlicht energetisch reinigen und wieder aufladen kann.

Der Neumond steht für den Neuanfang. So haben etwa Beziehungen zu anderen Menschen, die an solchen Tagen begonnen werden, gute Erfolgschancen, und Umzüge in ein neues

Heim stehen an Neumondtagen unter einem besonders guten Stern.

Die Mondphasen im Zusammenhang mit den Tierkreiszeichen, und welche Konsequenzen sich daraus für den Menschen ergeben, ist im Mondkalender (als Printausgabe oder online) des jeweiligen Jahres nachzulesen.

Was kann er nicht, wo liegen seine Grenzen?

In einigen Teilbereichen das Leben nach dem Mondkalender zu planen, kann eine mehr oder weniger sinnvolle organisatorische Beschäftigung darstellen – zu verlieren hat man dabei jedenfalls nichts. Die Frage ist eher: Kann man kontrollieren, ob es etwas bringt? Denn nur weil beispielsweise die Blumen hervorragend sprießen, die man an einem Tag mit zunehmendem Mond gepflanzt hat, heißt das noch lange nicht, dass sie nur halb so gut gediehen wären, wenn man sie an einem anderen Tag eingesetzt hätte. Die eigene Intuition, Erfahrung und Verstand beim Erledigen diverser Tätigkeiten sind sicher bessere Ratgeber als der Mond – gepaart mit einer sinnvollen Zeiteinteilung verursacht die Lebensplanung außerdem vermutlich auch weit weniger Stress.

Was sagen seine Anwender?

Die Menschen, die sich am Mondkalender orientieren, suchen nach einer Rückkehr zum jahrhundertealten Wissen unserer Vorfahren, die nicht im Einklang mit der Technik, sondern mit der Natur gelebt haben, die nicht durchs Leben gerast, sondern gegangen sind. Früher hat nicht ein Computerprogramm errechnet, wann der günstigste Zeitpunkt für den Griff zum Rasenmäher ist und das Handy mit einem Piepsen an diesen Termin erinnert – der Mond gab den Tag an und der Blick zum

Himmel rief den Menschen ins Gedächtnis, dass es Zeit war, die Sense zur Hand zu nehmen. Der Mondkalender ist nebenbei auch immer ein Symbol für Entschleunigung, da die Tipps sich niemals auf eine bestimmte Uhrzeit beziehen – schaut man hingegen in einen herkömmlichen Timer, ob am Handy oder auf Papier, finden sich dort immer Fixtermine. Und wenn man aufgrund eines unvorhergesehenen Ereignisses unter Zeitdruck gerät, wird man hektisch und hat Stress.

Ein weiterer Vorteil des Mondkalenders ist, dass er auf Tätigkeiten hinweist, die sich gar nicht mehr im Blickfeld der meisten Menschen befinden, etwa das Sammeln von Heilkräutern – was so manchen durchaus dazu veranlassen könnte, sich über die Wirkung der einen oder anderen Pflanze zu informieren und auf die Kraft der Natur zurückzugreifen.

Der Mondkalender schaut nicht in die Zukunft, erfüllt keine Wünsche und verleiht auch keine besonderen Kräfte, aber die Beachtung des richtigen Zeitpunkts zur Erledigung gewisser Dinge unter Berücksichtigung des Mondes, seiner Phasen und Konstellation am Sternenhimmel nimmt Entscheidungen ab, reduziert den Turbo im Antrieb, mit dem man durchs Leben zischt, und erinnert an längst vergessenes Wissen.

Was sagt die Wissenschaft?

In einer Dissertation zum Thema „Mondzeiten: Zu Genese und Praxis moderner Mondkalender“ von Helmut Groschwitz, Kulturwissenschaftler der Universität Regensburg, ist zu lesen: „Der moderne Mondglaube, wie er in populären Ratgebern (‚Mondkalender‘) verbreitet wird, beruft sich meist auf ein ‚uraltes Erfahrungswissen‘. Ein Großteil der Regeln folgt einfachen Analogien, so wird beispielsweise empfohlen, eine Diät bei abnehmendem Mond zu beginnen oder Pflanzen bei zunehmendem Mond zu säen. Beim Vergleich unterschiedlicher Mondkalender (historisch wie gegenwärtig) fallen widersprüchliche Regeln auf. Tatsächlich ist ein kohärentes System von Mondregeln in historischen Quellen nicht nachweisbar. Vielmehr spricht die Volkskunde von Versatzstücken ehemals elitekultureller Welterklärungssysteme (v. a. der Iatromathematik, der mittelalterlichen Medizin), die mehrmals aus ihren Zusammenhängen genommen, rekontextualisiert und schließlich in den Mondkalendern neu zusammengefügt wurden. Aus wissenschaftlicher Sicht besteht auch kein Zusammenhang zwischen den Mondphasen und dem Menstruationszyklus, wie er in der esoterisch-feministischen Literatur behauptet wird. In der Natur stellt der durchschnittlich 28-tägige Zyklus des Menschen eine Ausnahme dar und ist individuell wie lebensgeschichtlich variierend. Bei anderen Säugetieren kommen Zyklen zwischen elf Tagen (Meerschweinchen) und 37 Tagen (Schimpansen) vor."

Für den konkreten Ablauf der Gezeiten sei laut Meeresbiologen die Topografie des jeweiligen Ozeans entscheidend, weshalb diese in keinem Mondkalender terminlich exakt fixiert werden können.

Wissenschaftlich gesehen gibt es keinen Mechanismus, der den behaupteten Einfluss des Mondes auf den Menschen bewirken könnte.

Skeptiker kritisieren am Mondkalender auch die inhaltliche Vielfalt – ging es früher um den richtigen Zeitpunkt für die Ernte, sollten heute Friseurbesuche mithilfe des Himmelskörpers geplant werden. Das sei ein Beweis dafür, dass es sich um frei erfundene und in der Gegenwart geschaffene Regeln handeln muss und nicht um altes Wissen.

Der Praxistest

GABRIELE HASMANN

Um zu sehen, wie viel Sinn es macht, sein Leben mehr oder weniger umfangreich nach dem Mondkalender auszurichten, befolge ich nun drei Tage lang (23., 24. und 26. Mai) sämtliche darin enthaltenen Tipps – soweit sie mich betreffen.

23. Mai: „Stark verschmutzte Dinge reinigen, Pflanzen schneiden, die langsam nachwachsen sollen/Rasen mähen, Blattgemüse ernten, zum Entschlacken Tee aus Blättern von Erdbeeren, Himbeeren oder Brombeeren trinken; heute gemachte Versprechungen werden gebrochen, größere Verlust- und Diebstahlsgefahr; Frisuren halten nicht gut, Hornhaut/Hühneraugen lassen sich leichter entfernen; Alkohol, Nikotin, Drogen und Medikamente haben eine stärkere Wirkung; schonen Sie beim Sport die Füße (sind verletzungsanfälliger)."

Nachdem ich aufgestanden bin, trinke ich Tee aus Erdbeerblättern, die ich mir am Vortag aus einer Gärtnerei geholt habe. Später gehe ich Rasen mähen – wird ohnehin Zeit, das schon recht hoch wuchernde Gras zu kürzen. Dann rufe ich meine Freundin an und bitte sie zu versprechen, mir am Abend mein Buch zu bringen, das sie seit mittlerweile drei Monaten beschlagnahmt. Sie versichert mir, gegen 20 Uhr bei mir zu sein. Ich arbeite nun ein paar Stunden an einem neuen Buch und überlege danach, welche Tipps ich noch befolgen könnte: Blattgemüse besitze ich keines, sportlichen Ehrgeiz ebenso wenig und Gott sei Dank auch keine Hornhaut oder Hühneraugen. Und zum Putzen hab ich keine Lust. Ah, das mit dem Alkohol bietet sich an. Zwischen 18 und 19 Uhr trinke ich zwei Gläser Wein und warte auf die stärkere Wirkung – nein, ich bin genauso angeheitert wie sonst auch nach dieser Menge. Es wird 22 Uhr, und noch immer sind weder meine Freundin noch mein Buch aufgetaucht. Und in der Nacht muss ich mehrmals zur Toilette – vermutlich dank der entschlackenden Erdbeerblätter. Wenigstens gestohlen wurde mir nichts an diesem Tag, was aber auch nicht verwundert, da ich das Haus nicht verlassen habe.

24. Mai: „Abschwellende Augenmaske und Gesichtspeeling machen (wirkt besser), bei Migräneanfälligkeit Kaffee und Schokolade meiden, viel Leitungs- oder stilles Mineral-

wasser und abends zur Entsäuerung ein Glas Wasser mit einem Schuss Bio-Apfelessig trinken; Haare haben mehr Spannkraft, Frisuren halten gut; der Mond verleiht Ihnen viel Energie, macht Sie aber auch streitlustig."

Gleich am Morgen trage ich die Augenmaske auf und mache das Gesichtspeeling. Währenddessen bändige ich meine angeblich heute besonders spannkräftige Mähne, kann aber nicht feststellen, dass die Frisur gut hält, da ich nach mehrmaligem Bürsten immer noch aussehe wie ein Staubwedel. Brav trinke ich dann über den Tag verteilt mehrere Liter Wasser – zusätzlich zum Kaffee, da ich nicht unter Migräne leide. Energie habe ich so viel wie an jedem anderen Tag auch, finde ich. Streitlustig bin ich nie, also auch heute nicht. Und kurz vor dem Schlafengehen: ein Glas Wasser mit einem Schuss Apfelessig, die Bio-Variante ist grad nicht im Haus. Angesäuert begebe ich mich zu Bett und hoffe auf eine Nacht ohne Magenschmerzen.

26. Mai: „Haare färben, unerwünschte Haare entfernen, ein Körperpeeling machen; Tätowierungen oder ein Permanent-Make-up stechen lassen (nicht im Halsbereich!), Leder/Stoffe imprägnieren (im Freien, diese Dämpfe sind giftig); guter Tag für Geldangelegenheiten und einen ausgiebigen Frühjahrsputz; Sänger, Redner, Politiker sollten Hals und Stimme schonen, dieser Bereich reagiert heute sehr empfindlich auf eiskalte Getränke."

Nach dem Frühstück färbe ich mir brav die Haare – warum, weiß ich allerdings nicht, weil mir das der Mondkalender nicht verrät. Ich tippe mal, die Farbe hält länger. Noch ein Tattoo möchte ich nicht, und Permanent-Make-up ist nichts für mich. Echtes Leder besitze ich nicht, auch sonst fällt mir nichts ein, was ich imprägnieren könnte. Also begebe ich mich nach ein paar Stunden Schreiben ins Bad, um die Haarentfernung vorzunehmen. Ich vermute, sie sollen danach weniger rasch nachwachsen – so wie vor ein paar Tagen das Gras im Garten. Das Peeling hänge ich gleich hinten dran, wenn ich schon in der Dusche stehe. Eine Stunde später heißt es: Onlinebanking!

Allerdings befürchte ich, dass DAS nicht mit „guter Tag für Geldangelegenheiten“ gemeint war. Frühjahrsputz? Wollte ich gestern schon nichts reinigen, will ich es heute noch viel weniger. Ich habe ganz brav auch nichts Kaltes getrunken, auch wenn ich weder Sänger, Redner noch Politiker bin, und gehe abends zufrieden ins Bett.

Mein Fazit: Ich kann nicht bestätigen, dass Gras oder Körperhaare langsamer wachsen oder Dinge anders ablaufen als sonst, nur weil man es an einem Mondtag macht. Mich hat die Befolgung der Ratschläge nicht gestresst, aber ich arbeite auch von zu Hause aus – wie mühsam muss das jedoch für Personen sein, die nach einem langen Tag im Büro abends heimkommen und dann noch Rasen mähen, peelen, rasieren, putzen, färben, imprägnieren, Gemüse ernten, Hornhaut entfernen etc. sollen. Im Prinzip kann man aus organisatorischen Gründen die Tipps nur dann berücksichtigen, wenn man sich einzelne davon herauspickt – je nach Wunsch und Bedarf. Dann macht es vielleicht sogar Spaß, sich ein wenig nach diesen Zeitvorgaben zu richten. Problematisch ist nur, dass man die meisten Ergebnisse schwer kontrollieren kann ... aber das muss man ja auch nicht, wenn man ohnehin davon überzeugt ist, dass es funktioniert.

18. Mystische Begleiter im Alltag – wachsame Schutzengel und glücksbringende Talismane

Was sind mystische Begleiter im Alltag?

Eine überwiegende Mehrheit der Menschen, unabhängig von Staatszugehörigkeit, Kultur oder Religion, verspürt den Wunsch nach Schutz und Obhut. Personen bewegen sich nachgewiesenerweise mit einer weit größeren Sicherheit durch den Alltag, wenn sie denken, das Glück sei auf ihrer Seite. Einige glauben daran, dass für das Aufpassen ihr Schutzengel und für das Glück ein persönlicher Talisman zuständig sei – und für beides in Kombination sorgen Amulette beziehungsweise Mojos.

Da Schutzengel und Talismane zum Aberglauben (der rein sprachbegrifflich mit Unvernunft und Unwissenheit sowie mit Unwissenschaftlichkeit gleichgesetzt, umgangssprachlich aber auch als verächtliche Bezeichnung volkstümlicher und okkulter Glaubensrichtungen gebraucht wird) zählen, erntet so manch einer, der von der spiritistischen Macht seines mystischen Begleiters überzeugt ist, nur Spott und Hohn.

Dabei danken einer Umfrage zufolge Menschen häufig in ihrer ersten Erleichterung, etwa nach einer nur knapp heil überstandenen brenzligen Situation, reflexartig ihrem Schutzengel – auch Atheisten und Realisten, die für die Rettung weder Gott noch die tote Oma mit Flügeln verantwortlich machen. Und ganz ehrlich: Wer hat noch nie unauffällig auf einer Wiese voller Klee nach einem vierblättrigen Exemplar Ausschau gehalten, selbst wenn er nicht daran glaubt, dass dieser unscheinbare Schmetterlingsblütler Glück bringt? Das eine gehört wie das andere zum viel belächelten Aberglauben, der generationenübergreifend in uns verankert ist.

Wie definieren sich nun die beiden in unseren Breiten gängigsten mystischen Begleiter?

Bei Schutzengeln handelt es sich entweder um religiöse Wesen, die zum Geleit der Erdenbewohner von Gott gesandt wurden, oder – und daran glauben weit mehr Menschen – um verstorbene Verwandte, die über ihre Lieben wachen und sie vor Unheil bewahren.

Der Begriff Talisman, der sich vom arabischen Wort *tilasm* ableitet, was „Zauberbild“ bedeutet, bezeichnet einen kleinen Gegenstand, der das Schicksal günstig beeinflussen soll. Meistens besteht ein persönlicher Bezug zu diesem Glücksbringer, es kann sich beispielsweise um die Locke der Tochter, um das Foto der Freundin oder um einen besonders schönen Stein aus dem eigenen Garten handeln, weshalb dieser Gegenstand unter Umständen eine große emotionale Wertigkeit besitzt. Manchmal steht der Talisman, der üblicherweise in der Geldbörse mit sich geführt oder auch zu Hause aufbewahrt wird, mit einem überwundenen Schicksalsschlag in Verbindung, wodurch er seinem Besitzer das sichere Gefühl vermittelt, dass er seine Wirksamkeit bereits unter Beweis gestellt hat. In unserem Kulturkreis wird ein Talisman auch zu Silvester verschenkt, meist handelt es sich dabei um die Miniatur eines Schornsteinfegers, Fliegenpilzes, Marienkäfers, Hufeisens, Schweinchens oder vierblättrigen Kleeblatts. Diese Glücksbringer müssen unterschieden werden von dem Amulett, das mit seiner sakramentalen Energie auch der Abwehr von Gefahren dient, vor magischen Kräften schützen soll und von seinem Besitzer in den meisten Fällen direkt am Körper getragen wird. Mit dem Wort „Mojo“, das afrikanischen Ursprungs ist und mit den Sklaven nach Amerika gelangte, bezeichnet man ebenfalls ein magisches Amulett. Jedoch wird von den meisten Menschen nicht genau differenziert und definiert, sie bezeichnen sowohl den Talisman als auch Amulett und Mojo verallgemeinernd als Glücksbringer, der nicht nur das Schicksal günstig beeinflussen, zu Wohlstand verhelfen und Gesundheit bescheren, sondern auch das Böse fernhalten soll.

Woher kommen sie, wie haben sie sich entwickelt?

In Mitteleuropa sind rund zwei Drittel der Bevölkerung davon überzeugt, einen Schutzengel als persönlichen Beistand zu haben, was laut Psychologenmeinung den Wunsch der Menschen nach Fürsorge, Aufmerksamkeit und Geborgenheit widerspiegelt. Viele glauben dabei eher an die geflügelten Wesen als an Gott, was daran liegen mag, dass sich die Engel hier auf der Erde in der Nähe ihrer Schützlinge aufhalten, während der „Vater im Himmel" abgehoben auf seiner hohen Wolke thront. Die überwiegende Mehrheit ist jedoch der Meinung, dass es sich bei dem unsichtbaren Beschützer um einen verstorbenen Verwandten oder engen Freund handelt, also quasi ein Geist auf sie aufpasst. Für einen Abgesandten Gottes halten ihn fast ausschließlich brave Kirchengeher.

Engel, abgeleitet vom lateinischen Wort *angelus* (auf Deutsch „Bote"), die Menschen vor Gefahren schützen und in Notsituationen helfend eingreifen, gibt es in ähnlicher Funktion bereits im Alten Testament. Bildliche Darstellungen (meist in Gestalt adipöser Kinder) existieren seit der Spätantike, die im Laufe des Mittelalters eine Vielzahl von Erweiterungen in der Kunst fanden.

In der christlichen Volksfrömmigkeit war von Anfang an der Glaube an die guten Engel als „Wächter" weit verbreitet, im Hochmittelalter (11. und 12. Jahrhundert) verbanden sich die religiösen Überlieferungen mit schutzmagischen Vorstellungen zum Bild des jedem Menschen individuell zugeordneten Schutzengels. Dessen Verehrung entwickelte sich in Europa vor allem im 15. und 16. Jahrhundert, einer Zeit großer Umbrüche und Veränderungen, die das bisherige Weltbild ins Wanken brachten und den Wunsch nach persönlichem Schutz verstärkten. Und daran hat sich bis heute nichts geändert.

Insgesamt gibt es 72 Schutzengel (wenn man sie auf die „von Gott Gesandten" reduziert), die bestimmten Lebensbereichen zugeordnet sind – für Liebe und generell soziale Beziehungen sind beispielsweise Sitael, Imamiah und Manakel zuständig, für materiellen Wohlstand Mebahel, Damabiah und Mumiah, für die körperliche Unversehrtheit Lélahel, Eyael und Jamabiah.

Glücksbringer aller Arten gab es vermutlich sogar schon in der Steinzeit, es handelte sich dabei wohl größtenteils um kleine Jagdtrophäen, wie etwa den Zahn eines erlegten Tieres. Diese Gegenstände legten damals mit ihren Besitzern oft weite Strecken zurück und galten daher als etwas ganz Besonderes. In der Hochkultur Ägyptens haben die Menschen ab etwa 4000 v. Chr. Symbole in Gegenstände aus Stein oder Metall graviert (zum Beispiel den Skarabäus), sie damit individualisiert und für magische Zwecke benutzt. Mythologisch liegen die Ursprünge der Glücksbringer allerdings im alten Mesopotamien, wo sie vor allem in Babylon und Ninive (Blütezeit zwischen 1800 v. und 100 n. Chr.) in Gebrauch waren und die schützenden Talismane an keinem Gebäude fehlen durften. Die Bilder stellten meist Zwittergestalten zwischen Gott, Mensch und Tier dar.

Im Mittelalter verwendeten die Menschen neben persönlichen Glücksbringern als Talisman unter anderem die Alraune, ein giftiges Heil- und Ritualgewächs, das seit der Antike als Zaubermittel gilt.

Was können sie konkret bewirken?

„Es ist ganz einfach. Wenn wir es wollen, dann gibt es Engel. Und wenn die es wollen, dann haben sie auch Flügel", meinte der deutsche Lyriker Wolfgang J. Reus (1959–2006).

Dieses Zitat sagt eigentlich schon alles aus: Glaubt man an den Beistand der geflügelten Wesen, können sie im Fall des Falles sogar einen (Un-)Fall verhindern. Bei Nichtgläubigen wird das wohl der Sicherheitsgurt oder ein anderes Utensil zum Schutz von Leib und Leben erledigen (oder eben auch nicht – in diesem worst case kann's der Schutzengel dann aber auch nicht mehr richten. Und auch nicht der Geist eines Verblichenen).

Mit den Glücksbringern verhält es sich nicht anders: Wenn man davon überzeugt ist, dass irgendein Gegenstand das Unglück fernhält, dann schadet es nicht, dieser Meinung zu sein (auch wenn es im Ernstfall vielleicht nichts bringen wird).

Für beide magische Begleiter im Alltag gilt jedenfalls: Womöglich ist der Mensch, der sich beschützt fühlt, tatsächlich geschützt – denn der (Aber-)Glaube versetzt ja bekanntlich Berge, warum also sollte er nicht auch Unheil abwenden?

Was können sie nicht, wo liegen ihre Grenzen?

Ein wachsamer Engel in Form einer mythologischen Gestalt beziehungsweise eines Geistes oder ein persönlicher Glücksbringer kann bestimmt das Vertrauen seines Schützlings und Inhabers in sich selbst und den Glauben an ein günstig gewogenes Schicksal stärken. Doch was passiert, wenn die Interessen der Menschen, und damit auch die ihrer Aufpasser, disharmonieren oder sich überschneiden? Oder wenn es heißt: Es kann in einer bestimmten Situation nur einen Gewinner und einen Verlierer geben? Da vermutlich weder die geflügelten noch die feinstofflichen Wesen, und ganz sicher auch keine mehr oder weniger toten Gegenstände, zu einem Machtkampf bereit oder in der Lage sind (würde man das erwarten, hätte man sich einen Superhelden als Beschützer zulegen müssen), wird in Wahrheit dann doch wieder das Schicksal entscheiden.

„Der häufigste Glücksbringer ist der Zufall", meint zu diesem Thema der deutsche Dichter Erhard Horst Bellermann (geboren 1937).

Daher ist es mit Sicherheit sinnvoller, sein Vertrauen verstärkt in seine Mitmenschen zu setzen, damit sie einem zur Seite stehen, wenn es der Umstand erfordert, als in unsichtbare Kräfte (die ja ruhig zusätzlich wirken dürfen).

Was sagen ihre Anwender?

Professionelle Anwender für Schutzengel und Glücksbringer existieren nicht. Es gibt aber Spiritisten, die Engelarbeit verrichten, indem sie mit den von Gott gesandten Wesen kommunizieren (Engel-Channeling) und deren Botschaften „übersetzen“. Auch das Licht und die Kraft dieser feinstofflichen Himmelsboten, die mit verschiedenen Gaben ausgestattet sind, können von den irdischen Erdenbewohnern angezapft und genutzt werden. Für die geflügelten Wesen sei es selbstverständlich, zu helfen, wenn man sie darum bittet (nichts anderes tun Gläubige in der Kirche beim Beten zu Gott).

Es gibt unter anderem Engel-Tarot, Engel-Orakel, Engel-Aurareading, Engel-Fernheilung, Engel-Reiki, Engel-Feng-Shui etc.

Was sagt die Wissenschaft?

Der Ire Henry Hugh Stoker (1885–1966), Sportler, Schauspieler und außerdem der Cousin des Dracula-Erfinders und Schriftstellers Bram Stoker, diente in Kriegszeiten als U-Boot-Kommandant bei der Royal Navy. Im Jänner 1916 geriet Stoker in türkische Kriegsgefangenschaft und wurde in West-Anatolien in einer Festung eingesperrt, von der ihm im März desselben Jahres die Flucht gelang. Gemeinsam mit zwei weiteren Häftlingen machte er sich auf den 480 Kilometer langen beschwerlichen Fußmarsch durch das Taurus-Gebirge. Nach elf Tagen, als die Männer bereits völlig entkräftet waren, bemerkte Stoker etwas, worüber er nach seiner Heimkehr berichtete: „Mitten in der Nacht hatte ich das Gefühl, dass wir nicht nur zu dritt waren, sondern zu viert. Am hinteren Ende unserer Reihe marschierte eine weitere männliche Person.“ Die ominöse Nr. 4 gesellte sich nicht zu den Flüchtigen, wenn sie sich ausruhten, sprach kein Wort und hielt sich immer außerhalb der Sichtweite im Dunkeln auf. „Doch sobald wir uns nach einer Rast wieder erhoben und in Gang setzten", erzählte Stoker, „nahm der fremde Mann unverzüglich seinen Platz am Ende der Reihe ein". Nicht nur er bemerkte ihn, auch seine Kameraden: „Wir spürten alle drei seine Gegenwart und waren froh darüber, denn er vermittelte uns Kraft und Trost – seine Anwesenheit brachte uns Glück."

Solche Wahrnehmungen, behaupten Forscher, werden oft durch das Gehirn ausgelöst, dessen rechter Teil für das Unbewusste, die Kreativität, Emotionen und Imagination zuständig ist (das Bewusstsein und die Ratio sitzen auf der linken Seite). In Situationen, in welchen der Körper in Stress gerät und gleichzeitig aus Angst beziehungsweise im Überlebenskampf viel Adrenalin produziert (und unter Umständen sogar noch Schlaf- und Nahrungsmangel hinzukommen), arbeitet beinahe nur noch die rechte Gehirnhälfte, während die linke mehr oder weniger abschaltet und erst wieder anspringt, sobald sich die Lage entspannt. Es handelt sich dabei um ein ähnliches Phänomen wie den „Tunnelblick" samt Licht, Wärme und Geborgenheit im Augenblick des Todes, wie ihn Sterbende nach ihrer Rückkehr ins Leben beschreiben. Beim subjektiven Empfinden, einen Schutzengel an seiner Seite zu haben, der über einen wacht, handelt es sich laut Wissenschaft schlicht um (Aber-)Glauben, der einerseits gut tut, andererseits im Extremfall dazu verleiten kann, leichtsinniger und unvorsichtiger zu werden.

Zu den Glücksbringern sagen die Forscher, beispielsweise Lysann Damisch, Sozialpsychologin an der Universität Köln: „Eine Studie hat ergeben, dass Glücksbringer und gute Wünsche tatsächlich die Zuversicht in die eigenen Fähigkeiten und in Folge die Bereitschaft, sich für etwas einzusetzen, steigern. Die Selbstwirksamkeit, wie dieses Phänomen von den Psychologen genannt wird, hat neben den existierenden Talenten und dem vorhandenen Wissen den größten und beständigsten Einfluss auf die Leistung eines Menschen."

Der Praxistest

GABRIELE HASMANN

Es existiert wohl kaum ein seriöser Versuch, den man mit Schutzengeln durchführen könnte – und Praktiken, die in diesem Buch ohnehin behandelt werden (Aurareading, Tarot, Orakel etc.), sind nicht anders oder werden besser, wenn ein „Engel-“ davor steht.

Glücksbringer habe ich jede Menge, die sammeln sich ganz unbemerkt an, man gewinnt sie lieb und möchte nicht mehr ohne sie sein. Ich könnte also nur den Negativ-Test machen und das ganze Kleinzeug aus meinem näheren Umfeld entfernen, doch daran denke ich nicht im Traum – ich lege keinen Wert darauf, plötzlich vom Pech verfolgt zu werden. Da ich also (aber)glaube, dass ich mindestens meine Geldbörse verlieren oder unabsichtlich etwas kaputtmachen werde, wenn ich mich von meinen Glücksbringern trenne, gibt es in diesem Kapitel keinen Praxistest.

19. Numerologie – anhand von Zahlen die Persönlichkeit analysieren

Zahlen und deren angebliche tiefere Bedeutung haben uns Menschen ohne Zweifel schon immer fasziniert, und ihnen wird in unser aller Sprachgebrauch schon seit Jahrtausenden eine große Bedeutung zugeschrieben. Bereits die Bibel ist voll von Verweisen auf den Sinn, den Zahlen in ein Dasein bringen sollen. Märchen haben diese Tradition weitergeführt: Vor allem den Zahlen drei, sieben und dreizehn wird eine besondere Symbolik zugeschrieben, weil sie den Hauptfiguren Glück oder Pech bringen. So spricht in „Dornröschen“ die dreizehnte Fee einen bösen Fluch aus, ist in „Aschenputtel" von drei Kleidern und drei Ball-Abenden die Rede, wovon die Hauptprotagonistin am dritten Abend ihren Schuh verliert, was ihr ja bekannterweise eine Menge Glück in Form eines reichen Prinzen und damit der großen Liebe bringt. Und allein schon im Titel vieler anderer Märchen wird eine der magischen Zahlen genannt: „Sieben Geißlein", „Sieben Raben", „Schneewittchen und die sieben Zwerge" oder „Die drei Männlein im Walde".

In Büchern jüngeren Datums oder deren Verfilmungen wie Dan Browns „Sakrileg" beziehungsweise „The Da Vinci Code" bekommt die ursprünglich biblische Zahlenmystik dann moderne Thrillerqualitäten, wenn etwa die Hauptfigur Robert Langdon gemeinsam mit einer Kryptologin symbolische Rätsel lösen muss, um einerseits Morde aufzuklären und andererseits der eigenen Ermordung zu entgehen.

Im deutschen Kinofilm „23 – nichts ist so wie es scheint", der auf einer wahren Begebenheit beruht, spielt August Diehl den zunächst 19-jährigen Karl Koch, der die Welt im Deutschland der 80er-Jahre als bedrohlich und korrupt erlebt. Er macht sich inspiriert von Robert Anton Wilsons und Robert Sheas Romantrilogie „Illuminatus!" auf die Suche nach verschiedenen Hintergründen wirtschaftlicher und politischer Macht und Machenschaften und entdeckt so die mysteriöse Zahl 23, die ihn an eine weltweite Verschwörung glauben lässt. Das Ende ist wirklich gruselig, weil man ja vorher miterleben konnte, wie verschiedenste Verschwörungstheoretiker inklusive der Hauptfigur der Zahl 23 eine negative Bedeutung beimessen: Karl Koch kehrt nämlich ausgerechnet am 23. Mai 1989 nicht von einer Dienstfahrt zurück, und eine Woche später wird die verkohlte Leiche des exakt 23-Jährigen in einem Birkenwald gefunden. Die Umstände seines Todes sind bis heute ungeklärt. Der Film verursacht Gänsehaut und kann einen paranoiden Verfolgungswahn heraufbeschwören, was die negativen Schwingungen der Zahl 23 betrifft.

Selbst eine wirtschaftliche Großmacht wie die USA legt

Wert auf verschiedene Dinge, die mit der Zahlenmystik in Verbindung stehen: So wird dort auch heute noch vermieden, ein dreizehntes Stockwerk zu benennen – darum wird dieses oftmals einfach ausgelassen oder als 12a beziffert. Auch in Flugzeugen oder auf Kreuzfahrtschiffen gibt es manchmal keine dreizehnte Sitzreihe und kein dreizehntes Deck. Ebenso verzichtet man mancherorts in Krankenhäusern auf Zimmer mit der Nummer dreizehn, weil diese Zahl nun mal allgemein als Unglückszahl verschrien ist. Und das alles im Jahre 2013 (man beachte die Zahl!), wo der Durchschnittsweltenbürger behauptet, nicht an Magie und Mystik zu glauben.

Wie wir bei Katastrophen trotzdem so gut wie alle auf die Symbolik von Zahlen reagieren, haben wir am 11. 9. 2001 erlebt, als zwei Flugzeuge in die Türme des World Trade Centers in New York/USA flogen. Seither wird das schreckliche Ereignis nur mehr „nine/eleven" (9/11) genannt, und diese beiden Zahlen scheinen eine ganz außergewöhnliche Bedeutung zu haben:

Zählt man nämlich neun und eins und eins zusammen, dann ergibt sich erneut die Zahl elf. Und jeder der beiden angegriffenen Türme hatte 110 Stockwerke. Außerdem ist New York der elfte Staat der USA und das Wort „New York City" besteht aus elf Buchstaben – genauso wie der Name des Landes, dem der Anschlag zugeschrieben wird: Afghanistan. Außerdem sahen die Zwillingstürme nebeneinander wie die Zahl Elf aus. Und als wäre das nicht genug, waren es nach dem 11. September noch 111 Tage bis zum Ende des Jahres. Wenn das nicht gruselig oder zumindest mystisch erscheint, was dann?

Was ist Numerologie?

Nun zur Erklärung, was hinter all dem steckt: Die Numerologie ist die Lehre von der Bedeutung der Zahlen. Denn Zahlen sollen einen inneren Zustand und ein inneres Wesen reflektieren, so sind Numerologen überzeugt. Diese Technik bezieht sich auf Buchstaben, Zahlen und Kombinationen des Namens eines Menschen und seines Geburtsdatums und soll trotz klarer Berechnungsregeln auf mystische Weise die Eigenschaften und den Charakter einer Person offenbaren. Bei dieser Methode wird jedem Buchstaben ein bestimmter Wert und eine eigene Schwingung anhand alter archaischer Weisheiten zugeordnet, und das soll sich wiederum auf andere Menschen, auf unsere zwischenmenschlichen Beziehungen, unseren Alltag und letztlich das ganze Universum auswirken. Gedeutet werden dabei die Summen und Quersummen jener Zahlen, die sich aus dem Namen und dem Geburtsdatum ergeben. Jeder Buchstabe und damit jedes Wort hat einen ganz eigenen, individuellen Klang zu bieten und dieser Laut korrespondiert mit einer bestimmten Zahl. Jeder Name besitzt somit eine ganz spezielle Information. Und die feinen Klanginformationen der Laute wirken – wenn auch meist unbewusst – immer, meinen Numerologen. Ein hörbares Beispiel: „Sissi" hinterlässt einen anderen Eindruck als „Elisabeth". Ohne Zweifel, da wird sicherlich niemand widersprechen! Der Name – oder wie man eben genannt wird oder werden möchte – ist also als Spiegelbild der eigenen Seele zu verstehen.

Um Wörter und Namen, deren Buchstaben als Informationsträger gesehen werden, numerologisch ausarbeiten zu können, muss zunächst jeder einzelne Buchstabe in eine Zahl umgewandelt werden. Dafür gibt es als sogenannte Zahlenschlüssel zwei unterschiedliche, jahrhundertealte Umrechnungssysteme.

Die meisten Numerologen arbeiten mit einer Methode, die auf den Mathematiker und Philosophen Pythagoras zurückgeht, mit dem wir alle bereits zu Schulzeiten mehr oder weniger freiwillig zu tun hatten. Sie erinnern sich: Es ging da um rechtwinklige Dreiecke und diese Formel, die $a^2 + b^2 = c^2$ lautete. Pythagoras beschäftigte sich mit den Ziffern von eins bis neun, und das ist die Basis für die mehrheitlich verwendete Arbeitsweise in der Numerologie.

Wer das andere System bevorzugt, das auf der Kabbalistik der Hebräer gründet, arbeitet hingegen mit 22 Zahlen. Die Hebräer hatten nämlich keine eigenen Schriftzeichen für Zahlen, sondern verwendeten 22 Buchstaben, die gleichzeitig auch den 22 heiligen Zahlen zugeordnet waren.

Woher kommt sie, wer hat sie entwickelt?

Die Numerologie, die von manchen Anwendern konkreter als „Lehre des Klanges oder der Schwingung der Zahlen" bezeichnet wird, basiert auf einer uralten Weisheit. Schon bei frühen Hochkulturen wie den Mayas, den Ägyptern, den Babyloniern oder den Chaldäern, und etwas später auch in Japan und China gab es vielfältige Beschreibungen über das den Zahlen entspringende Wissen.

Was kann sie konkret bewirken?

Gerade an Wendepunkten im Leben oder zu Zeiten des Aufruhrs, in denen es um essenzielle Entscheidungen geht, erfreut sich das Konzept der Numerologie großer Beliebtheit. Der Numerologe verwendet je nach Methode, mit der er arbeitet, die ihm vorliegenden Zahlen, die sich aus Worten und Namen oder dem genauen Geburtsdatum des Klienten ergeben, um durch spezielle Berechnungen die darin wirkende Information transparent zu machen und den spezifischen Charakter eines Menschen aufzuschlüsseln.

Der Hauptteil der Arbeit besteht in der Betrachtung und Aufschlüsselung der Zahleninformationen, die im Geburtsnamen gesehen werden, denn die meisten Menschen, die sich an einen Numerologen wenden, wollen wissen, mit welcher „Grundenergie" sie ausgestattet sind, wie ihr Sein von Geburt an geprägt wurde. Nicht besonders schwer zu erraten ist also, welche beiden Hauptfragen Klienten in der Regel beantwortet haben wollen, erklärt Numerologin Susanne Josefine Heindl: „Die zentralen beiden Fragen lauten ‚Welche Kraft steckt in meiner Partnerschaft?' und ‚Wie sieht es mit meinem beruflichen Potenzial, meinen Begabungen aus?'"

Was kann sie nicht, wo liegen ihre Grenzen?

Der Klient darf sich keine Patentlösung vom Besuch beim Numerologen erhoffen, denn das wäre unseriös. Wie jemand in Zukunft durch sein Leben zu gehen hat, wird ihm die Aufschlüsselung seines Namens oder Geburtstages nicht sagen. Allerdings gibt eine numerologische Betrachtung durchaus Antworten auf Fragen wie „Wer bin ich, was will ich erreichen?", „Wie denke ich, wie handle ich?" oder aber auch „Wie sehen mich andere? Was ist in verschiedenen Lebensabschnitten tendenziell beachtenswert?" Eine solch mystische Namensbetrachtung gibt der meist zweifelnden oder unsicheren Person die Möglichkeit, sich selbst besser kennenzulernen und bekanntes sowie unbekanntes Potenzial in sich zu entdecken. Das kann einen Schritt in die richtige Richtung bedeuten, wenn der Klient diese Informationen auch umzusetzen weiß. Das bedeutet: Wenn ich eine Ahnung davon habe, wie und warum ich mich in bestimmten Situationen so und nicht anders verhalte, kann ich unerwünschtes Verhalten bewusst verändern. Nicht zu verwechseln ist die Numerologie allerdings (genauso wie auch die Astrologie) mit einer Art „Zukunftsvorschau". Durch die im Namen verborgene Zahleninformation kann sich keineswegs jedes Geheimnis oder gar das Schicksal eines Menschen auftun. Der numerologische Berater kann also unmöglich Antworten auf jede erdenkliche Frage seines Gegenübers haben, und schon gar nicht kann er sagen, wie das Leben seines wissbegierigen Klienten in Zukunft verlaufen wird. Die Zahlenmystik kann (wieder wie die Astrologie) nur aufzeigen, welches Sein ein Mensch mit auf die Erde gebracht hat. Aber wie er dieses nutzt, liegt ganz allein in seinem freien Willen. Die Numerologie ist kein Orakel, so Pythagoras-Anwenderin Marianne Kowarz: „Sie hilft, eine Tendenz in den verschiedenen Lebensbereichen Beruf, Beziehung, Entwicklung und so weiter zu sehen, sie gibt Hoffnung, wenn man in einer Krise steckt, sie bereitet vor auf schwierige Phasen im Leben und hilft, Zustände und Dinge zu ernennen und anzunehmen. Aber sie kann keine genaueren Voraussagungen treffen. Das heißt: Wenn beispielsweise die Beziehungsebene in einem Jahr stark vorkommt, dann weiß man nicht automatisch, ob es sich um die Partnerschaft handelt – es könnte genauso gut um die Eltern-Beziehung oder jene zu einem Freund gehen oder Zuwachs bedeuten."

Die Ermittlung des Grundtypus aus Namen und Geburtsdatum bei der Methode mit 22 Zahlen

Die eigene Lebenszahl kann man aus dem Namen und dem Geburtsdatum ermitteln: Dabei werden die einzelnen Zahlen des Geburtsdatums addiert. Aus dem Resultat wird dann so lange eine Quersumme gebildet, bis eine Zahl von eins bis zehn herauskommt.

Beispiel:
Geburtsdatum: 10. 11. 1990
1 + 0 + 1 + 1 + 1 + 9 + 9 + 0 = 22
Quersumme: 2 + 2 = 4
Dieser Mensch ist dem Typ 4 zuzuordnen!

Auch jeder Buchstabe des Namens lässt sich einer Zahl zuordnen, zum Beispiel nach der kabbalistischen Buchstabentabelle: A = 1, B = 2, C = 3, D = 4, E = 5, F = 8, G = 3, H = 5, I = 1 J = 1, K = 2, L = 3, M = 4, N = 5, O = 7, P = 8, Q = 1, R = 2, S = 3, T = 4, U = 6, V = 6, W = 6, X = 5, Y = 1, Z = 7.

Dabei steht jede Zahl für eine Eigenschaft, die positive und negative Seiten hat, etwa bedeutet 1, dass jemand aktiv und selbstbewusst, aber auch stur oder egoistisch sein kann, während 6 über eine Person aussagt, sie sei treu und ehrlich, könne allerdings langweilig und zurückgezogen sein.

Tabelle zum Buchstaben-Zahlen-Schlüssel

Buchstabe	Zahl	Kurz-Bedeutung
A/Ä	1	Wille, Kraft, Energie, Aktion
B	2	Wissen, Intellekt, Theorie, Talent
G	3	Gemeinschaft, Kommunikation, Freundschaft
D	4	Arbeit, Tat, Handlung, Fleiß
E	5	Religion, Helfen, Hilfe, Subtilität
U/Ü/V/W	6	Analyse, Prüfung, Kritik, Aufklärung
Z	7	(Selbst-)Überwindung, Zähigkeit, Überlegenheit
H/CH	8	(kosmische) Ordnung, Recht, Gerechtigkeit
T	9	Philosophie, Nachdenklichkeit, Diplomatie
I/J/Y	10	Veränderung, Wechsel, Umbruch
C/K	11	Spiritualität, Intuition, Kunst/Künstler
L	12	Geben, Hingabe, Aufopferung
M	13	Transformation, Wandlung, Mystik
N	14	Disziplin, Zuverlässigkeit, Pioniergeist
X	15	Einfluss, Ausstrahlung, Kompetenz, Macht
O/Ö	16	Lernprozess, seelische Belastung, Hindernisse
F/P/PH	17	Wahrheit, Glaube, Gutmütigkeit

Buchstabe	Zahl	Kurz-Bedeutung
SCH/SH/TS/TZ	18	Unrecht, Gefahr, Einfältigkeit, Destruktivität
Q	19	Harmonie, Zufriedenheit, Glück, Freude
R	20	geistiger Fortschritt, geistige Orientierung
S	21	Erfolg, Chancen, Ansehen, Ruhm
TH	22	Ätherisches, Visionen, Illusionen, Fantasie

Promis, Stars, Politiker und zweifelhafte Gestalten der Menschheitsgeschichte eignen sich allesamt hervorragend, den Einfluss ihrer Namen und der hinter ihnen stehenden Zahlen auf ihr Leben zu unterstreichen: Die Numerologie deckt die Stärken und Schwächen jedes einzelnen auf.

Über *Joseph Ratzinger*, den ehemaligen *Papst Benedikt XVI.* (1927 in Deutschland geboren, von 2005 bis 2013 Oberhaupt der römisch-katholischen Kirche) offenbaren die mystischen Zahlen einen Wesenskern, der als innerste Bestimmung das Erreichen einer exponierten gesellschaftlichen Stellung in sich trägt. Durch seinen Namenswechsel, als er zum Papst gewählt wurde, hat sich diese Bestimmung geändert und transformierte zum Wunsch, andere in ihrer geistigen Entwicklung zu fördern. Während man Joseph Ratzinger numerologisch betrachtet nachgesagt hätte, erneuernd, aber launisch zu sein, genießt Benedikt XVI. den Ruf der Tatkraft und des Fleißes. Im Namen „Benedikt, der Sechzehnte" wirkt nämlich fast ausschließlich die Kraft des Vokals E, weil dieser sechsmal vorkommt. Das deutet vom numerologischen Standpunkt aus auf einen sensiblen, religiösen Menschen hin, der helfen und heilen will.

Hermann Maier (1972 in Österreich geboren, ehemaliger Skirennläufer, der zweimal Olympiasieger, dreimal Weltmeister und viermal Gesamtweltcup-Gewinner wurde) ist jemand, bei dem es um Disziplin und Kampfgeist geht. Für einen Mann mit diesem Namen muss es immer wieder zu einer Überwindung seiner Selbst kommen, damit mittels Durchhaltevermögen Sieg und Überlegenheit als Belohnung entstehen können. Der Beruf des Skiläufers passt numerologisch betrachtet optimal zu ihm, denn die Kombination aus seinem Namen und diesem Beruf ergibt den Erfolg in Wettkämpfen.

Eine besondere Herausforderung bedeutet es für einen Numerologen, den Namen einer negativ behafteten historischen Person zu analysieren. Die Schwingung des Namens *Saddam Hussein* (1937 im Irak geboren, 1979 bis 2003 irakischer Staatspräsident, 1979 bis 1991 sowie 1994 bis 2003 Premierminister des Irak, gestorben 2006) verrät als Wurzel die Kraft zur Manipulation; um andere beeinflussen zu können, muss man allerdings sensibel und empathisch sein. Die Art und Weise, wie Saddam Hussein mit seiner Macht umging, war geschichtlich betrachtet alles andere als positiv, doch aus numerologischer Sicht lag seine Begabung in der Transformation von Altem in Neues, was wunderbare Dinge zutage hätte treten lassen können. Bei ihm dürfte sich alles nur auf die destruktive Tendenz konzentriert haben: Seinen Taten fehlte die Verbindung zur geistigen Welt, und sie zielten hauptsächlich auf Tod, Krise und Zerstörung ab. Die Numerologin Susanne Heindl meint dazu: „Anhand Saddam Husseins numerologischen Portraits sieht man, dass man jede uns mit dem Namen gegebene Energie auf unterschiedliche Arten leben kann. Er lebte die Gegenseite, und das Leben selbst sorgt in diesen Fällen schlussendlich für den Ausgleich."

Aber auch außergewöhnliche Frauen gilt es zu analysieren: *Marilyn Monroe* (1926 in den USA geboren, 1962 in den USA gestorben) und *Romy Schneider* (1938 in Österreich geboren, 1982 in Frankreich gestorben) gehören zu den faszinierendsten Damen der Filmgeschichte. Die beiden Schauspielerinnen sind nicht nur als Beispiele für Frauennamen interessant, sondern auch, weil sie beide Künstlernamen hatten. Ein guter Numerologe sieht sich in solchen Fällen immer auch die

Geburtsnamen an. Und interessanterweise hat sich dabei ergeben, dass Marilyn Monroe nicht, wie man meistens liest, als Norma Jeane Baker geboren wurde, sondern als Norma Jeane Mortenson. Norma Jeane Baker ist nur der Name, der in ihrem Taufschein eingetragen worden ist: Marilyn Monroe kam am 1. Juni 1926 im General Hospital in Los Angeles als Norma Jeane Mortenson zur Welt. Als Vater ließ die Mutter Gladys Edward Mortenson, einen Bäcker mit unbekannter Anschrift, eintragen. Bei der kirchlichen Taufe am 6. Dezember 1926 ließ wiederum Gladys' Mutter Della Mae Monroe (Marilyns Großmutter) den Namen Norma Jeane Baker eintragen, also den Nachnamen von Gladys' erstem Ehemann, um damit die uneheliche Entstehung und Geburt ihrer Enkelin zu vertuschen. Die Zahlen, die sich hinter den Buchstaben im Namen Norma Jeane Mortenson verbergen, verraten über dessen Trägerin, dass sie die starke Fähigkeit besaß, eine enorme Anziehungskraft auf andere Menschen auszuüben. Ihre Ausstrahlung verlieh ihr Macht und Kompetenz. Der Name verspricht Erfolg, Fortschritt und Ruhm. In der Kindheit und Jugend ging es bei der späteren M. M. um die Suche nach dem inneren Gleichgewicht: Sie war wohl hin- und hergerissen zwischen zwei unterschiedlichen Polen. Der Künstlername Marilyn Monroe schließlich weist auf Wandlung und Persönlichkeitstransformation hin. Diesem bewusst gewählten Pseudonym liegen auch eine innere Unruhe und Unbeständigkeit und unerwartete Handlungen, die die Pläne der Umwelt mitunter über den Haufen werfen, zugrunde. Außerdem zeichnet er einen Menschen, der ein Einzelkämpfer ist und sich schnell für eine Sache begeistert, jedoch nur solange sie neu und interessant ist.

Romy Schneider wurde als Rosemarie Magdalena Albach geboren, und dieser Name hat ihr als Wurzel mitgegeben, sich selbst hohe Maßstäbe zu setzen, diszipliniert zu arbeiten und für andere ein Vorbild zu sein. Von ihrem Naturell her steckte sie voller Energie und Engagement. Ihr ursprünglicher Name gab ihr den Ruf einer Künstlerin mit auf den Weg, aber auch die Neigung, sich in den eigenen Gedanken zu verlieren. Der von ihr gewählte Künstlername Romy Schneider gibt als Lebensziel vor: „Ich lerne mit meiner starken persönlichen Anziehungskraft umzugehen!", und der Lebensweg dazu war gekennzeichnet von Veränderungen, plötzlichen Umstürzen, Launenhaftigkeit und Unbeständigkeit. Die Reifejahre dieses Namens verheißen, dass die Liebe immer wichtiger werden würde, und das Alter ist durch Erfolg, Ansehen und Resonanz geprägt. Doch vieles davon hat Romy Schneider leider nicht erleben dürfen, starb sie doch bereits mit 44 Jahren.

Die zweite Schule in der Numerologie ist wie bereits erwähnt die pythagoreische Zahlensymbolik. Bei dieser Methode rechnet man nur mit den Zahlen des Geburtsdatums und vernachlässigt die Buchstaben des Namens. Das Ergebnis wird dann (wie in der artverwandten Astrologie) in ein Radix eingetragen und nennt sich Numeroskop. Zur Berechnung ist jede im Geburtstag enthaltene Zahl von Bedeutung, daher auch die genaue Geburtsstunde und Minute.

Die Ermittlung des Grundtypus aus dem Geburtsdatum mit der Methode nach Pythagoras

Hierbei wird die Quersumme des gesamten Geburtsdatums berechnet. Beispiel:

Geburtsdatum: 10. 11. 1990, Geburtsstunde: 13:40 Uhr =1:40 Uhr, denn der Tag wird in zweimal zwölf Stunden eingeteilt.

1 + 0 + 1 + 1 + 1 + 9 + 9 + 0 = 22

Quersumme: 2 + 2 = 4

Dieser Mensch ist also dem Typ 22/4 zuzuordnen. 22/4 und nicht nur 4 übrigens deshalb, weil 4 die Quersumme aus 22 ist und damit eine andere Qualität hat, als sie es hätte, wenn sie beispielsweise aus der Zahl 31 entstehen würde.

Dabei steht auch hier jede vorkommende Zahl für eine bestimmte Qualität beziehungsweise einen bestimmten Lebensbereich:

0 Vertrauen, Spiritualität, Werte, Perfektionismus
1 Persönlichkeit, Selbstwert, Reflexion
2 Logik, analytisches Denken, Entwicklung, Bewusstsein
3 Vorstellungskraft, Kreativität, Wollen
4 Handeln, Realisieren, Struktur
5 Verantwortung
6 Aktivität, Durchsetzungskraft
7 Lebensfreude, Gerechtigkeit, Leichtigkeit
8 Beziehung, Harmonie, Ausgleich
9 Loslassen, Auflösung, Neubeginn

Die Quersumme 0 ergibt sich z.B. aus der Zahl 19, da 10 zu 0 wird. Alle nach der Berechnung vorhandenen Zahlen werden dann vom Numerologen in das bereits erwähnte vorgegebene Radix eingetragen, wobei es darin einen inneren (statischen) und einen äußeren (dynamischen) Kreis gibt. Spätestens an dieser Stelle wird klar, wie komplex die Numerologie in ihrer Vorgehensweise ist, weshalb ein selbstständiges Berechnen seiner persönlichen Zahlenkombination nicht mit dem aus der Hand eines professionellen Anwenders vergleichbar ist. Die ausgebildete Numerologin Marianne Kowarz dazu: „Jede Zahl hat ihre Bedeutung, auch die Quersummen, die aus den sich ergebenden Ziffernkombinationen gebildet werden, haben unterschiedliche Bedeutungen, je nachdem, aus welcher Zahl sie entstehen, da auch Einer- und Zehnerstellen verschiedene Hintergründe mit sich bringen, und für die Deutung ist es wesentlich, wo die Zahlen in der Zeichnung eingetragen werden."

Numerologin Susanne Heindl hat eine klare Sicht der Dinge, was den Aberglauben an schlechte Zahlen wie dreizehn betrifft: „Eine Zahl kann nicht böse sein. Die Information, die eine Zahl in sich trägt, ist aber auch nicht gut, sondern neutral, also vergleichbar mit einer Anlage, die jemand hat. Erst durch das Tun des Menschen wird eine Handlung gesetzt, die die Umwelt schließlich als gut oder schlecht wahrnimmt." Sie ist außerdem davon überzeugt, dass sich das Schicksal nicht in die Karten sehen lässt: „Eine Namensbetrachtung kann Menschen Hinweise geben, eine Art Richtung andeuten, worauf man achten könnte, jedoch nicht festmachen, dass dieses oder jenes eintreten wird. Die Entscheidungen für eine Handlung muss der Mensch immer selber treffen, und auch die Verantwortung für die Folgen dieser Entscheidungen übernehmen. Das bedeutet: Für das Glück in deinem Leben bist du immer selbst verantwortlich. Ob man mit einer Lebenssituation glücklich ist oder daran verzweifelt, liegt nicht an dieser Lebenssituation, sondern am Menschen selbst." Darum hängt auch der Verlauf des eigenen Lebens letztlich nicht vom Namen ab, den wir uns ja nicht ausgesucht, sondern von unseren Eltern bekommen haben.

Marianne Kowarz, Anwenderin der Pythagoras-Methode erklärt, warum sie sich für diese Variante der Numerologie entschieden hat: „Man kann die Buchstaben numerologisch deuten, indem man das ABC abzählt und jedem Buchstaben eine Zahl zuordnet – damit man aber exakt vorgehen kann, müsste man die sprachliche Herkunft des jeweiligen Namens kennen, um das entsprechende Alphabet anwenden zu können. Darum halte ich die Methode, bei der man sich am Geburtsdatum orientiert, für stichhaltiger als die seltenere andere." Dass die Numerologie ein Handwerk ist, das man, ohne eine übersinnliche Gabe haben zu müssen, schlichtweg erlernen kann und sie mathematischen Gesetzmäßigkeiten und Berechnungen folgt, ist etwas, das Frau Kowarz gefallen hat, weil sie dadurch auf einfache Art und Weise anderen Menschen effektiv helfen konnte: „Der Sinn eines Numeroskops liegt für mich darin, seinen eigenen Typus zu erkennen, also zu wissen, wie man seine Anlagen entwickeln und leben kann, auf welche Stärken man zurückgreifen kann, wo die eigenen Schwachstellen liegen, die man verbessern und an denen man arbeiten kann und in welchen Lebensjahren man welche Aufgabe hat. Auch ist es wichtig, seine Lebensziele zu kennen und die Herausforderungen, die man mit seinen Angehörigen zu lösen hat. Alles besteht aus Rhythmus und Schwingung – und das wird in Zahlen ausgedrückt. Jede Zahl hat eine bestimmte Qualität, auch das Universum ist ja auf Zahlen aufgebaut“. Dabei geht die Lebens- und Sozialberaterin, die Numerologie als zusätzliches Element in ihren Beratungen miteinfließen lässt, davon aus, dass die Seele in jeder Inkarnation bestimmte Aufträge zu erfüllen hat, um sich immer weiterzuentwickeln und sich aus diesem Grund die entsprechende Geburtszeit gewissermaßen aussucht, welche dann die passenden Gelegenheiten bietet, um die notwendigen Anlagen und Schwierigkeiten für diesen Entwicklungsprozess mitzubringen.

Beide Expertinnen kennen das Hauptargument von Skeptikern: Sie weisen darauf hin, wie viele Menschen mit gleichem Namen es doch gibt, die dennoch völlig unterschiedliche Persönlichkeiten haben und gänzlich andere Lebenswege gehen oder bereits gegangen sind. Doch die Numerologinnen haben hierfür eine eindeutige Antwort: Zwei Menschen mit identischem Namen haben sehr wohl die gleichen Grundenergien, doch das bedeutet noch lange nicht, dass es sich um zwei völlig identische Persönlichkeiten handelt, denn die ursprünglichen Informationen wirken zwar auf beide ein, jeder Mensch macht daraus aber etwas anderes: Jeder lebt in einem anderen Umfeld, zieht aus seinen Erfahrungen seine eigenen Schlüsse und entwickelt sich daher unterschiedlich.

Ein simples Beispiel zur Veranschaulichung: Zwei Kinder, die in etwa die gleiche Grundbegabung für das Spielen eines

Instrumentes haben, wachsen völlig unterschiedlich auf, indem eines von beiden musikalische Eltern hat und zufällig auch noch solche, die sich den Unterricht für ihren Sprössling leisten können. Wenn das andere hingegen in ärmliche Verhältnisse oder in eine Familie hineingeboren wurde, wo man der Erlernung eines Musikinstrumentes keine besondere Bedeutung beimisst, ist der Unterschied in der Entwicklung schnell auf den Punkt gebracht: Im Normalfall wird nur das erste Kind die durch seinen Namen vorhandene Begabung ausleben können, doch das andere wird sein Talent vielleicht niemals erkennen.

Was sagt die Wissenschaft?

Es gibt keinen wissenschaftlichen Beweis für das Funktionieren dieser Methode.

Der erste Praxistest

PAMELA OBERMAIER BEI SUSANNE HEINDL

Ich bekomme die numerologische Ausarbeitung meines Geburtsnamens (und ich habe drei Vornamen!) schriftlich verfasst. Beim ersten Drüberlesen fällt mir auf, dass ich gleichermaßen neugierig wie skeptisch bin. Was also sollen meine vier Namen mir mit auf den Lebensweg gegeben haben, was davon werde ich tatsächlich in meiner Persönlichkeitsstruktur oder meinem bisherigen Leben wiedererkennen?

Meine Namen verraten, so lese ich, dass ich durch das Meistern von Extremsituationen meinen Charakter stärken und somit Kraft für mein Leben schöpfen kann. Das passt zu mir, ja – aber trifft das nicht grundsätzlich auf jeden zu, denn wer hat nicht schon schwierige Lebensphasen bewältigen müssen, und wollen wir nicht alle stärker aus einer solchen Phase hervorgehen, damit sie nachträglich einen Sinn ergibt?

Ich bin noch nicht überzeugt, lese aber weiter, und komme sogleich zu meinem numerologischen Lebensziel: Neues schaffen, Reformen tätigen, Trends bestimmen. „Der Sinn Ihres Lebens liegt darin, Flexibilität und Unabhängigkeit von anderen Leuten zu erlangen. Immer wieder erleben Sie Umbrüche, Aufbrüche, Veränderungen, die oft sehr plötzlich kommen. Oder aber Sie werden selbst zur „Revoluzzerin", die Umstürze in ihrer Umgebung einleitet. Eine andere Auslebensform dieser Energie sind Reisen – es kann also zu Ihrem Lebensziel werden, viel zu reisen, um immer wieder Neues erleben zu können." 100 Punkte! Reisen ist meine große Leidenschaft, denn nirgends und nie sonst fühle ich mich mir selbst näher, dem Leben und einer höheren Macht verbundener, niemals kann ich besser im Hier und Jetzt sein als während meiner Reisen. Der Skeptiker auf meiner rechten Schulter schreit mir allerdings sogleich ins Ohr: „Na ja, aber sehr viele Menschen lieben das Reisen – das ist jetzt auch noch nicht gänzlich speziell, oder?" Also lese ich wissbegierig weiter. Und da steht, mein Lebensweg sei gekennzeichnet vom Interesse an Entdeckungen: „Sie sind stets neugierig, möchten Ihre Umgebung prüfen. Gerne analysieren Sie alles rund um Sie bis ins kleinste Detail, tragen zur Aufklärung ungelöster Rätsel bei oder erfinden dank Ihres Forscherdrangs praktische Dinge." Ich finde, jetzt wird es langsam speziell, und ja, das ist etwas, das Menschen, die mich gut und lange kennen, genauso über mich erzählen könnten. Bin also schon mal beeindruckt! Nun kommt gleich eine Feststellung, die natürlich schmeichelt: „Ihre innere Bestimmung ist, eine herausragende Persönlichkeit zu sein." Wer würde das nicht gern über sich selbst hören? Aber ist das nicht auch irgendwie jeder, weil jeder Mensch einzigartig ist? Im nächsten Satz steckt eine Wahrheit über mich, über die ich richtig schmunzeln muss: „Oft tragen Sie in Gedanken innere Kämpfe aus. Doch wenn Sie Überblick in Ihre Gedanken gebracht haben, drängt es Sie danach, das Gedachte zu realisieren. Haben Sie gedanklich eine Entscheidung gefällt, soll sie so schnell wie möglich tatkräftig umgesetzt werden. Die Öffentlichkeit soll wissen, was und wie Sie denken.“ Tja, nachdem ich hier gerade an einem Buch schreibe, ist das wohl kaum abzustreiten ...

Das nächste klingt wie ein Dienstzeugnis, das durchaus einer meiner ehemaligen Arbeitgeber über mich verfasst haben könnte: „Man kann sich auf Sie verlassen, Sie erledigen alle Arbeiten zuverlässig und diszipliniert. Es besteht eine Neigung zur Überarbeitung, da Sie in Ihrer Vorbildlichkeit und Selbstdisziplin, aber ebenso durch Ihr Verständnis für Ihre Mitmenschen oft nicht ‚Nein‘ sagen können.“ Da hab ich nichts zu meckern. Das passt wirklich zu mir. Und es scheint mir nichts zu sein, das sich auf jede beliebige Person umlegen ließe. Ich finde die Numerologie jedenfalls augenblicklich spannend und einer eingehenderen Beschäftigung wert. Aber das war noch nicht alles. Ich lese gespannt weiter, merke, wie ich mehr und mehr in die Materie (also mein eigenes Charakterprofil) eintauche. Jetzt geht es ans Eingemachte: „In Ihrem Namen wirkt viermal der Vokal A. Das A an sich bedeutet eine große Kraft. Sie setzen sich aktiv und engagiert für Ihre Prinzipien ein, handeln eigenverantwortlich. Das oftmalige Vorhandensein des A kann allerdings die beschriebenen Eigenschaften ins Extreme verkehren. Es kann daher sein, dass Sie im Ruf stehen, zu impulsiv zu sein.“ Ja, was soll ich sagen? Impulsivität gehört auch zu meinen Eigenschaften. Nicht rühmlich, nichts, was man sich an die eigenen Fahnen heften möchte. Aber ich habe noch einen zweiten häufigen Buchstaben in meinem Namen: „Das E ist insgesamt fünfmal vorhanden: Es steht für liebende, heilsame Einflüsse, für Sensibilität, Großzügigkeit und für Menschen, die anderen gerne helfen sowie für Personen, denen die Suche nach dem Sinn des Lebens wichtig ist.“ Hm, das gefällt mir natürlich schon besser. Es geht jetzt noch darum, dass die Zahlen einen Überblick über mein bisheriges Leben verschaffen können: „In Ihrer Kindheit und Jugend entwickelten Sie eine große Sensitivität, Sie spürten sofort, wie andere Menschen sich fühlen. Diese Fähigkeit, sich in die Mitmenschen einfühlen zu können, ist oft recht verwirrend. Vor allem als Kind konnten Sie sich noch nicht von den Gefühlen anderer abgrenzen und wussten dann oft nicht, warum Sie plötzlich traurig oder wütend waren. Erst mit der Zeit erkannten Sie, dass Sie von den Gefühlen anderer beeinflusst wurden und diese übernahmen, ohne es zu wollen. Möglicherweise hatten Sie auch schon früh Interesse an Grenzwissenschaften. Ihre große Intuition kann auch künstlerische Tätigkeiten hervorgerufen haben. Als Jugendliche mögen Sie erkannt haben, dass Sie durch Ihre seelischen Kräfte andere Menschen beeinflussen und ihnen somit ein Begleiter in seelischen Notlagen sein können." Na da bin ich jetzt aber sprachlos. Das klingt, als würde jemand, der mich in meiner Kindheit begleitet hat, etwas über mich erzählen. Wirklich erstaunlich! Aber nirgends steht, dass ich recht unordentlich war und wildfremden Menschen auf der Straße an den Kopf geworfen habe, sie mögen sich schämen, weil sie Pelz tragen – solche Details wären natürlich noch viel spezifischer ...

Ob das, was die Numerologie über meine Reifejahre beschreibt, genauso eintreten wird, bleibt ohnehin abzuwarten.

Alles in allem kann ich mir gut vorstellen, dass Menschen, die sich noch nicht intensiv mit sich selbst auseinandergesetzt haben, wirklich viel in den Buchstaben und Zahlen ihres Namens über sich erfahren können, was ihnen helfen könnte, Entscheidungen zu treffen oder einen Wegweiser zu erhalten, wenn es um das Erkennen und Kennenlernen der eigenen Seele geht. Einen Versuch ist es allemal wert!

Der zweite Praxistest

PAMELA OBERMAIER BEI MARIANNE KOWARZ

Diesmal lasse ich von Marianne Kowarz auf der Grundlage meines genauen Geburtsdatums ein Numeroskop erstellen. Es erinnert mich von seiner Form stark an ein Horoskop, ist es doch auch als Radix dargestellt. Ich entspreche laut dieses Numeroskops dem Typ 39/12/3, was bedeutet, dass durch meine Bereitschaft und Offenheit, Neues zu- und Überholtes loszulassen, meine Kreativität und Neugier auf das Leben genährt wird. Ich weiß laut der Zahlen genau, was ich will und stecke mir daher konkrete Ziele, heißt es weiter. Erwachsen werde ich mit 39 Jahren (ein klein wenig Zeit hab ich also noch für Kindereien) und einen Typwandel vollziehe ich erst mit 78 Jahren, schildert Frau Kowarz. „Numerologisch erwachsen werden bedeutet, dass man mit diesem Alter seinen Typ erreicht hat, nicht, dass man vorher nicht selbstständig gelebt hätte oder ein Kind geblieben wäre. Ab dem Erwachsenenalter macht sich im Leben eine sich wiederholende Rhythmik bemerkbar: Es gibt sogenannte ‚Können'-, ‚Dürfen'- und ‚Müssen'-Jahre. Die ‚Können'-Jahre sind die einfachsten – oft kommt es einem vor, dass alles, was man anpackt, fast mühelos gelingt, auch ‚Lebensfehler' kann man sich praktisch ungestraft erlauben. Die ‚Dürfen'-Jahre sind Jahre, in denen man Begonnenes zu Ende führen darf, aber das Schicksal macht sich schon bemerkbar, es ‚zieht die Zügel an'. Und die ‚Müssen'-Jahre sind die Konsequenz der bisher gelebten Jahre – in ihnen macht sich das Ursache- und Wirkungsprinzip sofort bemerkbar!" Ich bekomme eine Liste, welche Jahre wann auf mich warten.

„Ihre Persönlichkeitsentwicklung hängt immer eng mit Ihren zwischenmenschlichen Beziehungen zusammen!", erklärt Frau Kowarz mir etwas über mich, das ich tatsächlich genau so bestätigen kann: Durch Menschen, die mir in meinem Leben nahestehen oder nahekommen, habe ich mich tatsächlich schon mehrmals stark gewandelt und verändert. Ob das eine Aussage sein könnte, die auf jedermann zutrifft, wage ich anzuzweifeln, weil ich viele Leute kenne, die sich unabhängiger und vor allem unbeeinflusster von zwischenmenschlichen Beziehungen durchs eigene Leben bewegen und deren Entwicklung von anderen Faktoren abhängt. „Die wichtigen Menschen in Ihrem Umfeld geben Ihnen Halt in schwierigen

Phasen", erzählt die Lebens- und Sozialberaterin weiter, und auch das kann ich unterschreiben, wobei so eine Beschreibung eher zu den allgemeingültigen Fakten zählen dürfte. Weiter im Text über meinen Charakter: „Struktur, persönliche Grenzen, Achtsamkeit mit Ihnen selbst und rechtzeitiges Loslassen spielen im Berufsleben eine bedeutende Rolle. Hier haben Sie die Verantwortung dafür, das zu tun, was Ihnen Freude, Leichtigkeit und Lebensqualität bringt. Ihr Beruf hat auch etwas mit Berufung zu tun: Sie sollten immer etwas tun, das mit Ihren Werten und Ihrem Verständnis von Sinnhaftigkeit in Einklang zu bringen ist, denn Sie bringen Ihre gesamte Persönlichkeit, Visionen und Überzeugungen mit ein." Ja, auch hier erkenne ich mich durchaus wieder, obwohl vermutlich den meisten berufstätigen Menschen wichtig ist, womit sie täglich so viel Zeit verbringen. Einen guten Rat bekomme ich noch mit auf meinen weiteren Lebensweg: „Hören Sie auf positives Feedback, machen Sie sich Ihre Stärken bewusst und gehen Sie sanft und geduldig mit sich selbst um!" Das werde ich mir gern zu Herzen nehmen.

Mein Fazit: Besonders interessant fand ich, welche Verbindungen es bei mir gibt, auf welchem Thema welche Ebene liegt und wie alles zusammenhängt. Die Achsen, die im Numeroskop sichtbar waren und was die jeweils eingetragene Ziffer bedeutet, geben mir viel zu denken mit und fühlen sich doch größtenteils stimmig an. Das ist sicherlich ein guter Einstieg, um sich mit sich selbst auseinanderzusetzen!

20. Pendeln – wenn das Unterbewusstsein Kreise zieht

Was ist Pendeln?

Das Pendel stellt einerseits ein Werkzeug der Geomantie und Radiästhesie zum Aufspüren von Kraftorten, Wasseradern und elektromagnetischen Feldern dar, ist andererseits ein mystisches Utensil, mithilfe dessen man bestimmte Antworten und Informationen zu erhalten versucht. Das Pendeln gilt als spirituelle Technik zur Befragung des Unterbewusstseins, das viel mehr Informationen speichert, als dem Menschen klar ist.

Jedes Lebewesen (aber auch Steine und andere Materialien) besitzt ein eigenes individuelles Schwingungsfeld, auf welches das Pendel reagiert. Fragen, Erwartungen, Emotionen oder Zustände lösen ein bestimmtes Gefühl aus, das so fein sein kann, dass es nicht mehr wahrnehmbar ist. Und genau diese minimalen, nicht spürbaren Impulse beeinflussen die zartesten und kleinsten Nerven- und Muskelfasern, deren „Zuckungen" sich bündeln und in genau dem Körperteil zu mikroskopisch kleinen Bewegungen führen, auf dem im auslösenden Moment die Aufmerksamkeit liegt. Selbst bei vermeintlich totaler Entspannung, oder wenn man meint, die Hand mit dem Pendel bewusst vollkommen stillzuhalten, sind die Muskeln immer noch in kaum merklichem Maß aktiv.

Ausgangspunkt beim Pendeln ist in den meisten Fällen eine Ja/Nein-Frage. Welche Bewegung des Pendels welche Antwort repräsentiert, ist individuell verschieden und wird ausgetestet. Etwa so: Man stellt eine Frage, deren Antwort man genau kennt, etwa: „Ist heute Mittwoch?" Die Schwingung, die das Pendel danach ausführt, heißt „Ja" – natürlich nur, wenn tatsächlich Mittwoch ist. Danach wird nach dem gleichen Prinzip das „Nein" festgelegt. Eine andere Möglichkeit wäre zu bitten: „Zeig mir, wie du für ‚Ja' schwingst" und „Zeig mir, wie du für ‚Nein' schwingst".

Am häufigsten steht laut Umfrage bei Pendlern das Hin- und Herbewegen auf einer Linie für „Ja“, das Ziehen eines Kreises für ein „Nein“. Manche Anwender unterscheiden bei der Drehung zwischen einer im und einer gegen den Uhrzeigersinn – die Bedeutung hierfür wird ebenfalls individuell festgelegt. Steht das Instrument still, kann das bedeuten, dass die Frage nicht eindeutig gestellt wurde, die Antwort unklar oder im Unterbewusstsein (noch) nicht vorhanden ist. Reagiert das Pendel auf eine Frage unentschieden, ist vermutlich die Fragestellung nicht korrekt oder der Zeitpunkt falsch gewählt.

Bei dem typischen Pendel handelt es sich um einen zwei bis drei Zentimeter langen kegelförmigen oder rechteckigen Körper aus Kupfer, Messing oder einem Edelstein, der an einer etwa 20 Zentimeter langen Schnur oder dünnen Gliederkette befestigt ist.

Woher kommt es, wie hat es sich entwickelt?

Vor rund 6000 Jahren entstanden Zeichnungen auf Felsen in der nördlichen Sahara, die unter anderem Menschen mit einem Pendel in der Hand darstellen.

Etwa 3000 v. Chr. nutzten Kahunas, Priester schamanisch geprägter Naturreligionen auf Hawaii, dieses Instrument zum Aufspüren guter und schlechter Energien, in der Antike wollte man damit Bodenschätze finden.

Erst ab dem späten Mittelalter haben „hellsichtige Personen“ das Pendel zur Befragung des Schicksals verwendet. In Kriegszeiten wurde es regelmäßig zum Verbleib Angehöriger befragt. Ein berühmtes Beispiel ist der Brunnenbauer Alois Irlmaier (1894–1959), der für seine treffsicheren Aussagen über den Verbleib vermisster Soldaten im Zweiten Weltkrieg bekannt war und darüber hinaus bei der Aufklärung von Verbrechen geholfen haben soll. Im Jahr 1947 wurde er wegen „unbefugter Ausübung der Hellseherei gegen Entgelt“ angeklagt, jedoch aufgrund von Zeugenaussagen und nach einer Demonstration seiner Hellsichtigkeit freigesprochen.

War es früher üblich, pendeln zu lassen, führen heute immer mehr Interessierte diese Maßnahme selbst durch, um sich, unabhängig von Terminen und Uhrzeiten, bei Bedarf jederzeit Antworten auf Fragen abholen zu können.

Was kann es konkret bewirken?

Neben dem Einsatz in der Geomantie und Radiästhesie oder zum Austesten positiver und negativer Energien etwa in Nahrungsmitteln oder bei gesundheitlichen Problemen wird das Pendel im Rahmen diverser mystischer Praktiken verwendet (beispielsweise zur Kontrolle der Aura, für einen Funktionstest der Chakren oder einen weissagenden Blick in die Zukunft).

Besonders häufig nutzen Menschen das Pendel im Alltag als Entscheidungshilfe, etwa wenn sie wissen möchten, ob der gewählte Partner „der Richtige“ ist oder ob man einen Jobwechsel riskieren soll. Aber Achtung: In dieser Rolle stellt das Pendel kein wahrsagendes Instrument dar! Die Fragestellung kann also beispielsweise nicht lauten: „Wird mich dieser Mann/diese Frau glücklich machen?“, sondern: „Passt dieser Mann/diese Frau (jetzt) zu mir?“ Das Pendel kann als Indikator des menschlichen Unterbewusstseins nur die gegenwärtige Situation „abchecken“ und die Antwort geben, die man, noch verborgen, bereits als Intuition in sich trägt.

Auch einige Alternativmediziner bedienen sich bereits der Kunst des Pendelns, um ihren Patienten die richtigen Medikamente beziehungsweise homöopathischen Mittel zu verschreiben oder Therapien zu verordnen.

Darüber hinaus wird das Pendel (wie auch die Wünschelrute) mittlerweile sogar beim Straßen- und Hausbau eingesetzt.

Was kann es nicht, wo liegen seine Grenzen?

Das Pendel kann einem Menschen nicht jegliche Entscheidung im Leben abnehmen – man sollte es nur verwenden, wenn man wirklich nicht mehr weiter weiß, dabei jedoch stets darauf achten, sich nicht abhängig von den schwingenden und kreisenden Bewegungen machen zu lassen. Zudem ist das Pendel nicht in der Lage, konkret die weit entfernte Zukunft vorauszusagen. Fragen wie „Werde ich in zehn Jahren einen besseren Job haben als jetzt?" sind also sinnlos, weil das eigene Unterbewusstsein davon ja schließlich auch keine Ahnung hat.

Was sagen seine Anwender?

Seriöse spirituell Arbeitende ermutigen ihre Klienten, selbst mit dem Pendel zu arbeiten – entweder in ihrem Beisein oder nach einer Einweisung zu Hause. Im Idealfall besitzt jeder, der regelmäßig um Antwort bittet, ein eigenes Instrument – nur so können eine enge Bindung und ein persönlicher Bezug entstehen. Vor dem Kauf sollte jedoch festgestellt werden, dass das Pendel auf Fragen reagiert. Findet keine Interaktion statt, könnte es daran liegen, dass das gewählte Instrument nicht für die betreffende Person geeignet oder energetisch verunreinigt ist – man sollte sich dann für ein anderes entscheiden.

Wer den Kontakt zwischen Geist und Materie intensivieren möchte, stellt sein Pendel selbst her oder lässt es in seinem Beisein von einem Profi aus Holz schnitzen, aus Stein hauen oder aus Metall formen, wobei man bereits während dieser Prozedur auf feinstofflicher Ebene ein unsichtbares Band zu dem Gegenstand knüpfen kann.

Anleitung zum Pendeln

Zuallererst wird eine ruhige, entspannte Atmosphäre geschaffen, in der man sich wohlfühlt. Dann nimmt man die Schnur oder Kette des Pendels ganz ruhig zwischen Daumen und Zeigefinger derjenigen Hand, die intuitiv richtig dafür scheint (das ist bei Rechtshändern meist die rechte, bei Linkshändern die linke). Der daran befestigte Körper hängt dabei senkrecht nach unten und sollte in dieser Phase keinerlei (nicht einmal die kleinste) Bewegung ausführen. Anfänglich kann es helfen, den Ellenbogen auf einer festen Unterlage abzustützen. Im Stehen streckt man den Arm gerade oder leicht angewinkelt nach vorne. Danach kann bereits die erste Frage gestellt werden.

Es sollte dabei unbedingt beachtet werden, dass das Pendel durch das Bewusstsein sehr leicht zu beeinflussen ist. Wenn man sich etwa sehnlichst ein „Ja“ wünscht, was beispielsweise mit einer Drehung angezeigt wird, dann wird der Körper diese Bewegung auch unmerklich ausführen, die sich sofort auf das sensible Instrument überträgt. Man sollte daher, so gut es geht, an keine mögliche oder gar erwünschte Antwort oder Reaktion des Pendels denken – die geistige Aufmerksamkeit liegt ausschließlich auf der Frage, die visuelle beispielsweise auf irgendeinem Punkt im „Nichts“ (oder man schließt kurz die Augen, während man sich auf das konzentriert, was man wissen will).

Was sagt die Wissenschaft?

Die Wissenschaft erklärt die Funktion des Pendels über die biochemisch-elektrischen Prozesse, die über die Hand in das Medium und damit nach außen transportiert werden. Zusätzlich sprechen die Forscher vom Carpenter-Effekt (auch ideomotorischer Effekt), der besagt, dass das eingebildete Sehen oder (un)bewusste Denken an eine bestimmte Bewegung die Tendenz zur Ausführung ebendieser auslöst. So genüge es, wenn bei der ausführenden Person der (un)bewusste Wunsch bestehe, das Pendel möge so oder so reagieren, oder wenn sie glaube, das Schwingen oder Drehen im Ansatz bereits wahrzunehmen – dadurch würden unmerklich kleine Muskelbewegungen das Pendel tatsächlich in Gang setzen.

Der Praxistest

GABRIELE HASMANN BEI MAGGIE BÖHMER

Ich befinde mich bei Maggie Böhmer, die mir zeigen möchte, wie man richtig pendelt und welche Antworten ich mithilfe dieser Technik erhalten kann.

Zuerst einmal darf ich mir ein „Arbeitsgerät" aussuchen und entscheide mich für einen Kegel aus Rosenquarz, da er mich spontan am meisten anspricht. Nach einem Test, ob und wie er auf mich reagiert, steht fest, dass mein Pendel „Nein" meint, wenn es an der Kette hin- und herschwingt, und bei „Ja" einen Kreis zieht.

Ich soll mich jetzt aufrecht mit einer gewissen Körperspannung hinstellen (Maggie erklärt, dass so die Energie am besten fließen kann – sitzen sollte man nur, wenn man den Arm abstützen muss) und so lange warten, bis das Pendel komplett ruhig hängt. Das gelingt schnell, da ich weder von Natur aus zappelig noch in diesem Moment unruhig und daher zittrig bin. Anschließend darf ich bereits meine Frage stellen, laut oder lautlos, wie es mir beliebt. Ich entscheide mich dafür, telepathisch mit dem Instrument zu kommunizieren, und möchte wissen, ob mein nächstes Buch, also dieses hier, ein Bestseller wird. Das Pendel bewegt sich keinen Millimeter nach vorne oder zurück und schon gar nicht im Kreis. Nach längerem Warten schaut mich Maggie irritiert an und will wissen, ob ich schon gefragt hätte. Ich bejahe und wiederhole laut, was ich erfahren wollte. „Du musst viel präziser formulieren", werde ich belehrt,

„vor allem hast du keine konkrete Zeitangabe genannt." Okay, also noch einmal. Wird sich mein nächstes Buch innerhalb des ersten Jahres nach Erscheinen gut verkaufen? Das geht auch nicht, glaub ich, denn was heißt schon „gut"? Ich hätte nicht gedacht, dass es so kompliziert wird. Maggie neben mir grinst, da sie meinen inneren Monolog und den darin mitschwingenden beginnenden Unmut zu erahnen scheint. „Und frag nur", unterbricht sie meine Überlegungen, „was du theoretisch schon wissen könntest oder zumindest ahnst." Wozu brauch ich dann das Pendel, überlege ich. „Sei akribisch genau und bring auch konkrete Verkaufszahlen ins Spiel!", rät Maggie. Okay, also: Ist das im kommenden Herbst erscheinende Werk, das zur Hälfte aus meiner Feder stammt, so gut geschrieben, dass es mindestens 5.000 Menschen innerhalb des ersten Jahres nach Erscheinen kaufen werden? Präziser geht's nicht! Und endlich, das Pendel setzt sich in Bewegung, und ... super, es dreht sich! Na bitte, geht doch!

Da mir mittlerweile mein eigener Arm zu schwer ist, beschließe ich, mein Unterbewusstsein nicht zu überstrapazieren und lege mein „Arbeitsgerät" zur Seite, nicht ohne mich bei ihm für seine Dienste als Vermittler zu bedanken.

Mein Fazit: Ich bin überrascht, wie klar das Pendel in der Bewegung und ebenso im Stillstand ist. Entweder es tut sich gar nichts oder es kreist beziehungsweise schwingt wie wild hin und her – ob dafür ausschließlich unmerkliche Muskelzuckungen in den Fingern (beeinflusst vom Wunsch nach der Antwort „Ja" oder „Nein") verantwortlich sind oder tatsächlich das Unterbewusstsein feinstoffliche Signale an das feststoffliche Instrument sendet, das dann als Übersetzer fungiert, weiß ich nicht.

Wer sich in manchen Fragen die Entscheidung mithilfe eines Pendels erleichtern will oder damit gerne einen Blick in die von sich selbst bereits erahnte nahe Zukunft werfen möchte, hat nichts zu verlieren. Ein solcher Gegenstand kostet nicht viel, der Aufwand beim Befragen ist nicht groß und die

Technik ist darüber hinaus jederzeit und überall anwendbar. Praktischer geht es kaum. Man sollte nur darauf achten, nicht denkfaul zu werden und jede Frage, die man hat, an das Pendel zu delegieren.

21. Reiki – die universelle Lebensenergie nutzen

Was ist Reiki?

„Reiki" ist ein japanisches Kunstwort, das von Mikao Usui aus den beiden Wörtern *rei*, was so viel wie „Geist" oder „Seele" bedeutet, und *ki*, was übersetzt „Lebensenergie" heißt, kreiert wurde und „universelle Lebensenergie" meint, die in allem Lebendigen vorhanden ist. Im allgemeinen Sprachgebrauch bezeichnet das Wort „Reiki" einerseits diese Lebensenergie, aber auch die Behandlung mit ihr und durch sie: Reiki ist also eine Technik, mit der die universale Lebensenergie übertragen werden kann und fällt damit unter die Rubrik „Energiearbeit". Es wirkt ganzheitlich, sowohl auf der körperlichen als auch auf der geistigen und seelischen Ebene. Durch das Auflegen der Hände und eine spezielle Symbolarbeit wird positiver Einfluss auf das Wohlbefinden des Klienten – oder auf das eigene, denn Reiki kann man auch an sich selbst anwenden – genommen.

Reiki wird nach unterschiedlichen Systemen gelehrt. So gibt es im Ursprungsland Japan aufgrund des dortigen kulturellen und religiösen Hintergrundes eine etwas andere Sicht- und Herangehensweise als bei uns im Westen. Der wesentliche Unterschied liegt darin, dass das Erreichen körperlicher und geistiger Gesundheit dort lediglich so etwas wie ein Zwischenziel bilden soll und das eigentliche Hauptziel die Erleuchtung ist.

Die Ausbildung erfolgt in aufeinander aufbauenden Stufen, die von Praktizierenden „Grade“ genannt werden. Jede Ausbildungsstufe beginnt mit einer sogenannten Einweihung. Darunter versteht man ein Ritual, mit dem ein Reiki-Lehrer seinen Schüler befähigt, die universelle Lebensenergie weiterzugeben oder die Reiki-Symbole zu gebrauchen.

Anwender sehen sich als Kanal für die Energie, und dieser Kanal muss durch eine Einweihung vonseiten des Lehrers geöffnet werden.

Traditionell gibt es bis zur Lehrerausbildung drei bis vier Grade

- Erster Grad (Shoden): Öffnung des Reiki-Kanals, Übermittlung des Anfangs
- Zweiter Grad (Okuden): Einführung der Reiki-Symbole, Übermittlung der Tiefe
- Dritter Grad (Shinpiden/Meistergrad): Einweihung auf das Meistersymbol, Übermittlung der Mystik
- Vierter Grad (Lehrergrad): befähigt dazu, andere einzuweihen

Jeder Grad ist in sich abgeschlossen, und schon mit der Erreichung des ersten Grades ist man befähigt, bei sich selbst und anderen die Reiki-Energie durch Handauflegen zu übertragen. Ursprünglich wurden der Meister- und der Lehrergrad zusammen erworben, was manche Lehrer auch immer noch so handhaben.

Woher kommt es, wer hat es entwickelt?

Über die Geschichte von Reiki gibt es mehrere Legenden und Mythen, und was davon der Wirklichkeit entspricht, ist nicht immer leicht nachzuvollziehen.

Landläufig wird Mikao Usui als Begründer dieser energetischen Methode genannt, dessen Lebensgeschichte auf einem Gedenkstein neben seinem Grab verzeichnet ist. Demnach wurde Usui 1865 im japanischen Taniai Mura geboren. Er lebte in sehr ärmlichen Verhältnissen, reiste als Erwachsener in seiner Funktion als Sekretär eines Politikers umher und studierte in Europa, den USA und China. Er war in unterschiedlichen Berufen tätig: als Beamter, Journalist, Erzieher für Strafgefangene und Missionar. Usui beschäftigte sich zudem mit Medizin, Geschichte, dem Buddhismus sowie dem Christentum, der Psychologie, Wahrsagerei und Physiognomik. All das führte ihn schließlich – wie könnte es anders sein – zur Frage nach dem Sinn unseres menschlichen Lebens. Seine persönliche Antwort war eines Tages: Das Leben zielt letztendlich darauf ab, ein Urvertrauen ins Universum herzustellen und eine Ruhe der Seele zu gewinnen, die so unerschütterlich ist, dass der Mensch den vollkommenden Geistesfrieden erlangen kann. Nach dieser Erkenntnis erlernte er den Zen-Buddhismus und lebte mehrere Jahre lang asketisch, doch den inneren Frieden konnte er trotzdem nicht gewinnen, weshalb er seinen Meister bat, ihm zu sagen, wie er Erleuchtung erlangen könne. Dieser meinte daraufhin: „Nun, vielleicht solltest du den Tod erleben!“ So kam es, dass er sich 1922 auf den Berg Kuriyama bei Kyoto begab, um sich dort mit Fasten und Meditieren auf seinen Tod vorzubereiten. Nach 21 Tagen spürte er plötzlich einen Schlag auf seinen Kopf, fiel in Ohnmacht, erwachte wenige Stunden später bei Sonnenaufgang und fühlte sich frisch wie nie zuvor – wie neugeboren sozusagen – und sein erster Gedanke soll gewesen sein: „Das Universum ist ich und ich bin das Universum!“

Als er glücklich wie nie den Berg hinunterstieg, stolperte

er, riss sich dabei einen Zehennagel ab und legte unwillkürlich seine Hand auf die schmerzende Wunde. Er war erstaunt, als der Schmerz augenblicklich verschwand und die Wunde geheilt war, rannte daraufhin zurück zu seinem Zen-Meister, ließ sich von ihm seine gewonnene Erleuchtung bestätigen und ging in die Welt hinaus, um andere Menschen zu heilen und zur Erleuchtung zu führen. Zu Beginn versuchte er sich allerdings nur an sich selbst, probierte in einem nächsten Schritt an seiner Familie und entwickelte schließlich eine Methode, um seine Fähigkeit auf andere Personen zu übertragen. Er gab ihr auch einen Namen: Shin-Shin Kai-Zenn Usui Reiki Ryo-Ho, was ins Deutsche übersetzt „die Usui-Behandlungsmethode zur Verbesserung von Körper und Geist" bedeutet. Usui gründete ein Institut, an dem er Reiki unterrichtete und Reiki-Behandlungen gab, reiste dann durch ganz Japan und wurde ein bekannter Heiler. Auf einer seiner Reisen erkrankte er und starb im Jahre 1926 ganz plötzlich im Alter von 60 Jahren.

Mikao Usui sah als Ziel der Reiki-Methode nicht nur, Krankheiten zu heilen und Menschen zu behandeln, sondern eine Erweiterung des Bewusstseins und spirituelle Entwicklung, um die Gesundheit von Seele und Körper zu erhalten und das wahrhaftige Glück im Leben zu finden. Aus diesem Grund lehrte er Gokai, die „fünf Lebensregeln", welche für ihn eine wertvolle Methode zur Glücksfindung und ein Allheilmittel gegen alle Erkrankungen darstellten.

Seinen Schülern empfahl er, diese Lebensregeln täglich morgens und abends zu rezitieren und sie in die Tat umzusetzen:

- Nur für heute sorge dich nicht.
- Nur für heute ärgere dich nicht.
- Ehre deine Lehrer, Eltern, Nachbarn und Freunde.
- Sei dankbar für alles Lebendige.
- Verdiene deinen Lebensunterhalt ehrlich.

Usui übte Reiki etwa vier Jahre lang aus und hatte rund 2.000 Schüler, wovon er 21 zu Meistern ausgebildet haben soll. Auch Chujiro Hayashi (1879–1940) war darunter. Er war Marinearzt und Hauptmann und wurde von Usui ermutigt, weiterzuforschen und seine medizinischen Kenntnisse in die Methode einzubringen. So kam es, dass Dr. Hayashi in Tokyo eine Praxis eröffnete, in der auch er behandelte, lehrte und Schüler zu Meistern ausbildete. Doch während des Zweiten Weltkrieges wurde die östliche Medizin von den Amerikanern verboten, weshalb Reiki nur mehr im japanischen Untergrund praktiziert wurde. 1931 kam Hawayo Takata (1900–1980), eine schwer kranke Frau aus Hawaii, nach Japan, um sich einen Tumor entfernen zu lassen, war jedoch zu schwach für die Operation. Daraufhin wurde sie in der Hayashi-Reiki-Klinik behandelt, wo acht Monate später ihre vollständige Genesung attestiert wurde. Nach ihrer Heilung arbeitete und lernte sie bei Dr. Hayashi und wurde 1938 von ihm zur Meisterin eingeweiht. Takata widmete den Rest ihres Lebens dieser Energiearbeit und begann schließlich selbst, Meister auszubilden – darunter auch ihre Enkelin Phyllis Lei Furumoto, die 1981 die Großmeisterin der neu gegründeten „Reiki Alliance“ wurde. Durch Meisterinnen wie sie wurde Reiki schließlich in den Westen gebracht, wodurch es sich überall auf der Welt verbreiten konnte.

Was kann es konkret bewirken?

Reiki kann Sorgen, Ängste, Leid und Schmerz lösen – alles Gefühle, die sich im Laufe der Zeit angesammelt haben. Das Fließen der Reiki-Energie bewirkt, dass Körper, Geist und Seele in Einklang miteinander kommen. Rein intuitiv, ohne groß darüber nachzudenken, halten wir uns doch schon als Kind den Bauch, wenn er wehtut, oder führen die Hand zum Ohr, wenn wir Ohrenschmerzen haben; auch als

Erwachsene halten wir die Hände übers Knie, wenn uns dieses Beschwerden verursacht oder als Frau den Unterleib, wenn wir Menstruationsschmerzen erleiden – oder auch schützend, wenn wir ein Kind austragen. Das zeigt, wie automatisch es geschieht, seine Hände auf eine schmerzende oder schützenswerte Körperstelle zu legen, um allein durch die Körperwärme und die vorhandene Energie, die durch unsere Handflächen fließt, Linderung zu erreichen. Mit den geöffneten Kanälen, durch die die universelle Lebensenergie Reiki fließt, wird diese angenehme Wirkung noch verstärkt.

Neben dem Lindern von körperlichen Beschwerden kann Reiki das gesamte Energiesystem harmonisieren, die Leistungsfähigkeit steigern, Blockaden lösen, Stress abbauen, einen emotionalen Ausgleich erreichen, die Konzentration steigern, den Stoffwechsel anregen und die Immunabwehr stärken.

Eine Reiki-Behandlung erfolgt üblicherweise durch den direkten Kontakt der Hände auf den eigenen oder den Körper des Klienten. Einige Behandler bevorzugen es allerdings, die Hände nicht aufzulegen, sondern sie wenige Zentimeter über dem Körper zu halten.

Chujiro Hayashi hat zwölf Handpositionen für eine Vollbehandlung entwickelt, die nach den Bedürfnissen des zu Behandelnden ergänzt werden können. Außerdem kann der Behandler sie seiner Intuition und Erfahrung entsprechend verändern. Zudem gibt es ein System von Positionen für eine Kurzbehandlung, die auch im Sitzen durchgeführt werden kann sowie den sogenannten Chakren-Ausgleich oder die beliebte Notfall-Behandlung: Diese Sofortmaßnahme, die in akuten Fällen wie bei Insektenstichen, Unfällen, Schürf-, Brand- oder Schnittwunden genauso angewendet wird wie bei Verdacht auf Herzinfarkt oder bei einem Schock, hilft während der Wartezeit auf den Arzt, alle Anwesenden zu beruhigen und fungiert als energetische Erste-Hilfe-Behandlung. Reiki ist außerdem gut in Verbindung mit anderen alternativen, aber auch mit konventionellen Heilmethoden anwend- und kombinierbar.

Die früher üblichen Standard-Positionen sind inzwischen überholt, weil die meisten Reiki-Lehrer das punktgenaue Handauflegen auf bestimmten Körperstellen für weit weniger wichtig halten, als sich durch die eigene Intuition leiten zu lassen, jene Plätze zu finden, an denen der Klient die Lebensenergie am angenehmsten finden und am stärksten brauchen könnte. Die Positionen, die durch Meister unterrichtet werden, sollen demnach lediglich ein Gerüst darstellen und einen Leitfaden bieten, aber fast alle Lehrenden unterrichten ohnehin ihre eigenen Abläufe oder weisen darauf hin, dass die Einhaltung der ursprünglichen Reiki-Positionen am Körper zweitrangig ist.

Es gibt praktisch keinen Bereich, worauf Reiki keine positive Wirkung ausüben würde: Selbst alltägliche Sorgen, bei denen man Hilfe durch Reiki nicht vermuten würde, lösen sich auf mystische und wundersame Weise in Luft auf, wie man immer wieder von regelmäßigen Anwendern hört. So zieht schon mal der unangenehme Nachbar unverhofft woanders hin, die mobbende Kollegin wechselt den Job oder man findet nach schier ewiger Suche endlich das passende Haus für sich, obwohl man schon nicht mehr daran geglaubt hat. Wer nicht von einem Behandler abhängig ist, sondern die Einweihung bekommen hat und Reiki regelmäßig an sich selbst ausübt, erzählt von einer bleibenden Ausgeglichenheit, davon, dass er gut und tief schlafen kann oder eine 20-minütige Reiki-Selbstbehandlung so erholsam ist wie ein langer Mittagsschlaf. Auch Entscheidungen können leichter getroffen werden, weil man die Dinge klarer sieht.

Reiki ist nicht nur für die Therapie von Menschen geeignet: auch die meisten Tiere genießen eine Reiki-Anwendung. Positive Veränderungen bei Krankheit oder Verstörung zeichnen sich oft sogar wesentlich schneller als bei Menschen ab, was daran liegen könnte, dass sie nicht zweifeln und infrage stellen wie wir Menschen, sondern einfach annehmen und geschehen lassen. So können Verhaltensauffälligkeiten genauso gelindert werden wie Schmerzen oder Unwohlsein.

Was kann es nicht, wo liegen seine Grenzen?

Seriöse Reiki-Praktizierende werden immer darauf hinweisen, dass keine Form der Energiearbeit, also auch Reiki nicht, einen Arzt ersetzen kann, selbst wenn es die medizinische Behandlung durchaus positiv zu ergänzen versteht. Doch Medikamente oder andere verordnete Therapien sollte man keinesfalls weglassen, nur weil man auf Reiki so gut anspricht. Ansonsten gibt es keinerlei Grenzen, wo Reiki nicht guten Einfluss auf unser Leben nehmen kann.

Was sagen seine Anwender?

Reiki-Meisterin und -Lehrerin Christine Dreu erinnert sich: „Ich hatte früher angenommen, Reiki sei so wie viele andere asiatische Energiearbeiten ein Mittel zum Zweck, um Erleuchtung zu erlangen. Wie aber aus neuesten Erkenntnissen hervorgeht, handelt es sich bei Reiki vorwiegend um eine Technik zur Erreichung einer körperlichen, seelischen und geistigen Gesundheit. Anfangs stand überhaupt nur das physische Gesundbleiben und -werden im Vordergrund, bis Usui die fünf Lebensregeln einbaute, um seine Behandlungen wirkungsvoller und nachhaltiger zu machen.“ Reiki ist außerdem keine Glaubenseinstellung und steht damit in keinerlei Widerspruch zu Religion oder meditativen Praktiken, da es eine von Glaubensrichtungen unabhängige Lehre darstellt.

Reiki-Praktizierende gehen übrigens davon aus, dass sie – im Gegensatz zu anderen Formen der Energiearbeit – nicht mit ihrer eigenen Energie arbeiten. Nach der Einweihung durch einen Lehrer sehen sie sich als Kanal für die universale Reiki-Energie. Und da sie eben nicht mit ihrer eigenen Energie arbeiten, können sie sich auch selbst behandeln. Neben den bereits erwähnten Tieren sprechen auch Pflanzen gut auf Reiki an. Reiki ist, wie Christine Dreu auf den Punkt bringt, eine besonders alltagstaugliche Methode: „Viele von uns sind auf der Suche nach einer Möglichkeit, die uns aufzeigt, wie wir mit unserem täglichen Leben, mit unseren körperlichen und seelischen Problemen und unserer Umwelt besser umgehen können. Und Reiki ist eine einfache, natürliche und wirksame Praktik, dieses Ziel zu erreichen. Das Schöne dabei ist, dass es niemals schaden kann, da Reiki immer genau dorthin fließt, wo es gerade benötigt wird, um auszugleichen und zu stabilisieren. Jeder Mensch trägt die universelle Lebensenergie in sich – Reiki ist einfach zu lernen und für jede Altersgruppe geeignet. So war meine jüngste Schülerin ein fünfjähriges Mädchen und meine älteste eine 72-jährige Frau."

Was sagt die Wissenschaft?

Wie bei beinahe allen Konzepten, die auf Intuition und Spiritualität basieren, ist es auch für Reiki schwierig, eine wissenschaftliche Beweisführung anzutreten, obgleich es messbare Unterschiede im Energiefeld eines Menschen vor und nach einer Reiki-Übertragung gibt. Doch schon das Energiefeld ist ja etwas, wovon Wissenschaftler sich schwer überzeugen lassen. Das heißt: In Hinblick auf das erfolgreiche Heilen von Krankheiten mittels Reiki konnte bislang keine Wirkung auf rein wissenschaftlicher Basis belegt werden, weil in Studien entweder methodische Schwächen gefunden wurden oder der positive Effekt nicht bewiesen werden konnte. So zeigte sich in einer 2010 durchgeführten Studie mit hundert Fibromyalgie-Patienten – dabei handelt es sich um eine chronische und für unheilbar erklärte Faser-Muskel-Erkrankung –, dass es keinen Unterschied machte, ob die Probanden von einem Reiki-Therapeuten oder einem Schauspieler, der sich als Reiki-Therapeut ausgab, behandelt wurden.

Dazu bleibt allerdings anzumerken, dass das nicht gerade wirklich verwunderlich ist, wenn man bedenkt, dass auch ein Schauspieler ein Mensch ist und die universelle Lebensenergie durch uns alle fließt – mal ganz davon abgesehen, dass keine einzige Methode bei chronischen Krankheiten von heute auf morgen eine grobe messbare Linderung bringt.

Der Praxistest

PAMELA OBERMAIER BEI CHRISTINE DREU

In einem ruhigen, wohlriechenden Raum darf ich mich auf eine Massageliege legen – zunächst auf den Rücken. Christine Dreu überprüft, ob ich angenehm positioniert bin, gibt mir eine Nackenrolle an die richtige Stelle unter die Füße und deckt mich zu. Dann wird es noch stiller und ich nehme die angenehme Musik im Hintergrund wahr. Während ich spüre, dass mir Hände aufgelegt werden – wobei ich nicht sagen könnte, ob sie mich direkt berühren oder über mir „schweben" –, kommen mir unterschiedlichste Gedanken aus meinem Alltag unter. Aber anders als bei meinen regelmäßigen langen Autofahrten stören sie mich diesmal nicht, ich habe auch nicht das Bedürfnis oder den inneren Drang, sie stoppen zu müssen, sondern sie kommen und gehen, und ich kann sie auf schier wundersame Weise ziehen lassen. Das gefällt mir und ist irgendwie erfrischend. Die Positionen der Hände auf meinem Körper verändern sich von Zeit zu Zeit, und da dies ja ein Selbstversuch ist, höre ich mal bewusst in mich hinein, wie es mir geht. Und ich muss sagen: Ich bin angenehm relaxt, wie man heutzutage sagen würde, aber gleichzeitig wohltuend munter und energiegeladen – eine schwer beschreibbare Müdigkeit durchströmt meinen Körper, während ich mich geistig top-fit fühle. Irgendwann kommen auch schöne „Geborgenheitsbilder“ in mir auf: Ich sehe beispielsweise mich selbst mit einem Kind, das wie Harry Potter aussieht. Was hat der denn jetzt hier verloren? Keine Ahnung, aber ich fühle mich tiefenentspannt, und die Vision ist beinahe magisch.

Die Hände von Christine Dreu, die ich nur mehr wie eine gute Fee in der Ferne wahrnehme, sind an manchen Stellen heiß wie eine Wärmflasche. Wirklich erstaunlich! Ich will nicht, dass es aufhört. Zu Beginn, bei den Augen, waren sie angenehm kühl, am Kopf begannen beide Handflächen dann heiß zu werden, wie auch an meinem unteren Rücken, nachdem die Reiki-Therapeutin mich sanft dazu aufgefordert hatte, mich umzudrehen und auf den Bauch zu legen. Auch an Hüfte und Becken empfinde ich die Reiki-Werkzeuge als bemerkenswert warm. Langsam merke ich, dass ich jetzt gern schlafen würde. Doch dann ist es leider zu Ende. Mein Zeitgefühl ist ganz durcheinander: Einerseits hat sich das nach einer schönen kleinen Ewigkeit angefühlt, andererseits war es viel zu kurz – so wie mir jeder Schokoriegel für gewöhnlich zu klein ist, weil er mir so gut schmeckt, oder jeder Urlaub zu schnell vorbei, weil er so glücklich macht. Doch ich zehre noch den restlichen Abend und auch in der Nacht von den Nachwirkungen, denn ich bin selten so schnell „runtergekommen“ von der Hektik des Alltags und schlafe wie ein Baby. Herrlich! Das möchte man sich doch regelmäßig gönnen. Wie praktisch also, dass man Reiki erlernen und sich diese Anwendungen auch selbst geben kann! Das ist doch definitiv eine Überlegung wert!

22. Rückführung – der Aufzug in die Vergangenheit

Was ist eine Rückführung?

Unter Rückführung versteht man die geistige Rückversetzung unter Hypnose in eine frühere Zeit, beispielsweise in die Kindheit (Altersregression). Im Zustand der Trance ist es unter der Anleitung eines Therapeuten möglich, sich bestimmte Szenen aus der Vergangenheit genauer anzuschauen, sie zu bewerten oder sogar noch einmal zu erleben – meist handelt es sich dabei um schwierige Situationen und unbewältigte Erlebnisse (etwa schwarzpädagogische Strafmaßnahmen oder subjektive Empfindungen, zum Beispiel das Gefühl, von den Eltern nicht geliebt worden zu sein), die aufgearbeitet werden sollen, weil sie die betreffende Person in der Gegenwart belasten.

Die Rückführung wird auch in Fällen angewandt, in welchen eine verdrängte Erinnerung an eine sehr unangenehme, möglicherweise sogar traumatische Begebenheit der jüngeren Vergangenheit (wie zum Beispiel ein Raubüberfall) ins Bewusstsein geholt werden soll, damit man neuerlich mit dem Erlebten konfrontiert wird, es verarbeiten und danach abschließen kann. Hier spricht der Experte von einer Schocklöschung, die im Idealfall einen Heilungsprozess in der Seele in Gang setzt. Immer häufiger arbeiten auch Spezialisten im Auftrag der Polizei mit dieser Methode, um Betroffenen den Ablauf eines Verbrechens, oder Details zu den Tätern, genauer zurück ins Gedächtnis zu rufen.

Deutlich abzugrenzen von dieser Altersregression ist die Rückführung unter Hypnose in eine Existenz vor der Geburt (Past Life Regression), bei der von einer Wiedergeburt der Seele ausgegangen wird. Von dieser Art der Rückversetzung verspricht sich die Person, die einen Blick auf ein früheres

Leben (oder mehrere davon) wünscht, Aufschluss über den Ursprung bestimmter Verhaltensmuster sowie die ganzheitlichere Erfassung aller Abläufe im Leben (wenn man etwa bei ständigen Widrigkeiten denkt, man hätte ein „mieses Karma" und könnte das durch diese Rückblende vielleicht ändern, oder die Pechsträhne zumindest begründen). Auch die Beziehungen zu anderen Menschen (karmische Verflechtung/Seelenverwandtschaft, wenn das Gefühl besteht, jemanden schon ewig zu kennen, obwohl man ihn gerade erst kennengelernt hat) sollen durch eine Rückführung anschaulich gemacht werden.

Manche Leute lassen sich aber auch nur aus Neugierde und Profilierungsfreude rückführen – denn wer möchte nicht gerne bei Bekannten damit angeben, einst ein heldenhafter Ritter, der an der Seite eines mächtigen Herrschers in den Krieg zog, ein edles Burgfräulein mit zahlreichen minnesingenden Verehrern vor ihren Gemächern in der stolzen Festung, ein verkanntes wissenschaftliches Genie, das den Grundstein zu einer der wichtigsten Erfindungen der Menschheit legte, eine weise Hexe, die aufgrund ihrer heilenden Kräfte auf dem Scheiterhaufen brennen musste, oder gar ein großer Künstler, der unvergängliche Werke schuf, gewesen zu sein.

Allerdings ist diese Rückführung in eine ehemalige Existenz unter Umständen auch mit einer Therapie für Geist und Körper kombinierbar. Es geht dabei um die Auflösung des miesen Karmas (wobei „Karma" in diesem Zusammenhang eng mit dem hinduistischen und buddhistischen Glauben an Samsara, den Kreislauf der Wiedergeburten, verbunden ist und für die Gültigkeit des Ursache-Wirkungs-Prinzips auf geistiger Ebene über mehrere Lebensspannen hinweg steht). Diese Reinkarnationstherapie sollte nur ein Profi durchführen, und nicht ein Hypnotiseur, der sein Geld nur mit Erzählungen über den Promifaktor der im früheren Dasein existierenden Person verdienen möchte.

Woher kommt sie, wie hat sie sich entwickelt?

Die Geschichte der hypnotischen Regression ist fast so alt wie die Hypnose selbst, die gegen Ende des 18. Jahrhunderts mit Franz Anton Mesmer, der seinen Patienten Magnete auflegte, um sie in Trance zu versetzen, erstmals wissenschaftliche Beachtung erfuhr. Zu Beginn des 19. Jahrhunderts wurde bereits davon berichtet, dass sich Personen unter Hypnose plötzlich in ihre Kindheit zurückversetzt sahen und einige sogar noch weiter zurück in die Vergangenheit reisten, in eine Zeit vor ihrer Geburt, in der sie in einem anderen Körper lebten. Obwohl das Konzept der Reinkarnation in der westlichen Welt und deren Religionen nicht existierte (die wenigsten Menschen wussten damals über den Glauben an die Wiedergeburt im Hinduismus und Buddhismus Bescheid), nahmen sich Forscher aus Mitteleuropa dieses Phänomens an.

Ein Vorläufer der heutigen Rückführungstherapie war der britische Psychiater und Hypnotiseur Alexander Cannon, der in den 1930er-Jahren erstmals aktuelle Probleme im Leben eines Menschen mit in dessen Vergangenheiten liegenden Traumata in Verbindung brachte. Der erste Wissenschaftler, der Personen Bezug nehmend auf diese Theorie auch behandelte, war der Psychiater Denys Kelsey aus Großbritannien – die Methode, die er in den 1970ern dabei anwandte, entsprach immer noch der einer klassischen Hypnose.

In Deutschland gilt der Esoteriker Thorwald Dethlefsen als Pionier der Reinkarnationstherapie.

Von 1966 bis 2005 bewirkten mehrere Veröffentlichungen des in den USA lebenden kanadischen Psychiaters Ian Stevenson, der viele Berichte von Kindern, die über frühere Leben berichteten, untersuchte und dokumentierte, dass die Past Life Regression immer populärer wurde. Heute wird sie sowohl von Personen, die mystische Verfahren praktizieren, als auch von alternativen Therapeuten angeboten.

Was kann sie konkret bewirken?

Rückführungen können intensive seelische Blockaden erkennbar machen.

Es gibt hierbei den Ansatz der Auflösung des miesen Karmas (das gegenwärtige Schicksal kann mit Erkennen des Zusammenhangs zu früher begangenen Fehlern geändert werden), den der Spontanheilung psychischer oder psychosomatischer Leiden (Häufige Atemnot ist etwa mit Mord durch Erwürgen zu erklären – wird diese Situation in der Trance bearbeitet, verschwindet das Problem häufig von ganz alleine) und den der Rückholung eines Seelenanteils (wie sie auch die Schamanen praktizieren).

„Wir müssen von Zeit zu Zeit eine Rast einlegen und warten, bis uns unsere Seelen wieder eingeholt haben", sagt eine Weisheit nordamerikanischer Ureinwohner.

In einigen seltenen Fällen werden Rückführungen zum Zweck der Erinnerung bei vermeintlichen Entführungen durch Außerirdische eingesetzt.

Ziel ist es, durch bestimmte Prozesse die Ursachen der Blockaden zu erkennen, zu harmonisieren und zu neutralisieren. Danach hat die aktuelle Inkarnation Klarheit, Erkenntnisse und Einsichten ins Jetzt gewonnen und kann (un)bewusst anders mit bestimmten Situationen umgehen.

Vorsicht ist geboten bei unsachgemäßer Anwendung der Regression, da es dabei vor allem bei psychisch instabilen oder leicht beeinflussbaren Menschen unter Umständen zu schweren psychischen Problemen kommen kann. Fachlich inkompetente Laienanwender vergessen nämlich oft, dass die Rückführung ein schwerer Eingriff in das Seelenleben eines Menschen darstellt.

Was kann sie nicht, wo liegen ihre Grenzen?

Von einer Rückführung darf man sich in erster Linie gar nichts erwarten, außer die Befriedigung der eigenen Neugierde (wenn es überhaupt funktioniert – denn nicht jedes Versetzen in eine mehr oder weniger weit entfernte Vergangenheit klappt). Eine therapeutische Funktion oder positive Wirkung auf die gegenwärtige Lebenssituation kann das Verfahren haben, muss es aber nicht. Und schon gar nicht ist es mittels Regression möglich, irgendetwas, das irgendwann passiert ist, ungeschehen zu machen.

An dieser Stelle sei erwähnt, dass während der Trance unschöne Erinnerungen auftauchen können, die das Bewusstsein aus gutem Grund ins Unterbewusstsein verfrachtet hat. Darauf sollte man unbedingt gefasst sein und wissen, dass die Kindheit unter Umständen nicht nur toll und ein früheres Leben möglicherweise absolut unglamourös und vielleicht sogar brutal oder erniedrigend gewesen ist, bevor man sich auf die Reise durch die Zeit begibt.

Was sagen ihre Anwender?

Habe ich früher schon einmal gelebt? Wenn ja: War ich Mann oder Frau? Was war meine Aufgabe? Was habe ich erlebt? Wen geliebt? Fragen, die viele Menschen interessieren und faszinieren.

Mithilfe einer spiritistischen Rückführung kann man einerseits erfahren, wie und als welche Person(en) man in einer anderen Zeit gelebt hat und auf welche Art man sein Leben lassen musste, um in einer Zwischendimension zu verweilen, bis man neu inkarniert ist.

Das zumindest behaupten die Personen, die diese Reise in die Vergangenheit im Zuge einer Hypnose anbieten, bei der sie ihre Klienten in Trance versetzen und damit die Türe zur innerseelischen Wirklichkeit öffnen. In diesem Zustand kommt der Verstand zur Ruhe und die Seele kann sich erinnern, wobei verschiedenste Bilder auftauchen und Gefühlszustände hervorgerufen werden können.

„Reinkarnation und Karma bilden einen wundervollen, ganz unvergleichlichen Weltmythos, gegen den wohl jedes andere Dogma kleinlich und borniert erscheinen muss", meinte der deutsche Komponist Richard Wagner (1813–1883).

Allerdings muss vor der Rückführung ein ausführliches Vorgespräch stattfinden, in dem geklärt werden muss, welche Fragen gestellt und welche Probleme bearbeitet werden sollen. Häufig ist auch der Kontakt zu bereits verstorbenen Personen erwünscht.

Bei der eigentlichen Regression wird der Klient meistens erst in seine eigene Kindheit geführt. Es ist möglich, dass dabei auch die Geburt und die neun Monate der Embryonalzeit durchlebt werden. Danach führt der Anwender den Zeitreisenden zu einem Ort innerhalb der früheren Existenz, den er entweder selbst bestimmt oder der von alleine auftaucht, wo er seine Fragen stellen oder sich einfach nur umschauen kann.

Neben dem Betrachten einiger vergangener Leben ist auch ein Aufenthalt im Jenseits zwischen den einzelnen Inkarnationen möglich.

Von vielen Rückführungsexperten wird betont, Ziel sei es nicht, die Fantasien eines Klienten auf ihren Wahrheitsgehalt hin zu überprüfen. Vielmehr gehe es um das Aufspüren von Verwicklungen, die im Unterbewusstsein verankert sind und die freie Entfaltung der Persönlichkeit beeinträchtigten – ob die aufgetauchten Bilder und Ereignisse wahr oder falsch, wirklich gesehen beziehungsweise erlebt oder nur eingebildet sind, spielt dabei eine untergeordnete Rolle.

Rückführungen sind wissenschaftlich nicht anerkannt, auch wenn bereits etliche alternative Mediziner oder Psychologen damit arbeiten – zumindest mit der Altersregression, der Zeitreise innerhalb des aktuellen Lebens, die als natürlicher Prozess zu Therapiezwecken (Hypno- und Traumatherapie, Psychoanalyse) genutzt wird. Selbstbestimmt, in dem Gefühl der Sicherheit und des Vertrauens in die Situation, ist es dem Patienten möglich, Körpersymptome, Gefühle, Gedanken, innere Bilder oder Symbole in einen logischen Zusammenhang zu seiner Lebensgeschichte zu bringen. Tief verdrängte Erlebnisse selbst der Pränatalzeit und Geburt können bewusst werden und lassen sich so bearbeiten, neutralisieren und danach entschärft in die Gegenwart integrieren. Einzelne körperliche, emotionale oder kognitive Symptome, die sich während der Regression einstellen, erweisen sich fast immer als Folge psychischer und/oder physischer Überforderung aufgrund ungünstiger Umstände oder nach traumatischen Erlebnissen. Bei der therapeutischen Rückführung wird davon ausgegangen, dass nur das abgerufen werden kann, was auch neurologisch ab der Zeugung vom Wahrnehmungssystem des Gehirns aufgezeichnet wurde.

Hinsichtlich der Past Life Regression, die von der Wissenschaft ins Reich der Esoterik verbannt wird, erklären Forscher die in der Trance auftauchenden Bilder mit der Kryptomnesie, einem Phänomen, bei dem vergessene oder verdrängte Ideen oder Erinnerungen aus der aktuellen Existenz überraschend wiederkehren, ähnlich einem Déjà-vu.

Darüber hinaus unterstellen Kritiker den Einsatz von Suggestivfragen beim Rückführen, die bei der hypnotisierten Person als Tatsache ankommen können, was aus medizinischer Sicht sogar zu einer Verstärkung der Belastung führen kann.

Absoluter Humbug ist, da sind sich alle Wissenschaftler einig, dass eine rückgeführte und wieder heimgekehrte Person besondere Fähigkeiten aus einem vergangenen Leben mitbringt, also beispielsweise plötzlich französisch spricht, ohne diese Sprache je erlernt zu haben.

Der Praxistest

GABRIELE HASMANN MIT KARIN BENKÖ BEI MAGGIE BÖHMER

Da ich mich bei diesem Test nicht auf Erinnerungen und Erzählung verlassen, sondern den Verlauf von außen objektiv beurteilen können möchte, schicke ich meine Freundin Karin auf die Reise in die Vergangenheit.

Wir sind zu Besuch bei Maggie Böhmer, die die Rückführung unter Hypnose leiten wird.

Zuerst einmal plaudern die beiden Damen, während ich mich auf meinen Beobachtungsposten in einer Ecke des Raums zurückziehe, die Aufnahmefunktion am Handy aktiviere und zusätzlich Kugelschreiber und Papier bereitlege, um alles genau zu dokumentieren. Etwa fünfzehn Minuten später hat Maggie einen oberflächlichen Eindruck von Karins aktueller Lebenssituation und ihren Problemen erhalten und bittet meine Freundin, sich nun hinzulegen, wickelt sie in eine Decke und fordert sie auf, die Augen zu schließen. Danach folgen zwanzig lange Minuten, in welchen Maggie mit einlullender Stimme auf die bereits nach kurzer Zeit weggetreten wirkende Person auf ihrer Couch einredet.

„Du hörst meine Stimme, du sinkst mit jedem Atemzug mehr nach innen, kommst an, spürst dem Atem nach und entspannst dich. Lass dich fallen, du bist sicher bei mir. Alles wird locker: die Füße, die Beine, das Becken, der Bauch, der Brustkorb, die Schultern, die Arme, der Hals und der Kopf." Maggie berührt Karin an der Stirn, dort, wo sich angeblich das dritte Auge befindet. Dann geht es im Singsang weiter: „Dein Blick richtet sich immer mehr auf dein Inneres, du bist ganz frei und kannst dich fallen lassen, nimm alle Spannung aus deinem Körper. Wir schalten dich jetzt nach und nach mit einem Klick ab. Du sagst mir, ob du das spürst." Maggie geht jetzt alle Körperteile durch und sagt dabei: „Abgeschaltet! Klick!" Und Karin nickt jedes Mal brav.

Danach kann die Reise beginnen. Maggie erzählt: „Stell dir vor, du stehst auf einer idyllischen hellen Lichtung, vor dir siehst du einen Wald, auf den du zugehst. Du fühlst dich wohl, die Vögel zwitschern, die Bienen summen, ... Um dich herum sind jetzt viele Bäume, aber einer davon ist für dich irgendwie besonders, er sieht anders aus als die anderen und zieht dich magisch an. Während du vor ihm stehst und ihn bewunderst, öffnet sich plötzlich der Stamm und es erscheint eine Kabine, wie die eines Aufzugs. Siehst du sie?" Karin nickt. „Gut, steig ein, hab keine Angst, es kann dir nichts passieren. Du siehst jetzt mehrere Knöpfe an der Wand mit Zahlen. Welchen drückst du?" „Die Sieben!", antwortet meine Freundin. „Okay, der Lift setzt sich in Bewegung. Dann bist du angekommen, die Türe geht auf und du kannst aussteigen. Wo bist du? Was siehst du?"

Karin schildert die Szene, in der sie ihren Ehemann kennengelernt hat. Es ist, als würde sie mir die Geschichte beim Kaffeetratsch erzählen, nur dass sie waagrecht liegt und die Augen geschlossen hat. Ob sie sich in Trance befindet, kann ich nicht beurteilen, bezweifle es aber. Später fährt meine Freundin noch in den fünften, später in den zweiten Stock, jedes Mal berichtet sie über realistische Szenen aus der Vergangenheit ihres aktuellen Lebens. Es gibt keinen skurrilen Besuch auf einem anderen Planeten, keine Hexenverbrennung und auch keine keulenschwingende Jagd im Mammutfell (wobei Berichte aus der Steinzeit sehr, sehr selten sind, habe ich mir sagen lassen). Karin plaudert, wir hören zu. Karin spricht über ihre Schwierigkeiten, Maggie gibt Tipps, wie sie ihre Lebenssituation verbessern könnte, indem sie sehr veranschaulichend mit Symbolen und Metaphern arbeitet, um verschiedene Richtungen aufzuzeigen.

Dann, endlich, nach der vierten Aufzugsfahrt kommt meine Freundin in einem anderen Leben an. Sie ist ein junger Bursche, ein Viehhirte, offenbar in Österreich, weil sie Berge sieht und die Leute ihrer Aussage nach mit Tiroler Akzent sprechen. Sie passt auf die Kühe ihres Vaters auf, hat aber keine Ahnung, in welcher Zeit sie sich befindet, da Berge, Wiesen und Rinder so aussehen, wie sie eben immer aussehen.

Das war's: Maggie holt Karin nach rund zwei Stunden mit einer kleinen Zeremonie in die Gegenwart zurück. Sie sagt, meine Freundin sei geistig extrem beschäftigt mit ihren aktuellen Problemen, sodass sie den Verstand nicht ganz abschalten und sich auf Reisen in andere Inkarnationen begeben wollte – sie hätte sich dann letztendlich doch noch ein früheres Leben ausgesucht, das offenbar so unspektakulär und sorgenfrei war, dass sie sich dort kurz erholen konnte.

Karins Fazit: Meine Freundin befand sich laut ihrer Aussage in einem Zustand zwischen Wachsein und fast Schlafen, war aber nie so weggetreten, wie sie es eigentlich von einer Trance erwartet hatte. Sie fühlte sich die ganze Zeit über sehr wohl, konnte dabei den Alltagsstress hinter sich lassen und war danach sehr entspannt. Auch Maggies Tipps und Anregungen fand sie großartig, konnte sie gut annehmen und sogar teilweise umsetzen, wie die Zeit danach gezeigt hat. Im Prinzip war der Aufenthalt bei Maggie eine Mischung aus einer Sitzung beim Therapeuten und einem Besuch im Spa.

Es muss jedoch erwähnt werden, dass gerade Rückführungen individuell total verschieden ablaufen, abhängig von Offenheit, Neugierde, Bereitschaft, sich darauf einzulassen, und aktueller Lebenssituation der betreffenden Person. Der Ablauf von Karins Regression lässt somit keine Rückschlüsse auf die Methode generell zu.

23. Schamanismus – spirituelle Reisen in die jenseitige Welt

Was ist Schamanismus?

Beim Schamanismus geht es um die Glaubensvorstellungen und spirituellen Praktiken von Schamanen, innerhalb bestimmter Bewusstseinszustände in metaphysische Bereiche vorzudringen, die einer normalen Wahrnehmung nicht zugänglich sind. Der Schamane gilt als spirituelles Pendant zum materiellen „Medizinmann“ (der sich um die physische Krankheitsbekämpfung kümmert), der sich mithilfe einer tiefen Trance (in die er sich beispielsweise mittels Schlagen auf eine Trommel, monotonem Gesang, Naturgeräuschen wie das Plätschern von Wasser oder Nachahmung von Tierlauten versetzt) in die andere Wirklichkeit begibt. Dort angekommen bittet er die dort befindlichen Wesenheiten, Götter, Geister oder auch sein Krafttier (mehr dazu später), um Hilfe bei seiner Mission.

Zur Verdeutlichung eine Textstelle aus dem Lied eines Tschuktschen-Schamanen: „Alles, was ist, ist lebendig. Die Lampe geht umher, die Mauern des Hauses haben Zungen, auch der Nachttopf lebt in seiner eigenen Welt. Die Häute, die sonst in ihren Säcken schlafen, reden miteinander die ganze Nacht. Die Geweihe auf den Gräbern erwachen und formieren sich zu einer Prozession rund um die Grabhügel, während die Toten selbst sich erheben und die Lebenden besuchen.“

Die Wesenheiten „auf der anderen Seite“ führen ihren spirituell anwesenden Gast durch ihr Reich und leihen ihm bei Bedarf ihre Kräfte, damit er seine Aufgabe erledigen kann, oder sie vermitteln ihm die Botschaften, die er braucht, um Antworten zu erhalten.

Es existieren im Schamanismus drei Welten, die diesseitige mittlere, in der sich alle lebenden Individuen befinden, die jenseitige obere, wo Licht und Liebe herrschen und die Götter wohnen (erreichen nur sehr geübte Reisende), sowie die jenseitige untere, Aufenthaltsort der Geister und Krafttiere. Die Ebenen sind allerdings nicht mit einer Wertung belegt (anders als im Christentum, wo oben/Himmel gut und unten/Hölle schlecht ist und die Menschen früher mit der Angst, dass ihre Seele im Augenblick des Todes abwärts fährt, in Schach gehalten wurden).

Die meisten schamanisch Reisenden bewegen sich in der Trance entlang der sogenannten Silberschnur, einem dünnen feinstofflichen Band, das während des ganzen irdischen Lebens den Astralleib des Menschen mit seinem physischen Körper verbindet und erst mit Eintreten des Todes zerreißt. Der Schamane ist in diesem Bewusstseinszustand nebenbei immer noch in der Lage, mit den in der Realwelt anwesenden Personen zu kommunizieren, Fragen zu stellen und Anweisungen zu geben. In der Parallelwelt gelten allerdings nicht dieselben Raum- und Zeitbedingungen wie bei uns: Vergangenheit, Gegenwart und Zukunft existieren gleichzeitig und sind abänderbar. Das heißt, mit einem Eingriff in die Vergangenheit kann man die Auswirkungen in der Gegenwart beeinflussen. Die Zukunft stellt sich als Pool möglicher Ereignisse dar, von welchen manche (wissentlich und unwissentlich) realisiert werden.

Die zentrale Idee der schamanischen Hilfestellung ist, dass im belebten Kosmos alle in ihm befindlichen Wesen eine Energie, eine Seele besitzen und unmittelbar miteinander verbunden sind. Durch eine Veränderung im Bewusstsein könnten die Menschen diese Verbindungen anzapfen und damit das im Kosmos gespeicherte Wissen und die entsprechenden Kräfte erlangen.

Der Schamanismus beruft sich dabei auf

- die Demokratie: Jeder Mensch hat die Fähigkeit zur Trancereise, diese kann allerdings aufgrund kultureller Muster verborgen sein und muss wiederentdeckt werden.

- die nicht-alltägliche Realität: Es soll durch Kontakt mit dem Selbst und mit der Unterstützung von Geisthelfern und Krafttieren eine spirituelle Welt entdeckt werden, die parallel zur physischen existiert.
- die Imagination: Die Einbildungskraft soll geschult und als Informationsquelle benutzt werden, um die nicht-alltägliche Realität zu einem Teil des Lebens zu machen.
- das Heilen: Unter der Voraussetzung des Auffindens verloren gegangener Krafttiere, soll das Energiegleichgewicht wiederhergestellt und Kranke geheilt werden.

Woher kommt er, wie hat er sich entwickelt?

Die Wurzeln der schamanischen Praktiken datierte der Archäologe Horst Kirchner (1913–1990) auf ca. 13000 v. Chr. – er erkennt in einer Zeichnung aus der Höhle von Lascaux in Frankreich, die einige der ältesten Malereien der Menschheitsgeschichte enthält, die Darstellung einer Séance. Der abgebildete Mann ist laut Kirchner ein Schamane, das Bison das Opfertier und der Vogelkopf symbolisiert seiner Meinung nach das Krafttier.

Andere Quellen legen sich bei der Entstehung des Schamanismus auf die Zeit um etwa 30 000 v. Chr. fest – sie zeigt sich, so Religionsfachleute, bereits in der Höhlenkunst Frankreichs und Nordspaniens im Jungpaläolithikum.

Christliche Querdenker wiederum behaupten, Jesus Christus wäre der allererste Schamane gewesen: Er verfügte über Geheimwissen, das ihn zum Heiler machte (Lukas 13,13), schenkte Menschen den Glauben an die eigene Kraft (Lukas 8,48) und trieb negative Geistwesen aus (Lukas 8,30 und 11,14).

Es wird allerdings auch von einem Volk namens Shamana erzählt, das angeblich auf einer höheren Schwingungsebene mit dem göttlichen Geist verbunden gewesen ist und im Regenbogenland (von dem zum Beispiel die Aborigines gerne erzählen) gelebt hat. Wann dieses Volk existiert haben soll, ist nicht ermittelbar.

Entdeckt haben den Schamanismus Globetrotter Ende des 17. Jahrhunderts in Sibirien und Innerasien, doch erst zu Beginn des 20. Jahrhunderts wurde er in Mitteleuropa richtig bekannt.

Anfang der 1970er-Jahre, als die Ära der Blumenkinder mit ihren Protesten gegen die Wohlstandsideale der Mittelschicht und die Zwänge und Tabus der Bürgerlichkeit zu Ende ging, wandten sich viele „Alternative“ der Neomystik zu. In diesem Zusammenhang wurde auch der „traditionelle“ Schamanismus überarbeitet und an westliche, urbane Verhältnisse angepasst.

Tiere als enge Vertraute der Menschen haben ebenfalls eine lange Tradition und sind gewiss keine Erfindung des Schamanismus – in dieser Funktion haben sie in den alten Mythen und Geschichten schon immer eine Rolle gespielt, und auch in vielen Sagen und Märchen kommt ihnen eine wichtige, oft sehr symbolhafte, Bedeutung zu. In Fabeln werden Tiere, in menschenbelehrender Absicht, personifiziert (dies geschah bereits im dritten Jahrtausend v. Chr., aus dieser Zeit stammt zum Beispiel die „Fabel vom klugen Wolf und den neun dummen Wölfen“ – es kamen damals tatsächlich nur Wölfe vor, nicht etwa auch Schafe, wie später überliefert).

Was kann er konkret bewirken?

Fast alles, soweit die beteiligten Geister zustimmen und den Reisenden wohlwollend in Empfang nehmen. Ein Schamane ist immer auf Hilfe im Jenseits angewiesen und nimmt somit die Position eines Bittstellers ein. Er muss unter Umständen sogar mit seinen „Spirits“ verhandeln, damit sie ihm entgegenkommen.

Im Grunde geht es im weitesten Sinne um „Heilung". Ein großer Teil der Arbeit ist auch die des Psychopompos (aus dem Griechischen übersetzt „Seelengeleiter"), eine Funktion, die ursprünglich der griechische Gottesbote Hermes ausübte, der die Seelen der Verstorbenen ins Jenseits geleitete.

Doch einige Schamanen bieten Hilfe in fast allen Lebenslagen an, etwa auch bei Problemen in der Partnerschaft. Black Eagle aus Wien beispielsweise nimmt durch „die Reise" Kontakt mit seinen Spirits auf, empfängt dabei Bilder und erhält Informationen über den Zustand der Beziehung. Er sieht, ob die Verbindung noch in Ordnung ist, oder die beiden betreffenden Menschen sich innerlich bereits voneinander gelöst haben. Black Eagle ist dann angeblich in der Lage, das Zueinander zu stärken oder die Trennung auch äußerlich energetisch zu vollziehen. Praktischerweise werden über die Homepage von Black Eagle und seiner Partnerin, der „Hexe" Walpurga (die unter anderem Tantra-Massagen im Programm hat), auch gleich natürliche Potenzmittel verkauft. Black Eagle betätigt sich darüber hinaus auch als Tierflüsterer (assistiert wird von seiner Hündin Dakota), hebt Besetzungen, Flüche und Süchte auf und vollzieht schamanische Rituale bei Geburten, Hochzeiten und Todesfällen.

Schamanen beherrschen angeblich auch die Kunst der Psychometrie, die sie als Kraftgegenstandsreise bezeichnen, welche direkt oder mittels Fernabfrage durchgeführt werden kann. Bei dieser Praxis werden Objekte mit der Bitte um Information spirituell bereist, um etwas über ihre Geschichte, Eigenschaften, Herstellung, Gebrauch oder über ihre Besitzer in Erfahrung zu bringen. Grundgedanke dabei ist, dass auch Gegenstände Energien besitzen und sie speichern können, diese also auch abrufbar sind. Eingesetzt wird diese Gabe hin und wieder etwa bei der Suche nach Vermissten.

Was kann er nicht, wo liegen seine Grenzen?

Die Grenzen definieren sich durch die Anliegen der Klienten und durch die Meinung der Spirits der anderen Wirklichkeit. Es kommt immer wieder vor, dass als Antwort kommt: „Hier gibt es nichts für den Reisenden zu tun. Der Ratsuchende hat das Problem selbst zu lösen“ oder „Die Zeit ist noch nicht reif, schon etwas zu unternehmen.“ Es ist somit fast unmöglich, einen kausalen Zusammenhang zwischen einer schamanischen Sitzung und der Verbesserung einer heiklen Lebenssituation, also dem Gelingen der Mission, herzustellen.

Was sagen seine Anwender?

Schamanen erhalten im Verlauf ihrer Arbeit Botschaften aus einer Art Zwischenwelt und werden angewiesen, bestimmte Aufgaben zu erfüllen – meist handelt es sich dabei um einen Job als Seelengeleiter. Klassische schamanische Arbeiten sind auch die Integration und Extraktion von Seelenanteilen: Eine Seele, die beim Tod einer eigenen Inkarnation in einer „Zwischenwelt“ stecken geblieben ist, und deren Erfahrung, Weisheit etc. heute dem gegenwärtigen Menschen zur Weiterentwicklung fehlt, kann abgeholt und integriert werden. Andererseits gibt es auch fremde Seelenanteile, die sich eingenistet haben und die betreffende Person negativ beeinflussen – die kann der Schamane lösen. Der Auftrag lautet: Ausgeschlossenes wieder eingliedern, Vermischtes trennen.

Es gibt aber auch Anfragen à la „Ich suche ein Haus und weiß nicht, wo ich es finde!“ – nach einer Sitzung und Besprechung bestimmter Bilder erhält die betreffende Person unter Umständen konkrete Hinweise darauf, wo sie suchen soll. Schamane zu sein ist kein Beruf, eher eine ziemlich anstrengende unbezahlte Nebentätigkeit (seriöse Anwender dürfen sich nicht materiell an Hilfesuchenden bereichern), welche die betreffende Person ausüben muss, weil es die andere Wirklichkeit verlangt.

Selbst reisen und dabei das eigene Krafttier finden

An dieser Stelle nun eine schamanische Reiseanleitung für den Hausgebrauch: Zuerst überlegt man sich, was man auf „der anderen Seite" eigentlich erfahren oder machen möchte und formuliert dieses Vorhaben dann klar und deutlich. Dann stellt man sich im Geiste einen Platz in der Natur vor, entweder einen realen oder einen nur in der Fantasie existierenden, und versucht ihn wirklich zu sehen, hören, fühlen und riechen. Routinierte Trancereisende behaupten, es würde sodann ein Tunnel erscheinen, den man bis zum Ende gehen muss, bis man in der Parallelwelt landet. Anfänger brauchen in der Regel etwas Übung, bis sie den Weg dorthin finden. Nach erfolgreicher Besichtigung und Erledigung seiner Vorhaben geht man denselben Weg zurück und kommt – wenn man Glück hat – an derselben Stelle heraus, an der man eingestiegen ist. Und immer schön langsam marschieren, denn wer eilt, der stolpert und kann seiner astralreisenden Seele erheblichen Schaden zufügen.

Vielleicht begegnet man auf der Reise in die untere Welt auch seinem Krafttier – es handelt sich dabei um ein Geistwesen in Tiergestalt, einen spirituellen Wegbegleiter oder aber auch um einen Seelengefährten. Diese Wesen stehen jedem Schamanen zur Seite und helfen ihm, sich in der anderen Wirklichkeit zurechtzufinden; sie heilen Seelen, erteilen Ratschläge und Auskünfte und helfen, Probleme zu lösen.

Im Schamanismus wird davon ausgegangen, dass jeder Mensch mindestens ein Krafttier (bis unendlich viele) an seiner Seite hat, das ihn ein Leben lang begleitet, ihm im Traum, aber auch in der Realität erscheinen kann – vor allem dann, wenn man offen für eine solche Begegnung und kommunikative Beziehung zu diesem Wesen ist.

Außerdem, so habe ich mir sagen lassen, kann man sein Krafttier im Alltagsleben auch darum bitten, einen freien Parkplatz zu finden oder einen tropfenden Wasserhahn zu reparieren – das soll angeblich sogar meistens funktionieren. Wie praktisch!

Der Begriff „Krafttier“ wird darüber hinaus in manchen magischen Praktiken auch für das Tier, das in einem steckt, verwendet – wobei die Grenze der beiden Interpretationen fließend ist.

Einige Krafttiere und ihre spirituelle Funktion (die sie einem zeigen, wenn man ihnen begegnet)

- *Adler:* Er überprüft mit „Adleraugen“ die Lebensenergie, vermittelt, dass man Niederlagen als Erfahrungen ansehen soll, weckt versteckte Kräfte und lehrt, die Angst vor Unbekanntem abzulegen. Durch ihn wird vermittelt, sich mit dem Element Luft auseinanderzusetzen, er macht damit auf Probleme mit den Atemwegen aufmerksam.
- *Bär:* Der Bär deutet darauf hin, dass man ruhiger in seinen Gedanken und Handlungen werden solle, nicht zu viel auf andere hören dürfe und sich auf sich selbst verlassen müsse. Er hilft Lösungen für Probleme und auch die Wahrheit zu finden, eventuell an einem Rückzugsort, wo man zur Ruhe kommen kann (wie der Bär in seiner Höhle).
- *Elefant:* Dieses Tier will sagen: Vergiss deine Schüchternheit, kümmere dich mehr um deine Mitmenschen und isolier dich nicht. Verzeih den Menschen, die einmal Schlechtes über dich gesagt haben, denk nicht mehr an Rache und öffne dein Herz für sie, auch wenn du nicht so schnell vergessen kannst.
- *Eule:* Die Eule rät, die Nacht zum Verbündeten zu machen, denn im Schutz der Dunkelheit wird man den Geistern begegnen und Weisheiten von ihnen erfahren. Sie weist auf Hellsichtigkeit und magische Fähigkeiten hin, außerdem auf eine gute Intuition, dank derer man sicher

vor Heimlichkeiten anderer ist. Man solle sich auf seine Ziele konzentrieren und seinen Mitmenschen mit mehr Taktgefühl begegnen.

- *Falke:* Er bedeutet, dass man eine hohe Verantwortung gegenüber seinen Mitmenschen hat. Die Person, der er als Krafttier beisteht, hat ein gutes Gedächtnis und kann besonders gut beobachten, eine Gabe, die man im täglichen Leben nutzen solle. Er macht auf mangelndes Durchhaltevermögen aufmerksam, aber auch auf Mut, Abenteuerlust und Beharrlichkeit, warnt jedoch vor Eitelkeit und Arroganz.
- *Fuchs:* Der Fuchs weiß sich zu tarnen, er will daher sagen: Jemand will mehr über dich wissen und beobachtet dich, zieh dich daher für eine Weile zurück. Er meint allerdings auch: Beobachte dich selbst, achte darauf, worüber du mit anderen Menschen sprichst. Du plauderst gerne, auch wenn es nicht angebracht ist. Der Fuchs will außerdem mitteilen, dass man sorgfältiger bei der Wahl seiner Freunde sein müsse und seine Familie schätzen solle.
- *Hase:* Der Hase hat gelernt, auch in Gefahrensituationen Ruhe zu bewahren. Er ist sich seiner Schnelligkeit bewusst und sehr aufmerksam. Seine Aussage als Krafttier: Man soll nicht pessimistisch sein und Angst vor Krankheiten, persönlichen Niederlagen und Katastrophen haben. Es genügt, wenn man aufmerksam bleibt und erst dann reagiert, wenn wirklich Gefahr droht.
- *Hirsch:* Er warnt davor zu übertreiben, sich zu verausgaben, über das Ziel hinaus zu schießen und die eigenen Kräfte sinnlos zu verpulvern. Der Hirsch betont, dass es genügt, ein Ziel zu erreichen – man muss nicht immer der Erste sein. Er rät, die Liebe nicht aus den Augen zu verlieren, das Lachen nicht zu verlernen, kreativ zu sein und Spaß am Sex zu haben.
- *Maus:* Achte auf die kleinen Dinge des Lebens, sie können sehr wichtig sein. Bring Ordnung in das Chaos dei-

nes Lebens und verschleudere nicht deine Liebe, deine Gefühle, dein Geld und deine Kräfte, sondern versuche damit hauszuhalten. Besinne dich auf das Wesentliche!

- *Pferd:* Das Pferd weist darauf hin, dass man Reichtum und Macht nicht als Mittel zum Zweck gebrauchen oder sich vom Geld abhängig machen dürfe. Es will Demut und Dankbarkeit lehren, außerdem, dass man Achtung nur durch gute Taten und Handlungen erlangt. Es deutet außerdem darauf hin, dass es wichtig ist, niemals den Humor zu verlieren und sich vor falschem Ehrgeiz zu hüten.
- *Puma:* Der Puma ist schnell und sehr stark. Er rät, das Selbstbewusstsein zu stärken und Vertrauen in sich selbst zu haben. Sein Erscheinen deutet darauf hin, dass man sich oft unverstanden fühlt und zur Melancholie neigt. Er sagt aus, dass man nicht den Boden unter den Füßen verlieren und seine Visionen, die auf magische Kräfte hindeuten, ernst nehmen sollte.
- *Rabe:* Der Rabe kann ins Jenseits und wieder zurückfliegen. Wenn jemand den Raben als Krafttier hat, steckt starke Magie in dieser Person. Sie hat hellseherische und heilende Kräfte, darf daraus aber keinen finanziellen Nutzen ziehen.
- *Reh:* Hab Liebe und Vertrauen, aber auch Mut und Durchsetzungsvermögen. Es versucht Licht ins Dunkel der Gefühle zu bringen und ermuntert, Probleme mit Verständnis und Liebe zu lösen, Geduld mit anderen Menschen und ihren Schwächen zu haben und zeigt den Hang zum Selbstmitleid auf.
- *Schlange:* Für dich gibt es keine Geheimnisse, sagt die Schlange, wenn man sie als Krafttier hat. Außerdem deutet sie darauf hin, dass man ein Heiler mit einer Hexenseele ist, bei dem sich die Menschen gerne Rat holen. Sie warnt allerdings vor Ungeduld und Intoleranz, außerdem vor Ungeselligkeit und Verschlossenheit.

- *Wolf:* Der Wolf steht für Leidenschaft, Freiheit und Mystik. Er ist ein Lehrmeister der Menschen und warnt: Wechsle nicht zu oft den Partner, denn du träumst insgeheim von einer festen, dauerhaften Beziehung, Zwänge und Enge erdrücken dich allerdings. Schütze dich auch vor sogenannten Freunden, die dich nur ausnützen, und sei nicht zu großzügig und gutmütig.

Leider ist es nicht möglich, sein Krafttier einfach so zu „ermitteln", man muss laut der schamanischen Lehre bereit dafür sein, ihm zu begegnen, und die Reife besitzen, mit der Erkenntnis und dem Wesen selbst umzugehen. Kann man beides bejahen, begibt man sich in einen Trancezustand, innerhalb diesem sich das Tier dann zeigen sollte. Häufig weiß man allerdings intuitiv, auch ohne schamanische Reise, mit welchem Wesen man sich verbunden fühlt.

Was sagt die Wissenschaft?

Nach der Entdeckung und Beschreibung des Schamanismus Ende des 17. Jahrhunderts begannen sich europäische Mystiker mit dem spirituellen Phänomen zu beschäftigen. In der ersten Hälfte des 18. Jahrhunderts reisten deutsche Forscher im Auftrag der neu gegründeten „Kaiserlichen Akademie der Wissenschaften St. Petersburg" nach Sibirien, um vor Ort zu recherchieren. Im Geiste der Aufklärung zeigten sie sich skeptisch gegenüber den schamanischen Praktiken und bezeichneten sie als Aberglauben innerhalb regionaler Sitten und Gebräuche. Am Ende des 18. Jahrhunderts wich die kritische Einstellung, und der Schamanismus wurde als eine frühe Form von „Primitivreligion" gedeutet. Man gestand den Ausübenden sogar zu, in einigen Fällen tatsächlich Menschen heilen zu können.

Erst als die amerikanischen Anthropologen Michael

Harner und Carlos Castaneda etwa um 1960 von nativen Schamanen ausgebildet wurden, änderte sich die Meinung der Wissenschaftler, und es entstand zum ersten Mal so etwas wie echte Anerkennung. Auch Religionsforscher äußerten sich weithin positiv: „Die gesellschaftliche Funktion des Schamanen war es, als Dolmetscher und Vermittler zwischen dem Menschen und den Mächten hinter dem Schleier der Natur zu wirken", schrieb der US-Autor und Professor Joseph Campbell (1904–1987) in seinem 1959 erschienenen Werk „Mythologie der Urvölker".

Heute werden seitens der Wissenschaft etwaige Erfolge einerseits mit dem Placebo-Effekt erklärt, andererseits mit dem symbolischen Ansatz, der besagt, dass der Schamane dem Hilfesuchenden eine neue Sprache zur Verfügung stellt, die es ihm ermöglicht, ein Problem oder einen der Krankheit zugrunde liegenden Konflikt zu verstehen, auszudrücken und zu transformieren.

Der Praxistest

GABRIELE HASMANN BEI HERMANN HADER

Hermann Hader, ein Schamane durch (und aus) Berufung, wird für mich eine schamanische Reise vornehmen, um eines meiner aktuellen Probleme zu beheben. Ich gebe ihm folgende Anhaltspunkte mit auf den Weg: „Trotz großen Fleißes zu geringer Erfolg – vermutlich aufgrund mangelnden Verkaufstalents meiner Fähigkeiten sowie Unfähigkeit zur bühnenwirksamen Inszenierung meiner Person. Angst, dass jene Projekte, die nicht für das materielle Überleben, sondern rein für mein Wohlbefinden wichtig wären, zu kurz kommen."

Zwei Tage später erhalte ich den Reisebericht:

„Einstieg beim Baum, die Reise ging diesmal in die Oberwelt. Der Aufstieg war nicht leicht, ich blieb immer wieder hängen, ließ mich dann nur vom Klang der Trommel tragen. Oben erwartete mich K. und brachte mich zum alten Lehrer. Ich fragte ihn, was die Hindernisse sind und bekam drei genannt:

- Sie schreibt zu oft unter Stress.
- Sie fürchtet, dass ihr Talent nicht ausreicht.
- Sie blockiert sich, weil sie unter Existenzangst leidet.

Ich fragte nach, was der Klientin helfen kann, und wurde in das Innere ihres Herzens geführt. Ich spürte sofort einen Hauch von Angst – und offensichtlich wird eine gewisse Starre benötigt, um diese Angst in Schach zu halten. Als Reaktion auf meine Frage, ob man etwas tun könne, ist mein Spezialist für Seelenrückholungen erschienen und hat mich eingeladen, auf seinen Rücken zu steigen, und wir haben gemeinsam geschaut, ob ihr ein Seelenanteil fehlt. Dem war auch so. Vor langer Zeit hat er sich verabschiedet und versteckt. Wir haben ihn in Gestalt eines kleinen Mädchens gefunden und es gefragt, ob es mit zurückkehren mag. Es wollte nicht, da es meinte, es würde sicher nicht gut aufgenommen werden. Gemeinsam verhandelten wir und sicherten ihm zu, dass es jederzeit wieder gehen dürfe, wenn es ihm nicht gefalle. Es werde sehnlich erwartet, und es sollte doch versuchen, mitzukommen. Wir versprachen, dass es nur etwas dazugewinnen könne, wenn es den Schritt wagen würde. Dieses Argument hat es überzeugt. Das kleine Mädchen stieg dann in das Transportgefäß, einen Bergkristall, und kam mit zurück.

Ich habe dann den verlorenen Seelenanteil wieder in das Herz der Klientin eingepflanzt und sie hat ihn auch willkommen geheißen."

Abschließend erhielt ich von Hermann Hader noch folgende Anweisung: „Nehmen Sie ein Glas Wasser, denken Sie an einen Seelenanteil von Ihnen, der zurückgekehrt ist, und trinken Sie das Wasser. Dann sagen sie halblaut zu sich: ‚Willkommen daheim!' Führen Sie dabei beide Hände zu Ihrem Herzen."

Mein Fazit: Aus wahrscheinlich nachvollziehbaren Gründen hat mich dieser Test am meisten berührt. Aber welche Frau erfährt auch nicht gerne mehr über ein zu ihr gehörendes kleines Mädchen und sieht dabei automatisch vor ihrem geistigen Auge das süße Kind, das sich ängstlich versteckt und Angst hat, abgelehnt zu werden, das dann aber doch Vertrauen fasst und nach Hause in die Seele zurückkehrt? Das *ist* berührend. Und ehrlich gesagt hat es sich irgendwie auch richtig angehört und angefühlt, was ich von dem Schamanen übermittelt bekam. Allerdings kann ich nicht behaupten, dass sich dadurch auch nur das Geringste geändert hat – was aber vermutlich an mir liegt (wahrscheinlich hat sich die Kleine daher schnell wieder verabschiedet).

„Der Kampf in deiner Seele dauert so lange, wie du ihn duldest.“ (Weisheit der amerikanischen Ureinwohner)

Mit einem Problem im Gepäck einen Schamanen aufzusuchen, der für seinen Klienten auf Reisen geht und nach Antworten sucht, halte ich für eine der sinnvollsten und interessantesten Praktiken, welchen man sich zuwenden kann.

24. Schüßler-Salze – Biochemie gegen körperliche Beschwerden

Was sind Schüßler-Salze?

Schüßler-Salze sind alternativmedizinische Präparate von Mineralsalzen in homöopathischer Dosierung. Sie werden nach einer genau festgelegten Verfahrensweise durch Schütteln oder Reiben zerkleinert und anschließend verdünnt. Sie haben entsprechende Bezeichnungen, die den Grad der Verdünnung benennen: So bedeutet D1, dass es sich um eine Verdünnung von 1:10 handelt und Dx meint eine Verdünnung von 1:10x. In der Regel sind die Salze in der Potenz D6 (= 1 : 1.000.000) oder D12 (= 1 : 1.000.000.000.000) erhältlich. Schüßler-Salze werden übrigens auch oft als Biochemie, also die Chemie der Biologie, bezeichnet, womit gemeint ist, dass sie auf natürlichen, nicht chemischen Grundlagen basieren. Tatsächlich sind diese Salze nämlich in natürlicher Form in jedem von uns enthalten.

Woher kommen Schüßler-Salze, wer hat sie entdeckt?

Schüßler-Salze werden seit dem 19. Jahrhundert eingesetzt. Entdeckt und erforscht hat sie ihr Namensgeber, der Arzt Dr. Wilhelm Heinrich Schüßler (1821–1898), welcher homöopathisch praktizierte. Er suchte ein einfaches Heilverfahren, das allen Menschen gleichermaßen zugänglich sein und körperliche Leiden verständlich machen sollte.

Schüßler nahm an, dass Krankheiten durch biochemische Störungen des Mineralhaushalts der Körperzellen entstehen und darum auch durch homöopathische Gaben von Mineralien geheilt werden können. Er untersuchte also in Folge den menschlichen Körper und die darin enthaltenen Mineralien und entdeckte dabei tatsächlich einen Zusammenhang zwischen Gesundheit und Mineralgehalt. Man darf das allerdings nicht falsch verstehen: Der bloße Mangel an einem bestimmten Mineral verursacht nicht gleich eine Krankheit, vielmehr wirken die Schüßler-Salze auf die Weise, dass sie bei einer Erkrankung dorthin gelangen, wo der Körper sie zur Heilung braucht. Gleichzeitig erkannte Schüßler, dass zu hohe Dosierungen von Mineralstoffen für die Zelle problematisch sein können: „Um Schaden zu verhüten und die Mittel für die Zelle aufnahmefähig zu machen, müssen dieselben potenziert werden." Als praktizierender Homöopath konnte er viele

Beobachtungen an seinen Patienten tätigen und so fand er mit der Zeit die passenden Verdünnungen heraus.

1873 veröffentlichte er in der „Allgemeinen Homöopathischen Zeitung" den Artikel „Eine abgekürzte Therapie gegründet auf Histologie und Cellularpathologie", welcher die Grundzüge seiner Lehre enthielt und eine Therapieform namens „Biochemische Heilweise" vorstellte. Schüßlers Abkürzung bestand darin, dass er statt der etwa tausend Mittel in der Homöopathie nur zwölf Salze zur Therapie so gut wie aller Krankheiten für ausreichend hielt. Er ging davon aus, dass Krankheiten zu einem großen Teil auf der Grundlage eines „gestörten Mineralhaushaltes" entstehen, wobei das Fehlen eines bestimmten Minerals den gesamten Stoffwechsel beeinträchtigen würde.

Durch die Zufuhr dieser nun fehlenden Mineralstoffe wollte Schüßler Erkrankungen bekämpfen. Dazu sei die Potenzierung der Salze notwendig, um Mängel innerhalb einer Zelle aufzufüllen. Nach seiner Ansicht gelangen die hoch verdünnten „feinstofflichen" Mineralstoffe, also einzelne Ionen, direkt ins Zellinnere. Die Mängel außerhalb der Zellen seien durch eine nährstoff- und basenreiche Ernährung aufzufüllen, da ein gewisses Gleichgewicht zwischen Zellinnerem und Extrazellularraum notwendig sei. Nach Schüßlers Ansicht verursacht ein pathogener Reiz die Verstärkung der Funktion einer Zelle, da sie bemüht ist, den Reiz abzustoßen. Aufgrund dieser Tätigkeit verliere sie einen Teil ihrer mineralischen Substanz. Diese Zellen seien dann pathogen verändert, was das Wesen einer Krankheit sei.

Schüßler fasste seine Annahmen in folgende Lehrsätze:

1. Lehrsatz: „Alle Krankheiten entstehen durch einen Mangel an bestimmten lebensnotwendigen Mineralstoffen."

2. Lehrsatz: „Durch Zuführung der fehlenden Stoffe tritt Heilung ein."

3. Lehrsatz: „Die Zuführung der Mineralstoffe darf nur in allergeringsten Mengen erfolgen."

4. Lehrsatz: „Die Zuführung der fehlenden Stoffe muss in solch einer Verdünnung erfolgen, dass der Übertritt des heilwirksamen Salzes unmittelbar durch die Mundhöhle, den Schlund und die Speiseröhre direkt ins Blut erfolgt."

Um sich mit Schüßler-Salzen behandeln zu lassen, wendet man sich üblicherweise an einen Heilpraktiker oder Energetiker. Die Salze werden dann nach den Regeln der Homöopathie stark verdünnt. Diese starke Verdünnung soll bewirken, dass sie durch den Organismus besser aufgenommen werden können.

Schüßler erklärte allerdings, sein Verfahren sei „kein homöopathisches", weil es nicht auf dem von Samuel Hahnemann propagierten Simile-Prinzip („Ähnliches kann durch Ähnliches geheilt werden") beruhe, sondern auf physiologisch-chemische Vorgänge im menschlichen Organismus zurückzuführen sei. Auch die in der Homöopathie üblichen Arzneimittelprüfungen an gesunden Probanden lehnte Schüßler aus diesem Grund für seine Salze als „grundfalsch" ab.

Was können sie konkret bewirken?

Biochemie wird meist gegen chronische Krankheiten eingesetzt. Aber auch leichte Befindlichkeitsstörungen und akute Beschwerden sind damit behandelbar. Für Probleme rein psychischer Natur werden sie nicht herangezogen.

Methoden der Auswahl

Schüßler nahm an, dass bestimmte Merkmale im Gesicht die fehlenden Mineralstoffe anzeigen würden. Der deutsche Alternativmediziner Kurt Hickethier (1891–1958) erweiterte später die von Schüßler eingeführte Antlitzanalyse und nannte sie „Sonnerschau". So ist nach Hickethier etwa ein Mangel an der Nummer 3 (Ferrum phosphoricum) unter anderem an den inneren Augenwinkeln durch eine dunklere, blauschwarze bis schwarze Färbung zu erkennen. Durch die darauf folgende Einnahme des entsprechenden Mineralstoffs konnte Hickethier nach eigenen Angaben einen Rückgang der antlitzanalytischen Zeichen im Gesicht beobachten.

Neben der Antlitzanalyse als Auswahlverfahren wird häufig das Austesten mittels des in der Kinesiologie angewandten Muskeltests (siehe Kapitel über Kinesiologie) gewählt, wo der Körper selbst signalisieren soll, welche Stoffe ihm fehlen. Viele Anwender der Schüßler-Salze lassen sich aber auch lediglich über die Wirkungen der einzelnen Salze beraten und wählen danach jene aus, die sich auf das gesundheitliche Problem positiv auswirken sollen.

Schüßler-Salze werden als homöopathisch aufbereitete, potenzierte Mittel in Tablettenform angewendet. Diese kleinen runden Tabletten sind weiß und schmecken süß, und man lässt sie im Mund langsam zergehen. So sollen die Mineralstoffe über die Mundschleimhaut vom Körper aufgenommen werden. Da die Tabletten überwiegend aus Milchzucker bestehen, gibt es Schüßler-Salze für Personen mit Laktoseintoleranz auch in Form alkoholischer Tropfen oder laktosefreier Globuli (Kügelchen aus Rohrzucker). Eine andere Möglichkeit ist, die Tabletten in einem Glas Wasser aufzulösen, bis sich der Milchzucker am Boden absetzt und dann das Wasser zu trinken. So kann man die Wirkstoffe einnehmen, entgeht aber einem Großteil der Laktose.

Schüßler reduzierte die ursprünglich zwölf Salze im Jahr 1895 auf elf; er schrieb damals dazu: „Da der schwefelsaure Kalk nicht in die konstante Zusammensetzung des Organismus eingeht, so muss er von der biochemischen Bildfläche verschwinden. Statt seiner kommt Natrium phosphoricum resp. Silicea in Betracht."

Die elf Salze, auch „Funktionsmittel“ genannt

Nr. 1	Calcium fluoratum (Calciumfluorid)
Nr. 2	Calcium phosphoricum (Calciumphosphat)
Nr. 3	Ferrum phosphoricum (Eisenphosphat)
Nr. 4	Kalium chloratum (Kaliumchlorid)
Nr. 5	Kalium phosphoricum (Kaliumphosphat)
Nr. 6	Kalium sulfuricum (Kaliumsulfat)
Nr. 7	Magnesium phosphoricum (Magnesiumhydrogenphosphat)
Nr. 8	Natrium chloratum (Natriumchlorid/Kochsalz)
Nr. 9	Natrium phosphoricum (Natriumphosphat)
Nr. 10	Natrium sulfuricum (Natriumsulfat)
Nr. 11	Silicea (Kieselsäure)

Später wurden von verschiedenen Anhängern der Biochemie nach Schüßler 15 weitere Stoffe eingeführt, die heute unter der Bezeichnung „Ergänzungsmittel“ zusammengefasst werden, darunter etwa Kaliumarsenit und Calciumsulfid.

Bewährte Mischungen

Powermischung:	3, 5, 8, 7
Lernmischung:	3, 5, 6, 8
Prüfungsmischung:	3, 5, 6, 8, 7
Aknemischung:	3, 4, 9
bei Brandblasen:	3, 8 (in Form von Brei auftragen)
Wundheilungsmischung:	1, 3, 5, 8, 11
bei Blasenentzündung:	3, 8, 9

Was können sie nicht, wo liegen ihre Grenzen?

Veronika Ritz, Ernährungsberaterin und Kinesiologin, weist darauf hin, dass Schüßler-Salze lediglich einen Teilaspekt ihrer

Arbeit ausmachen und sie ihre Klienten selten ausschließlich mit ihnen behandelt: „Ein einziges Tool stellt sich meistens als zu wenig heraus, gerade weil häufig psychische Ursachen hinter körperlichen Beschwerden liegen und die Salze lediglich physische Hintergründe verbessern können. Und da viele Organe im Körper zusammenhängen, wie beispielsweise die Lunge und die Haut, ist eine ganzheitliche Therapieform am besten. Zudem sind die Tabletten – im Vergleich zu Globuli – recht groß und der Milchzucker ist nicht für jeden ideal, weil immer mehr Menschen an einer Laktoseintoleranz leiden, weshalb in diesen Fällen Vorsicht geboten ist. Außerdem sind Schüßler-Salze nicht ganz billig und meistens sollte man doch recht viele Tabletten pro Tag über einen längeren Zeitraum einnehmen. Was viele auch nicht wissen: Schüßler-Salze enthalten keine Vitamine, es handelt sich bei ihnen rein um Mineralstoffe und Spurenelemente."

Was sagen ihre Anwender?

Meist arbeiten Ernährungsberater und Energetiker mit Schüßler-Salzen, aber auch einige Apotheken haben sich auf die Biochemie spezialisiert und bieten Beratungen an. Die Vorteile sind für Veronika Ritz schnell auf den Punkt gebracht: „Man kann kaum was falsch machen bei der Einnahme, muss lediglich bei manchen Kombinationen ein wenig aufpassen, aber grundsätzlich kann man sich sogar selbst damit behandeln und braucht nicht zwingend eine persönliche Anweisung. Obwohl sie hauptsächlich gegen körperliche Probleme zum Einsatz kommen, kann unter Umständen auch eine mentale Veränderung erkennbar werden, wenn man viel davon nimmt. So ist es möglich, dass Magnesium bei Ängsten hilft, weil es eine beruhigende Wirkung hat. Wenn jemand absolut überzeugt von der Wirkung der Schüßler-Salze ist, dann kann die Behandlung mit ihnen genügen, da der Glaube bekanntlich Berge versetzt und damit ernsthaft nicht zu unterschätzen ist."

Die Ernährungsberaterin weist noch einmal auf den bereits erwähnten Unterschied zur Homöopathie hin: „Die Schüßler-Mineralstoffe bilden eine Substitutionsaktion im Gegensatz zu homöopathischen Mitteln, das heißt: Hier nimmt man wirklich die Substanz, das Material, die Struktur ein, wenn auch stark verdünnt, während man in der Homöopathie lediglich die Information zu sich nimmt." Bei Nährstoffmangel sind die Salze ein gut einsetzbares Mittel, das schnell hilft: „Die sogenannte ‚heiße Sieben' hat einen rasch beruhigenden Effekt bei Schmerzen und Krämpfen. Auch Stoffwechselstörungen kann man so auf sanftem Wege behandeln. Die Salze können nicht nur oral eingenommen, sondern auch in Form eines Breis oder in Salbenform auf Wunden aufgetragen werden. Auch Bäder mit Schüßler-Salzen sind hilfreich." Das Positive an dieser Art der Biochemie ist, dass sie ausgleichend wirkt: Wenn man beispielsweise zu wenig oder zu viel Durst hat, so wird die Nummer acht eingesetzt – in beiden Fällen reguliert das Mittel die Resorptionsstörung. Als Kur bei chronischen Beschwerden eignet sich die Einnahme von Schüßler-Salzen gut, und für jeden, der nicht gern Medikamente einnimmt, ein ungutes Gefühl hat, wenn er Pillen oder Kapseln schlucken muss, stellen sie eine gute Alternative dar. „Selbst für die Behandlung von Tieren eignen sich die Salze gut. Man kann sie auch Kindern leicht verabreichen, von klein auf, da sie süß sind und wie Zuckerl schmecken", so Veronika Ritz. „Andererseits kann genau dieses Zuckerllutschen auch irgendwann nerven – vorwiegend Erwachsene. Darum wählen dann viele die Zubereitung in einem Glas Wasser, um die Salze so trinken zu können."

Was sagt die Wissenschaft?

Die Annahmen von Dr. Schüßler sind wissenschaftlich nicht anerkannt, eine Wirksamkeit der Schüßler-Salze konnte bislang nicht nachgewiesen werden und die Wissenschaft behauptet, diese „Tabletten" hätte keine pharmakologische Wirkung. Auch die Stiftung Warentest kommt zu folgendem Urteil: „Biochemie nach Schüßler ist zur Behandlung von Krankheiten nicht geeignet." Doch da es sich laut Arzneimittelgesetz bei Schüßler-Salzen um homöopathische Medizin handelt, die dem vereinfachten Genehmigungsverfahren unterliegt, brauchen Wirksamkeit und Unbedenklichkeit nicht nachgewiesen zu werden, um in den Verkauf zu gelangen.

Der Praxistest

PAMELA OBERMAIER BEI VERONIKA RITZ

Veronika Ritz fragt mich nach meinem Anliegen und ich beschreibe es bestmöglich und detailgenau. Wie in einer Anamnese stellt sie immer weitere Fragen, um meine Beschwerden, die sich in bestimmten Hautproblemen manifestieren, besser einordnen zu können. Schnell hat sie die zwei passenden Salze dafür herausgefunden, rät mir, je zehn Stück davon täglich über einen längeren Zeitraum einzunehmen und zu beobachten, ob und wie sich mein Zustand verändert.

Anfangs denke ich mir, dass ich die Tabletten am Morgen abzählen und sie in einem kleinen Behälter mitnehmen werde – jene Dosen, in denen man sie kauft, sind mir zu groß, schwer und sperrig, um sie mit mir herumzutragen –, um über den Tag verteilt immer wieder ein paar davon zu lutschen. Doch irgendwie ist mir das schnell zu umständlich, außerdem vergesse ich immer wieder darauf und muss erst recht abends alle auf einmal nehmen, was mir dann oft zu „pappig" im Mund ist, denn mehrere gleichzeitig zu lutschen, fühlt sich ein wenig staubig an. Also ändere ich die Einnahmeweise recht schnell, indem ich jeden Morgen alle Tabletten auf einmal in einem Glas mit Wasser auflöse und mit einem Plastiklöffel umrühre – weil ja Metall bei feinstofflichen Dingen nie ideal ist –, um den Inhalt als erste Handlung in der Früh, also noch auf leeren Magen, zu trinken. So stört mich das Ganze gar nicht mehr, ich hab es bereits nach dem Aufstehen abgehakt und muss mich den restlichen Tag nicht mehr damit beschäftigen. Auf diese Weise werde ich zwar nicht erkennen, wann mir die Tabletten nicht mehr schmecken – und das soll ein Hinweis darauf sein, dass der Körper die Schüßler-Unterstützung nicht mehr braucht –, aber ich denke, es ist ebenso in Ordnung, wenn ich die Salze mal einfach so lange einnehme, wie es für mich passend scheint oder bis die beiden Dosen aufgebraucht sind.

Und ich muss sagen: Die Wirkung, von der ich nicht gerade felsenfest überzeugt war, stellt sich tatsächlich – und das noch dazu schnell – ein. Ich bin überrascht, denn das hätte ich mir so nicht gedacht. Kurz auf den Punkt gebracht kann ich sagen, dass sie exakt das verändern und bewirken, was die vorher vom Arzt verschriebenen Medikamente bei mir ausgelöst haben – mit dem Unterschied, dass ich tatsächlich ein besseres Gefühl dabei habe, Biochemie einzunehmen anstatt Arzneimittel. Ich bin begeistert! Als ich einige Wochen später zufällig auf die beiden Dosen stoße, fällt mir auf, dass ich schon seit einiger Zeit vergessen habe, meine Schüßler-Salze einzunehmen, obwohl die Behälter noch je zu etwa einem Drittel voll sind. Dann muss ich schmunzeln, weil mir klar wird: Meine Beschwerden sind längst weg. Offenbar ist der gesunde Zustand meines Körpers so normal, dass ich mich recht schnell daran gewöhnt habe, als er wiederhergestellt war. Tja, wenn das so einfach geht, dann informiere ich mich sofort darüber, welche Nummern gegen meine nicht optimal funktionierende Wundheilung helfen könnten und wage das nächste Experiment – diesmal allerdings mit hohen Erwartungen im Vorfeld, was das Ergebnis betrifft!

25. Tarot-Karten legen – im Spiegelbild der eigenen Emotionen lesen

Was ist Tarot?

Die Bezeichnung „Tarot“ beschreibt einen Kartensatz von 78 Blatt, der zu laienpsychologischen Zwecken oder als eine Art Orakel verwendet wird. Dabei bezeichnet man eine vollständige Ausgabe von Tarot-Karten als „Deck“ oder auch als einen „Satz“. Es gibt hunderte solcher Decks, die sich teilweise stark voneinander unterscheiden. Da nicht jeder den Gang zu einem Kartenleger bevorzugt, sondern viele Menschen sich Tarot-Karten gern selbst legen, hat die Industrie entsprechend reagiert: Es gibt inzwischen viele Kartensätze, die in Kombination mit einem erklärenden Buch zur Selbstanwendung angeboten werden. Manchmal werden auch Decks als „Tarot“ angeboten, die mit dem eigentlichen Tarot-System nicht mehr wirklich viel zu tun haben – so etwa die sogenannten Lenormand-Karten.

Ein Tarot-Deck besteht nicht ohne Grund aus 78 verschiedenen Karten, denn diese Anzahl entspricht der Summe der ersten zwölf Zahlen: 1 + 2 + 3 + 4 + 5 + 6 + 7 + 8 + 9 + 10 + 11 + 12 = 78. Und nachdem die Zahl Zwölf für Vollständigkeit steht, wird die Zahl 78 als das große Ganze angesehen.

Nur wenige Decks weichen von dieser Zahl ab. So besteht das Universal-Tarot von Maxwell Miller beispielsweise nur aus 74 Karten, weil sich der Künstler dazu entschlossen hat, die vier Pagen-Karten zu entfernen. Es gibt auch Sets, die aus 80 Karten bestehen. Das hat allerdings eher wirtschaftliche und praktische denn spirituelle Gründe, weil beim Druck der Karten die Papierbögen nun mal genau 80 Karten ergeben. Außerdem gibt es Decks, die nur aus den 22 Trumpfkarten bestehen.

Die üblichen 78 Karten unterteilen sich in die sogenannten großen und kleinen Arkane oder Arkana (vom lateinischen

Wort *arcanum*, was übersetzt „Geheimnis" heißt), wobei es meist 22 große und 56 kleine Arkane gibt.

Zu den bekanntesten Decks gehören das Rider-Waite- und das Crowley-Tarot

Das Rider-Waite-Tarot wurde 1910 von Arthur Edward Waite und der amerikanischen Künstlerin Pamela Colman Smith einer breiten Öffentlichkeit zugänglich gemacht. Dieser Kartensatz kommt mit wenigen Farben aus und wirkt aufgrund der fehlenden Nuancen auf den gezeichneten Figuren beinahe wie ein Comic. Es glänzte damals vor allem damit, dass es die Zahlenkarten nicht – wie bis dahin üblich – einfach nur mit der Anzahl der Symbole versehen, sondern sie szenisch illustriert hat, wodurch sie nicht nur lebendiger wirken, sondern auch leichter nutzbar waren. Von keinem anderen Deck gibt es so viele Kopien und Nachahmungen, die sich dabei auf die reine Wiedergabe des Motivs konzentrieren und diese lediglich mit anderen künstlerischen Mitteln umsetzen (das Universal-Waite-Tarot, das Cosmic-Tarot oder auch das Gummibärchen-Tarot, in welchem die dargestellten Personen durch Gummibärchen ersetzt werden.)

Ähnlich einflussreich und verbreitet ist das zum Rider-Waite-Tarot recht gegensätzliche Crowley-Tarot. Lady Frieda Harris und Aleister Crowley erschufen dieses Karten-Set in den 1940er-Jahren, wobei die Künstlerin Harris für die Gestaltung der Karten fünf Jahre benötigte, bei deren Gestaltung weitgehend freie Hand hatte sowie zeitlebens die Urheberrechte dafür besaß. Im Unterschied zu den meisten anderen Sets sind die Darstellungen dicht, reichhaltig und werden von den meisten als besonders ästhetisch und künstlerisch hochwertig empfunden. Zudem enthält es unvergleichlich viele Symbole, die mit dazu geführt haben dürften, warum der Satz derart populär und beliebt geworden ist. Als Kartendeck erschien das Crowley-Tarot übrigens dann 1969 auf dem Markt – Crowley brachte erst 25 Jahre nach der Schöpfung seines Tarots mit dem „Buch Thoth“ eine detaillierte Beschreibung dazu heraus. Sein Ruf als Schwarzmagier begünstigte zwar den oftmals erhobenen Vorwurf, Tarot sei ein Werkzeug von Satanisten, konnte aber nichts an der Verbreitung seiner Symbolik ändern. Decks, die auf das Crowley-Tarot zurückgehen, sind das Haindl-Tarot und das Liber-T-Tarot von Roberto Negrini und Andrea Serio.

Woher kommt es, wer hat es entwickelt?

Nach einer Legende des französischen Mystikers Papus (1865–1916) ist das Tarot im alten Ägypten entstanden: Das ägyptische Reich stand vor einigen tausend Jahren vor der Bedrohung, zerstört zu werden. Darum berieten die Weisen des Landes darüber, wie das jahrtausendealte Wissen ihres Volkes vor der unwiederbringlichen Zerstörung bewahrt werden könne. Der Vorschlag, es in Zeichen und Symbolen in die Wände der Pyramiden einzumeißeln, wurde verworfen, weil diese Bauwerke ebenfalls vergänglich waren. Auch die Idee, die zehn klügsten Köpfe des Landes in die Geheimnisse einzuweihen, damit diese es so anderen weitergeben könnten, fand keine Zustimmung. Und so einigte man sich schließlich darauf, die Weisheit dem Laster anzuvertrauen, da nur dieses alle Veränderungen der Zeit überdauern würde. So kam es also, dass das gesamte Wissen in Bildern auf Spielkarten gezeichnet wurde, die man schließlich dem Volk übergab, auf dass es seinen Lastern und Leidenschaften nachgehen möge. Beweise für diese schillernde Geschichte gibt es freilich keine.

Spielkarten sind in Europa seit dem Ende des 14. Jahrhunderts bekannt, wie sich mittels urkundlichen Erwähnungen nachweisen lässt. Sie scheinen sich recht schnell über ganz Europa verbreitet zu haben, was sich vor allem aus Kartenspiel-Verboten schließen lässt, die man immer wieder in Dekreten erlassen hat. Man vermutet, dass schließlich ein Satz von 52 Spielkarten aus der islamischen Welt nach Europa kam, der aus vier Farben bestand und in seinen Grundzügen den Karten der heutigen kleinen Arkarne entspricht. Die Herkunft der 22 großen Arkane ist dann in vielen Details dokumentiert und genau bekannt.

Bereits vor diesem Zeitpunkt sind Tarot-Karten als tatsächliche Spielkartenblätter oder durch Dokumente belegt, allerdings wurde statt der Bezeichnung „Tarot" der Begriff „Trionfi" verwendet. Das älteste bekannte Trionfi-Spiel entstand zwischen 1418 und 1425. Der Schritt zum Spiel mit 22 Trumpfkarten wird für den Zeitraum von 1460 bis 1470 vermutet. Erste Formen von Tarot-Karten in einer Art Massenproduktion gab es dann zur Zeit des frühen Buchdrucks zwischen 1480 und 1505. Allerdings war dieses frühe Tarot noch weit entfernt von den späteren komplexen Systemen, die sich erstmals im 16. Jahrhundert nachweisen lassen. Die Geschichte der Tarot-Spielkarten war jedoch bis zum Ende des 18. Jahrhunderts noch mit jenen des als Deutungswerkzeug benutzten Tarots ident. Erst seit dieser Zeit enthalten Decks, die ausschließlich zu Deutungszwecken und nicht als Spielkarten gedacht sind, immer symbolischere Inhalte. Um 1800 war es jedenfalls vorrangig in Frankreich hochmodern, Karten zu legen – so sollen auch Napoleon und seine Frau Josephine ein echtes Faible dafür gehabt haben. Der französische Okkultist Etteilla variierte die Tarot-Karten schließlich durch ein eigenes Kartomantie-System, das als das Ur-Modell der weiteren Entwicklungen angesehen werden kann, zu denen auch die Lenormand-Karten gehören.

Besonders einflussreich wurde Tarot, als es von okkultistisch-esoterischen Gesellschaften entdeckt wurde, die in der zweiten Hälfte des 19. Jahrhunderts in den westlichen Nationen entstanden: Der „Hermetic Order of the Golden Dawn" („Hermetischer Orden der goldenen Morgenröte") hat maßgeblich zur Verbreitung der Tarot-Karten als Lege- und

Deutungssystem und Werkzeug der Selbsterkenntnis beigetragen.

Was kann es konkret bewirken?

Wer in einer komplizierten, unbefriedigenden, verwirrenden oder gar verzweifelten Lage steckt, findet in Karten häufig Hinweise zu den Gründen dafür oder gar Ratschläge, wie es möglich ist, sich daraus zu befreien. Wenn etwa in einer zwischenmenschlichen Beziehung der Wurm drinnen ist, kann eine Kartenlegung Aufschluss darüber geben, wie der andere sich damit fühlt und woher die eigenen Emotionen diesbezüglich kommen. Karten zu „befragen“ kann außerdem in Entscheidungssituationen eine große Hilfe darstellen, weil man sich ansehen kann, wie es im Leben tendenziell weitergehen würde, wenn man den einen oder den anderen Weg nimmt. Dadurch kann ein besseres Verständnis für sich selbst als auch für andere gewonnen werden, und eine Art Ausblick in die nahe Zukunft ist ebenfalls etwas, das aus einer Krise heraushelfen kann.

Es gibt grundsätzlich zwei Erklärungsmöglichkeiten, warum das Ergebnis einer Tarot-Legung echte Relevanz für die Beantwortung einer konkreten Frage haben kann:

Das *mystische*, *magische* oder *spirituelle Erklärungsmodell* stützt sich auf den von Carl Gustav Jung (Schweizer Psychiater und Begründer der analytischen Psychologie, 1875–1961) geprägten Begriff der Synchronizität, unter dem man das gleichzeitige oder zeitnahe Auftreten zweier Ereignisse, die in einem inhaltlich sinnvollen, aber nicht kausalen Zusammenhang stehen, versteht. Demnach existiert also eine Parallele zwischen dem, was in einer Legung gezeigt wird und den Ereignissen im Leben der fragestellenden Person.

Die *psychologische Erklärung* sieht in einer Tarot-Legung ein projektives, assoziatives Verfahren, also einen Spiegel innerer Prozesse, die im Außen sichtbar gemacht werden. Das Tarot-Bild wird gewissermaßen als ein visuelles Gleichnis der eigenen Lebenssituation wahrgenommen. Nach dieser Erklärungsmöglichkeit zeigen die Karten grundlegende und darum auch typische menschliche Erfahrungen, die eine emotionale Reaktion hervorrufen, wenn das abgebildete Thema der eigenen Befindlichkeit entspricht. Dadurch kann das Kartenlegen als wirksames Werkzeug für eine Art Selbsterkenntnis fungieren.

Die Karten

Wie bereits erwähnt, bestehen die *großen Arkane* aus 22 Karten, deren Sinnbilder sich von den Bildern reiner Spielkarten stark unterscheiden. Die Karte des Narren trägt traditionell entweder keine Zahl oder sie wird mit der Null (alternativ auch mit der 22) gekennzeichnet.

Auf der folgenden Seite findet sich ein Überblick über die im Rider-Waite und Crowley-Tarot verwendeten Karten.

0	Der Narr	Neugier, Unbeschwertheit, Leichtigkeit, Leichtsinnigkeit, Lebendigkeit, Lebenslust
I	Der Magier	Durchsetzung, gute Handhabung aller Energien, Verbindung zwischen Ideenwelt und Realität, Ausgewogenheit, Ideen und schöpferische Kraft
II	Die Hohepriesterin	Sehnsucht nach inneren Quellen, Intuition, beide Seiten einer Situation sehen, Klärung der Situation und deren Vergangenheit, Klugheit und Umsicht
III	Die Herrscherin/Die Kaiserin	Hingabe, Mutterschaft, innere Kraft und Stärke, Selbstvertrauen und Verantwortungsbewusstsein, innerer Reichtum, Fruchtbarkeit, Durchsetzungskraft
IV	Der Herrscher/Der Kaiser	Herrschaft des Geistes über die Natur, äußere Kraft und Stärke, Selbstbeherrschung, Wille, Stabilität
V	Der Hierophant/ Der Hohepriester	Suche nach der verborgenen Wahrheit, Religiosität, Güte, Gnade, Beistand höherer Macht, erfahrener Rat
VI	Die Liebenden	Hingabe, Vereinigung, innige Verbindung, Liebe im höchsten Ausmaß, starke Verbundenheit, Leidenschaft, Anziehungskraft, Reiz
VII	Der Wagen	Eroberungswille, Abenteuerlust, Wagemut, Erfolg trotz derzeitiger Stagnation, Suche nach dem rechten Weg, Entscheidungsnotwendigkeit, Triumph, Sieg
VIII	Die Kraft/Die Ausgleichung	Erkenntniswille, Harmoniefindung, Fairness, Verantwortlichkeit, Regelung von öffentlichen Angelegenheiten, Gerechtigkeit, Richterspruch (auch im eigenen Inneren)
IX	Der Eremit	Rückzug aus dem Leben, Flucht vor der Masse, Einkehr in sich selbst, die Suche nach dem eigenen Lebensweg, Isolation und Resignation, Distanz, Abgeschiedenheit, Weisheit, Einsamkeit, Reifezeit

X	Das Rad des Schicksals/ Das Glück	stetes Werden und Vergehen, Einsicht „Das Leben geht immer weiter“, Schicksal, größerer Erkenntnisprozess, Wechsel, Auflösung alter Erblasten, einschneidende Veränderungen
XI	Die Gerechtigkeit/Die Lust	Leidenschaft, Energie, Ausstrahlungskraft, Mut, Selbstvertrauen, gute körperliche Konstitution
XII	Der Gehängte	Opfer und Hingabe, Annahme des Schicksals, Ruhephase, Verzicht, Rückzug aus dem aktiven Leben, Unterwerfung, Verschnaufpause, Überdenken der eigenen Situation, gedankliche Bindung, Umkehr
XIII	Der Tod	transformatorischer Prozess, großer, tiefgreifender Loslösungsprozess, Verlust, Loslösung von alten Bindungen
XIV	Die Mäßigkeit/Die Kunst	„Löse und binde“, im Fluss sein, guter, gemäßigter Energiehaushalt, Geduld, Gleichklang der Energien, Ausgewogenheit, Abwägen der Prioritäten
XV	Der Teufel	Trieb- und Suggestivkraft, Machtgier, Kampf gegen das Böse, Abhängigkeit, feste Grenzen, das Negative überwiegt, Versuchung, an die Materie geschmiedet
XVI	Der Turm	Zerstörung der Form, drastische Veränderungen, Zusammenbruch des Egos, alte Systeme stürzen ein, Auseinandersetzung, innere Unruhe, Durchleben von stürmischen Zeiten, Aufhebung der Werte
XVII	Der Stern	Hingabe an den Augenblick, Offenheit, Klarheit der Gefühle, Bereitschaft zur Aufnahme von kosmischen Energien, Erfüllung, Hoffnung, eine kleine Erleuchtung

XVIII	Der Mond	Abstieg in die Unterwelt, Reise in die unbewusste Tiefe, das Erwachen der Gefühle, Grenzen müssen überschritten werden, intuitives Verständnis, kontinuierlicher Wandel, den Weg weitergehen
XIX	Die Sonne	Streben nach Licht, Beachtung des inneren Kindes, Reinheit, Zufriedenheit, Problembereinigung, Selbstbestätigung, Liebe zu sich selbst
XX	Das Gericht/Das Aeon	Geburt, Erneuerung, Aufe-stehung, Neubeginn, das Hören auf innere und äußere Botschaften, Beginn einer neuen Phase, Wiederkehr, das Ende von Leidenszeiten steht bevor
XXI	Die Welt/Das Universum	kosmische Vereinigung, Entwicklung der Persönlichkeit, Erreichen eines wichtigen Zieles, starke Selbsterkenntnis, das Gefühl, alles zu haben, was notwendig ist, Erfüllung, innere Freiheit, Entfaltungsmöglichkeiten eröffnen sich, Selbstausdruck

Die *kleinen Arkane* bestehen aus viermal 14 Karten in vier unterschiedlichen Farben oder Reihen, die wiederum jeweils aus zehn Zahlenkarten und vier sogenannten Hofkarten bestehen. Einzelne Decks verändern diese Anzahl, manche Sets nummerieren die Karten innerhalb der Farben jeweils von 1 bis 14 durch, andere wiederum verzichten auf Farben und benennen die Karten einfach nach ihrem Zahlenwert von 1 bis 56.

Das Prinzip der erwähnten Farben kennt man aus üblichen Kartenspielen. So werden die vier Farben moderner Kartenspiele nach wie vor nach den alten Namen benannt, wenngleich das ursprüngliche Symbol gar nicht mehr vorhanden ist: Karo wird zu Münzen, Kreuz zu Stäben, Herz zu Kelchen und Pik zu Schwertern.

Die Entsprechungen der Farben

Tarot	französische Karten	deutsche Karten
Schwerter	Pik	Blatt
Kelche	Herz	Herz
Stäbe	Kreuz	Eichel
Münzen	Karo	Schellen

Auch wenn bei freien Kartendecks der Fantasie, wie man die vier Farben nennen möchte, praktisch keinerlei Grenzen gesetzt sind, werden sie meistens den vier Elementen Feuer, Wasser, Luft und Erde zugeordnet. Die Zuordnung im Crowley-Tarot entspricht übrigens der klassischen Zuordnung im Rider-Waite-System, nur dass die Münzen als Scheiben bezeichnet werden.

Die Hofkarten: Die Hofkarten sind in den häufigsten Fällen vier Karten, die jeweils eine Person in Verbindung mit dem Symbol einer Farbe kombinieren. Traditionell handelt es sich dabei je nach Deck um König, Königin, Ritter und Page (Rider-Waite-Tarot) oder Ritter, Königin, Prinz und Prinzessin

(Crowley-Tarot). Diese Karten sind es auch, die den größten Wandel in ihrer Bedeutung, Darstellung und Zuordnung durchgemacht haben. Anfänglich symbolisierten die Hofkarten lediglich Personen, etwa war der König der Stäbe ein rothaariger, älterer Mann. In einer Legung, die etwas wahr- oder voraussagen soll, ergeben Karten, die beispielsweise „Ein rothaariger, älterer Mann" bedeuten, durchaus Sinn, doch in einem System, das der Selbsterkenntnis dient, ist eine Karte, die ein konkretes Gefühl oder einen Umstand verdeutlicht, natürlich wesentlich zweckmäßiger. So kam es, dass mit der zunehmenden Gleichsetzung der großen Arkanen mit Archetypen weitere Personen im Karten-Set nicht mehr notwendig waren. Trotzdem gibt es noch Hofkarten, die Personen darstellen, allerdings geht es heute weniger um das äußere Erscheinungsbild derselben als vielmehr um ihre Eigenschaften und Wesenszüge. Und neben diesen symbolisieren die Hofkarten die Einflüsse der verschiedenen Elemente: Könige/Ritter entsprechen den Feuerqualitäten, Königinnen jenen des Wassers, Ritter/Prinzen stehen für den Charakter der Luft und Pagen/Prinzessinnen stellen die Eigenschaften der Erde dar. Daraus ergibt sich am Beispiel der Könige (bei Rider Waite)/Ritter (bei Crowley), dass der König/Ritter der Kelche Feuer mit Wasser vereint und damit die Karte Selbstaufopferung und Hingabe symbolisiert, während beim König/Ritter der Stäbe Feuer auf Feuer trifft, was eine ausgesprochene Willenskraft und Dynamik verkörpert; der König/Ritter der Münzen dagegen ist nach diesem System Feuer der Erde und steht unter anderem für den Willen, materielle Dinge zu erreichen, und beim König/Ritter der Schwerter, durch den sich Feuer und Luft vereinen, geht es um die sprunghafte Suche nach Erkenntnissen.

Die 40 Zahlenkarten: Es gibt zwei Möglichkeiten, die Zahlenkarten zu interpretieren: Einerseits kann man die Bedeutung der Farbe, also des Elements mit dem numerologischen Sinngehalt der jeweiligen Zahl verknüpfen. Oder man weist jeder Zahlenkarte eine eigene Symbolik zu. Ersteres ist in der Regel passender und wird wohl auch deshalb meist so gehandhabt.

Aus den Bedeutungen der Zahlen können sich in Kombination mit den jeweiligen Elementen recht unterschiedliche Interpretationen der einzelnen Karten ergeben. So steht die Neun der Stäbe etwa für Einklang und Harmonie, die Neun der Schwerter hingegen für Grausamkeit und Inquisition.

In der Darstellung und Symbolik von Tarot-Karten werden neben der Numerologie auch die Astrologie, die Mythologie, die christliche Kabbala, Runen und die Alchemie verarbeitet.

Was kann es nicht, wo liegen seine Grenzen?

Einen konkreten Gesundheitszustand, den genauen Todeszeitpunkt eines Menschen oder realistische Prüfungsergebnisse können die Karten – glücklicherweise – nicht voraussagen. Manche Anwender weisen darauf hin, dass Menschen gern alles planen wollen und darum auch am liebsten den Sterbetermin wüssten. Dazu Energetiker Martin Siegl: „Ich verstehe nicht, warum so viele Kollegen sich darauf einlassen, dem fragenden Klienten dessen Sterbedatum mitzuteilen. Das widerspricht unserem Codex und ist nicht nur unseriös, sondern auch gefährlich, weil es dazu führen kann, dass die jeweilige Person es danach nicht mehr schafft, frei und ungezwungen zu leben, sondern ständig mit dieser Sache, die ja das Ende des eigenen Lebens bedeutet, beschäftigt ist und den Tod damit richtiggehend einlädt, zu kommen."

Siegl versucht auch aufmerksam zu bleiben, ob jemand droht, süchtig zu werden und alles fragen zu wollen, denn das kommt immer wieder vor. Gerade wenn eine Legung schon einmal ein Problem gelöst hat oder einen Konflikt erklären konnte, neigen manche dazu, jede Lebenssituation auf diese Art und Weise durchleuchten zu wollen, was, wie alles, was man im Übermaß macht, irgendwann nicht mehr gesund ist.

Es ist eher ein Indiz dafür, dass man sich gar nicht mehr auf seine Intuition verlässt und alles mit den Röntgenaugen der Symbolik durchdringen möchte.

Eine andere Gefahr beziehungsweise ein Hindernis im Auflösen von schwierigen Situationen stellt es dar, wenn Klienten sich etwas nicht eingestehen wollen, also das, was die Karten aufzeigen wollen, ablehnen. Das bedeutet: Wenn jemand sich die Karten legt oder legen lässt, nur um in seiner Meinung oder Sache bestätigt zu werden und nicht offen für das Dahinterliegende ist, auch wenn er mit seiner Haltung oder in seinem Handeln vielleicht falsch liegt, kann das Tarot seine Wirkung selbstverständlich nicht entfalten.

Was sagen seine Anwender?

Unerwartete Erkenntnisse, erschütternde „Aha"-Erlebnisse, die Unterstützung bei Entscheidungsfragen – all das kann eine Kartenlegung verursachen und begünstigen. Martin Siegl will allerdings kein Orakel sein, sondern ein Mensch, wie seine Klienten es auch sind, betont er – denn er ist davon überzeugt, dass jeder von uns Spiritualität in sich trägt: „Jeder würde Inputs bekommen, wenn er sich darauf einlassen würde – und dann ist es nur noch ein kleiner Schritt dorthin, diese auch richtig zu deuten." Was man nicht vergessen darf: „Man schaut sich da das Leben anderer Menschen an. Das muss man mit Respekt, Vorsicht und Behutsamkeit machen." Stammen doch die am häufigsten an ihn gestellten Fragen aus den Themenbereichen Liebe, Familie, Beziehung und Streit. Darum ist es ihm auch so wichtig, diese Menschen nicht zu beeinflussen, sondern ihnen nur Hinweise und Anregungen zu geben – was der Klient dann damit macht, ist dessen Entscheidung. Der Missbrauch durch selbsternannte Gurus oder echte Scharlatane ist hier insofern leicht gegeben, als es unzählige telefonische Tarot-Beratungen gibt – und bei diesen kommt es durchaus vor, dass nicht eigens für jeden Anrufer die Karten gelegt werden, sondern die Berater mit bereits vorgefertigten Legungen arbeiten, die sie dann einfach vorlesen, völlig unabhängig von Frage und Fragesteller.

Wie werden die Karten konkret gelegt?

Während manche sich auf das Legen und Lesen der Karten mit ausführlichen Ritualen, die Kerzen, Musik oder Meditationen beinhalten können, vorbereiten, verzichten andere völlig darauf. Eine gewisse Konzentration, um ganz bei der Sache zu sein, gilt aber dennoch als ratsam, und das Legesystem sollte an die im Raum stehende Frage angepasst werden, die man entweder laut ausspricht oder auf die man den gedanklichen Fokus richtet, während die Karten gemischt und gezogen werden – das kann übrigens entweder vom Fragesteller oder vom Kartenleger (der ja auch ein und dieselbe Person sein kann) gemacht werden.

Eine Legemethode ist ein System, in dem bestimmten Plätzen eine konkrete Bedeutung zugeordnet wird, so zum Beispiel „Das spricht dafür" oder „Das spricht dagegen", „Dahin führt es" oder „Das hat in der Vergangenheit gewirkt". Die darauf landende Karte wird so in Bezug zu diesem Platz gedeutet. Besonders bekannte und beliebte Legesysteme sind „Das keltische Kreuz", „Das Liebesorakel" oder „Das Entscheidungsspiel".

Der 2009 verstorbene deutsche Astrologe Hajo Banzhaf hat allerdings erklärt, warum es keineswegs absurd ist, sich die Karten von einem automatischen Computersystem, wie er eines auf seiner Website angeboten hat, legen zu lassen, das mittels Zufallsgenerator die Karten zieht: „Zeit hat [...] eine Qualität, die jedem Augenblick seine eigene Bedeutung verleiht. [...] Wem es also gelingt, die Augenblicksqualität zu erkennen, der kann aus dieser Symbolik die Antwort ablesen. [...] Und eben das ist das typische Wesen vieler Orakel, die in ihrer Weise die Deutung dieser Symbolik ermöglichen. [...] Der Tarot-Kundige legt sich die Karten, die Druiden befragten die Runen und der Kaffeesatzleser erkennt die Bedeutung des Augenblicks aus der Symbolik des Kaffeesatzes. Die Zeitqualität kommt auf allen Ebenen zum Ausdruck, und dabei ist es unwichtig, was den Zufall bewirkt hat. Bedeutsam ist er allemal, auch wenn es „nur" ein elektronischer Impuls war, der ihn auslöste." Banzhafs Erfahrung nach hängt das Ergebnis beim Tarot weniger davon ab, wie die Karten gezogen wurden (also ob das der Fragende selbst, ein Kartenleger oder ein Computer-System gemacht hat), sondern davon, ob die Frage ernsthaft und klar oder verworren, dumm oder „einfach nur so" gestellt wurde.

Was sagt die Wissenschaft?

Naturwissenschaftler halten wie erwartet nichts von einer Tarot-Legung. Insbesondere gegen die voraussagende Nutzung des Tarots wird häufig – wie gegen alle anderen Arten der Wahrsagerei auch – eingewendet, dass es für die Zuverlässigkeit der Ergebnisse keinen Beweis geben kann. Allerdings gehen die meisten Tarot-Nutzer heutzutage ohnehin davon aus, dass die Karten nicht unumgängliche Ereignisse vorhersagen können, sondern lediglich Tendenzen anzeigen, in welche Richtung sich etwas entwickeln kann, wenn man sich auf eine gewisse Weise verhält.

Der erste Praxistest

PAMELA OBERMAIER BEI MARTIN SIEGL

Als ich bei Martin Siegl sitze, erklärt er mir, dass es ihm besonders wichtig erscheint, den Klienten einzubinden, indem dieser die Karten auch angreifen und genau anschauen darf. Nun beginnt er, sein Werkzeug – er arbeitet mit Lenormand-Karten – zu reinigen, damit es von der Energie des vorigen, der damit gearbeitet hat, frei wird. Dazu klopft er dreimal drauf.

Die Karten sehen schön aus: Sie erinnern mich an Märchenzeichnungen. Nun werden sie gemischt und ich soll mich schon auf meine Frage konzentrieren. Da ich momentan mehrere Jobs nebeneinander ausübe, stelle ich als Frage in den Raum, ob ich grundsätzlich im richtigen Beruf für mich bin. Als ich wie vorhin aufgetragen „Stopp!“ rufe, bricht er das Mischen ab, legt die Karten auf den Tisch und beginnt zu erzählen: Es gebe einige Leute in meinem direkten beruflichen Umfeld, die mir nicht besonders gut tun und ich werde noch einige schwierige Auseinandersetzungen zu bewältigen haben, zeigen die Karten auf. Es sei allerdings meine Erfüllung, das zu tun, was ich jetzt mache – und ich kann es auch außergewöhnlich gut, weshalb ich dranbleiben sollte. Weil ich als Fragestellerin selbst in der Legung vorkomme, sieht er mich im richtigen Beruf bestätigt. Die Karte, auf der eine Frau im Turm abgebildet ist, die definitiv Rapunzel sein könnte, weist darauf hin, dass ich die Situation oft sehr schwer nehme und auch mein Privatleben darunter leidet, erklärt mir Martin Siegl. Ich möge mir unbedingt einen Ausgleich suchen, um den Druck auszuhalten, rät er mir als nächstes. Er sieht Stress, hinterlistige Kollegen, die mir meinen Erfolg nicht gönnen, viele vor mir liegende Entscheidungen und eine hohe Verantwortung, aber auch, dass ich an und für sich gut aufgehoben bin in dieser Arbeit, weil ich genau die Richtige für diese Aufgabe bin.

Für mich sind das alles Aussagen, die sich erst mal logisch nachvollziehbar anhören und die es für mich in Zukunft zu überprüfen gilt. Was ich allerdings jetzt schon sagen kann: Das war eine nicht alltägliche Art und Weise, von außen auf einen Bereich meines Lebens zu blicken und den von meinem Gegenüber auch noch recht treffsicher kommentiert zu bekommen. Eine wirklich spannende Sache, für die ich auf „Wiederholung“ drücken würde.

Der zweite Praxistest

PAMELA OBERMAIER BEI ANNELIES HELLER

Annelies Heller verwendet für meine Tarot-Legung stinknormale Spielkarten, wie ich sie vom Schnapsen kenne. Während sie mischt, erklärt sie mir, dass sie keinesfalls jemandem seinen eigenen Tod schildern würde, selbst wenn sie ihn ganz klar sieht. Ja, das kenne ich schon. Scheint eine Sache der Ehre zu sein unter den seriösen Praktizierenden. Und ich bin sehr froh, dass sie es vorausschickt, weil mir das erspart, sie mit Nachdruck darum zu bitten, mir kein Sterbenswörtchen über meinen Tod zu verraten, da ich das nie und nimmer wissen wollen würde. Ich, wo es mich am ganzen Leib zu jucken beginnt, wenn jemand von Milben spricht, würde vermutlich nicht mehr gänzlich entspannt durch meinen Alltag wandeln, wenn ich irgendetwas von meinem Abgang wüsste. Ich beschließe, steinalt zu werden, und das im bestmöglichen Gesundheitszustand und dann eines Nachts selig zu entschlafen, um am Folgemorgen einfach nicht mehr aufzuwachen. Punkt, aus.

Sie sieht sich als Coach, der mithilfe der Karten Ratschläge geben kann, wie man sich am besten verhält, wenn man an Weggabelungen des Lebens steht, lässt sie mich wissen. Ich frage sie, ob ich ein Anliegen, also etwas Konkretes, das ich wissen möchte, formulieren soll, doch sie meint: „In dieser Legung ist der gesamte Mensch drinnen – mit allem Vergangenen, Aktuellen und Zukünftigen, und nicht nur das, was man wissen möchte. Eine konkrete Frage ist also nicht notwendig." Lächelnd legt sie mit ihren flinken Fingern bedächtig eine Karte nach der anderen auf den kleinen Tisch, der zwischen uns steht, und beginnt schon in Worte zu fassen, was sie sieht: dass mein Freund mein wahrer Seelenpartner ist, meine Ängste hauptsächlich in der finanziellen Sicherheit liegen, meiner Karriere aber nichts im Weg steht, dass die Kommunikation mit Menschen einerseits und das Schreiben andererseits die wichtigsten Komponenten in einem Beruf sind, der mir dauerhaft Freude und Erfüllung bringen soll. Dann erwähnt sie noch, dass ich in Zukunft einen Job ausüben werde, der mehr mit Spiritualität zu tun haben wird. Gut, da ich ihr als Autorin gegenübersitze, die gerade ein Interview mit ihr über ein spirituelles Thema geführt hat, könnte sie das auch völlig ohne Karten-Set wissen, aber abgesehen von meiner Paarbeziehung, die ich nicht erwähnt hatte, spricht sie auch noch zwei ganz konkrete Dinge aus meinem Leben an, die sie unmöglich wissen kann – darüber staune ich nicht schlecht! Und ihre Ankündigung, es werde bald Ruhe und Stabilität in mein aufregendes Leben einkehren, fühlt sich so verheißungsvoll an, dass ich ihr gern alles glauben möchte, was die Karten ihr über mich verraten.

Da ich neugierig bin, frage ich sie, welche Karte ihr worüber genau Auskunft gibt, und sie schildert bereitwillig, welche Bedeutung jede dieser Karten in sich trägt und dass eine Kartenleserin aus der Art und Lage, wie die Karten in Beziehung zueinander stehen, ablesen kann, worum es geht: „Also wie sie zueinander positioniert sind, ergibt dann das Bild!" Anhand einiger Beispiele sehe ich, dass das tatsächlich so abzulesen ist, wie sie es mir erzählt hat. Entspannt und hoffnungsfroh aufgrund der positiven Aussichten gehe ich nach Hause. Und bin voller Neugier, ob und wann sich was davon tatsächlich erfüllen wird. Mein Glück ist also, nur Gutes erfahren zu haben, auf das ich mich freuen kann. Was allerdings gewesen wäre, wenn ich etwas Trauriges, Schlimmes oder auch nur Unangenehmes gehört hätte, möchte ich mir gar nicht ausmalen – obgleich mein Instinkt mir sagt, dass Annelies Heller in allem etwas Positives zu sehen vermag und unerfreuliche Nachrichten in Watte packen würde, um sie ihrem Schützling so behutsam wie möglich zu übermitteln. Von allen getesteten Methoden war diese dennoch jene, bei der ich mich am unbehaglichsten und gar ein wenig bange gefühlt habe. Mir selbst das Tarot zu legen, um mir momentane Situationen anzusehen oder bei Entscheidungen darüber klarer zu werden, was ich möchte oder nicht, das macht mir hingegen keinerlei Angst, sondern inzwischen großen Spaß.

26. Theta Healing – die bewusste und positive Neuprogrammierung des Gehirns

Was ist Theta Healing?

Alpha, Beta, Gamma, Delta – da war doch mal was in der Mathematik-Stunde? Ja, genau! Damit hat Theta Healing auch tatsächlich entfernt zu tun: Der Begriff „Theta Healing“ leitet sich nämlich vom sogenannten Theta-Zustand ab, der jenes Stadium bezeichnet, in dem sich das menschliche Gehirn kurz vorm Einschlafen befindet. Zum Vergleich die unterschiedlichen Befindlichkeiten, in denen unser Gehirn regelmäßig „unterwegs“ ist:

- Beta (14 bis 100 Hertz): Der Normalzustand des Gehirns, während wir wach sind und den Fokus stark ins Außen gerichtet haben.
- Alpha (8 bis 13 Hertz): Der Entspannungszustand des Gehirns, in dem wir entspannt, passiv, ruhig und stressfrei sind.
- Theta (4 bis 8 Hertz): Die Tiefenentspannung des Gehirns, wenn wir schläfrig sind, im „Dämmerzustand“ zwischen Wachsein und Schlafen sind, uns in der REM-Phase (Rapid Eye Movement) befinden beziehungsweise wenn wir meditieren oder unter Hypnose stehen.
- Delta (unter 4 Hertz): Die traumlose Tiefschlafphase des Gehirns, die regenerierend auf unseren Körper wirkt und in der eine hohe Ausschüttung von heilenden Wachstumshormonen stattfindet.

Im Theta-Bereich wird der Körper stark beruhigt, man gelangt zu einer außergewöhnlichen mentalen Klarheit, oftmals verbunden mit dem Gefühl spiritueller Kraft. Kindheitserinnerungen stehen plötzlich unverfälscht im Raum, man erhält einen einfachen Zugang zum eigenen Unterbewusstsein und mit diesem zu einem verborgenen Wissen und einer enormen kreativen Stärke.

Sich im Theta-Zustand aufzuhalten, kann Folgendes bewirken:

- eine tiefe Entspannung, in der Stress-Symptome gelindert werden
- die Harmonisierung beider Gehirnhälften
- die Reduzierung des Schmerzempfindens
- die Aktivierung der Selbstheilungskräfte
- die dauerhafte Reduzierung von Angstgefühlen
- eine bessere Vorstellungskraft, kreativeres Denken
- eine Steigerung von über 25 Prozent des Wachstumshormons DHEA
- das Entstehen von Glücksgefühlen durch die harmonischere Ausschüttung von Endorphinen

Und genau diese Gehirnwellenfrequenz nutzt Theta Healing, um positive Veränderungen im Unterbewusstsein zu erreichen. Biofeedbackforscher wie Dr. Thomas H. Budzynski (US-amerikanischer Psychologe, 1934–2011) haben nachgewiesen, dass ein Mensch im Theta-Zustand stark beeinflussbar ist. Das bedeutet im Umkehrschluss, dass Suggestionen für Veränderungen in den inneren Programmierungen (tief verankerte Glaubenssätze, Überzeugungen) und damit auch im Verhalten möglich sind, weil jede Neuprogrammierung direkt ins Unterbewusstsein geht, wo sie als wahr angenommen wird und von da an positiv wirken kann. Hier packt man das Problem also richtiggehend an der Wurzel, anstatt nur an der Oberfläche zu kratzen. Das erscheint zielführender als viele andere Methoden, die lediglich mit dem Verstand arbeiten, der ja bekanntlich wenig gegen das Unbewusste ausrichten kann.

Woher kommt es, wer hat es entwickelt?

Vianna Stibal (leider ließ sich das Geburtsjahr der Amerikanerin nicht eruieren) ist die Begründerin dieser energetischen Heilmethode – sie hat dazu verschiedenste Techniken zusammengetragen und miteinander vereint, nämlich Yoga genauso wie Praktiken aus der Quantenphysik und Ergebnisse der Gehirnforschung. Stibal selbst soll durch ihre Methode vollständig von Krebs geheilt worden sein, heißt es in ihrer Biografie. Eine Genesung mithilfe von Theta Healing wird laut ihrer Überzeugung dadurch erzielt, dass das Bewusstsein durch das Kronenchakra zur siebten Seinsebene gesendet wird, um auf der mentalen, genetischen, historischen und Seelenebene des Individuums eine positive Veränderung zu erreichen.

Was kann es konkret bewirken?

Die Theta-Healing-Methode ist sozusagen die Lehre davon, dass alles mit Leichtigkeit machbar ist, wirklich *alles*. Eine wunderbare Vorstellung, wenn man daran denkt, dass wir Menschen meistens davon ausgehen, die Lösung für ein Problem müsse mindestens so kompliziert sein wie das Problem selbst – und uns genau darum häufig die Zähne an schier unüberwindbaren Herausforderungen des Alltags ausbeißen, weil wir nicht glauben können, dass die Antwort so einfach ist. Menschen, die mit Theta Healing arbeiten, gehen davon aus, mit ihrer Methodik psychische Störungen genauso wie gesundheitliche Probleme oder Schwierigkeiten in zwischenmenschlichen Beziehungen aus dem Weg räumen zu können.

Was kann es nicht, wo liegen seine Grenzen?

Wer Vianna Stibal Glauben schenken möchte, kann sich darüber freuen, dass es laut ihres Erfahrungsschatzes tatsächlich keinerlei Grenzen in der Arbeit mit Theta Healing gibt. Sie ist davon überzeugt, dass sogar jede erdenkliche physisch manifestierte Krankheit mittels Theta Healing verbessert oder geheilt werden kann: In ihrem Buch „Theta Healing. Krankheiten und Beschwerden heilen“ kommen in alphabetischer Reihenfolge eine Vielzahl bekannter Krankheitsbilder von AIDS über Diabetes, Epilepsie und Grippe bis hin zu Krebs und Zahnfleischerkrankungen vor, die Stibal mit der Hilfe von Theta Healing für heilbar hält. Die Rolle der konventionellen Medizin verflucht sie deshalb allerdings nicht, sie beruft sich sogar immer wieder auf die Erkenntnisse der Schulmedizin, da sie Ärzte und Medikamente nicht als Feinde betrachtet, sondern sehr wohl einen brauchbaren Nutzen aus der modernen Medizin zieht: „Ich glaube, dass die Schulmedizin in ihrer Essenz eine eigene, mächtige, spirituelle Schwingung ausstrahlt und es an uns liegt, diese klug zu nutzen.“ Trotzdem sieht sie durchaus auch Nachteile in der Arbeitsweise von Schulmedizinern: Die Spezialisierung, mit der man sich in den verschiedenen Fachrichtungen einzelner Krankheitsbilder annimmt, ist in Stibals Augen ein Problem, weil durch sie die ganzheitlichen Aspekte des menschlichen Körpers vernachlässigt oder schlimmstenfalls übersehen werden. Dennoch spricht sie sich für die Fortschritte der modernen Medizin aus und propagiert eine Kombination von klassischen und alternativen Methoden: „Ich bin immer für das eingetreten, was wirkt. Wenn Antibiotika nötig sind, dann ist das in Ordnung. Wenn ein Heilprozess angesagt ist, ist das ebenso in Ordnung.“ Wichtig ist der „Erfinderin“ von Theta Healing allerdings, dass die Menschen ihre Hauptbotschaft begreifen: „Unser Körper besteht aus mehr als nur reiner Materie oder aus Zellen, die automatisch reagieren und miteinander wie eine ‚biologische Maschine‘ kommunizieren. Gefühle, Emotionen, Überzeugungen und Programme beeinflussen, wie wir uns verhalten, und haben starken Einfluss auf die Befindlichkeit des Körpers bis hin zur Zellebene. Theta Healing fördert die Entwicklung unserer psychischen Heilfähigkeiten. Jeder Mensch ist hinsichtlich seiner Überzeugungen verschieden, aber das Grundmuster an Emotionen, die eine bestimmte Krankheit anziehen und durch eine bestimmte Anlage in diesem Menschen entstehen, sind bei allen [...] gleich." Stibal weist auf eine einzige Grenze des Theta Healings hin: „Der Heiler selbst kann ein Problem darstellen." Die Grenze liegt also – wie in beinahe allen Dingen – im Menschen, im Menschlichen, im Unvollkommenen. Denn wenn ein Therapeut meint, eine Krankheit sei besonders schlimm oder selbst unsicher hinsichtlich einer Heilung ist, dann bricht der Genesungsprozess natürlich ab, denn dann werden die Glaubensmuster des Heilers auf den Klienten übertragen und sind damit gleich stark verankert, als kämen diese vom Kranken selbst. „Es ist überaus wichtig, zu *glauben*, dass die Heilung eines Menschen möglich ist", so Stibal in ihrem Buch „Theta Healing. Krankheiten und Beschwerden heilen".

Was sagen seine Anwender?

Michael Kurzbauer ist Energetiker, genauer gesagt Theta-Healing-Therapeut, kurz „Theta Healer". Seine Vision von einer Welt: dass jeder Mensch sich selbst in den Theta-Zustand versetzen kann, diesen Vorgang durch Meditation übt und trainiert, bis es völlig selbstverständlicher Teil seines Alltags wird, Probleme gesundheitlicher und psychologischer Natur mittels Theta Healing aufzulösen. Für ihn beantwortet Theta Healing die meisten Fragen des Lebens, und seit er es entdeckt hat, fühlt er sich wie ein neuer Mensch. Er geht wie die meisten Theta-Healing-Anhänger und -Ausbilder davon aus, dass unsere Überzeugungen (beispielsweise dass jedes Problem einer extrem komplizierten Lösung bedarf) das einzige sind, was uns wirklich im Weg steht. Kurzbauer glaubt zu wissen, dass mittels Theta Healing ein Umbau unserer Zellen möglich ist und man die Physik beeinflussen und verändern kann. Er ist der Ansicht, dass eine physische Krankheit nichts als eine chemische Verfestigung einer Energieblockade darstellt, hinter der jeweils unverarbeitete Dinge stehen, denn Zellen machen, was ihnen aufgetragen wird – also werden sie krank, verändern, vermehren oder verringern sich, wenn das Gehirn ihnen das befiehlt (natürlich sehr einfach ausgedrückt). So manifestieren sich nicht nur emotionale Schäden und Umweltgifte in unserem Körper, sondern auch jedes Trauma, jeder Schock nistet sich in der DNA ein und wird abgespeichert. Zudem verändert jede Entscheidung unsere DNA, erklärt Kurzbauer.

Was sagt die Wissenschaft?

Die Wissenschaft mischt bei dieser an sich rein spirituell anmutenden Praktik stark mit: Gehirnforscher haben herausgefunden, dass sich Kinder ungefähr bis zu ihrem siebten Lebensjahr hauptsächlich in der Theta-Frequenz befinden. Deshalb sind Menschen in diesem Alter noch stark formbar, da sie empfänglich für Programmierungen jeglicher Art sind. Inzwischen ist zudem klar, dass der Theta-Zustand über eine längere Zeitspanne aufrechterhalten werden kann. Einige Biofeedbackforscher vertraten anfangs noch die Meinung, es sei unmöglich, im Theta-Zustand über längere Zeit zu verharren, es sei denn in tiefster Hypnose, diese Meinung wurde jedoch durch andere Wissenschaftler mittels EEG-Aufzeichnungen gründlich widerlegt. Es gibt einige Tests, die belegen, dass Heiler, die sich bewusst und mit einer speziellen Technik in den Theta-Zustand begeben, in diesem so lange bleiben können, bis sie ihn bewusst wieder verlassen. In diesem Zusammenhang ist wohl besonders interessant, dass sich Theta-Wellen im selben Frequenzbereich befinden wie die Schumann-Wellen, also die elektromagnetische Resonanzfrequenz unseres Planeten Erde. Diese liegt nämlich exakt bei 7,83 Hertz und entspricht damit genau der Gehirnfrequenz der meisten Säugetiere. Diese Tatsache wird auf den Umstand zurückgeführt, dass alles energetische Schwingung ist und Menschen und Tiere sich an ihren Lebensraum anpassen. Am Forschungszentrum Aspen in Colorado (USA) wurde weiters entdeckt, dass Delfine diese Frequenz selbst erzeugen können und auch von 7,83-Hertz-Schallwellen angezogen werden. In zahlreichen weiteren Untersuchungen konnte nachgewiesen werden, dass das Gehirn auf Wellen, die ihm von außerhalb angeboten werden, reagiert, genauer gesagt: Unser Gehirn nimmt die vorherrschenden Wellen seiner Umgebung an und versucht so, sich seinem jeweils aktuellen Lebensraum anzupassen. Das kann natürlich sehr heilsam sein, wenn man sich beispielsweise mittels Meditation in die Frequenz der Theta-Wellen begibt, aber im Umkehrschluss kann das auch fatal sein, wenn man bedenkt, wie häufig wir in unserem Alltag von Frequenzen umgeben sind, die wider jede natürliche Schwingung agieren und unser Gehirn ständig in Stresszustände versetzen (man denke an Handys, DECT-Telefone, Mikrowellen etc.). Umso wichtiger erscheint es, für einen regelmäßigen positiven Ausgleich zu sorgen.

Der Praxistest

PAMELA OBERMAIER BEI MICHAEL KURZBAUER

Ich sitze in eine Decke gehüllt dem Theta Healer gegenüber und fühle mich ein wenig eigenartig in dieser irgendwie doch recht privaten Position, die ich normalerweise nur beim kuscheligen Lese- oder Fernsehabend auf meinem Sofa einnehme. Im Praxisraum riecht es so, wie man es erwartet: nach einer Mischung aus ätherischen Ölen und Duftkerzen. Zunächst gibt es eine Art Vorgespräch zwischen uns, in dem ich mein Problem, das ich gern lösen möchte, schildere. Während meiner Erzählungen unterbricht mich mein Gegenüber kein einziges Mal, sondern hört still und aufmerksam zu. Dann bittet mich der Theta Healer, meine Augen zu schließen und beginnt mit angenehmer, halblauter Stimme, mir verschiedene Fragen zu stellen – beispielsweise formuliert er als erstes eine Gefühlsgruppe, die er meiner unbefriedigenden Situation zuordnet (Ohnmacht, Angst, Hilflosigkeit) und fragt mich davon ausgehend, wann ich erstmals in meinem Leben Ähnliches gefühlt habe. Ich bin etwas ratlos im ersten Moment, aber gleichzeitig fallen mir zwei Ereignisse ein, die zu meiner aktuellen Problematik passen könnten – ich bin allerdings nicht sicher, ob mir die mein Verstand vorgibt oder ob sie durch ein Gefühl ausgelöst werden, und ich spreche das auch aus, weil ich ja nichts falsch machen und außerdem überprüfen möchte, was das Besondere an dieser Methode ist. Die Antwort klingt zumindest ein-, wenn schon nicht erleuchtend: „Es ist völlig egal, woher es kommt." Wenig überraschend sind wir mit der ersten Erinnerung auch schon bei meiner Familie angelangt – das kennen wir ja aus der Psychologie, dass alles seinen Ursprung in unserer Kindheit hat. Nun stellt mir Michael Kurzbauer unterschiedliche Fragen, die man, wenn man bei Trost ist, alle mit „Ja" beantworten möchte, denn es geht in jeder Fragestellung darum, ob man ein schlechtes Gefühl loslassen, eine unangenehme Erfahrung auflösen möchte. Mit der konkreten Ermittlung, ob man dazu bereit ist, holt sich der Theta-Healing-Therapeut die Erlaubnis seines Klienten ein, die betreffende Sache bearbeiten zu dürfen, und es scheint auch wichtig zu sein, sich bewusst dafür zu entscheiden. Während der Energetiker nun Sätze von sich gibt, die für manche etwas befremdlich wirken könnten („Schöpfer, zeig uns, wie sich das anfühlt!") und verschiedene Formeln spricht („Mach es, mach es jetzt!"), stellt sich bei mir ein recht angenehmes Gefühl ein, und das, obwohl ich mir anfänglich ehrlich gesagt schon auch irgendwie ein wenig blöd vorkomme – doch lange habe ich mich nicht mehr so ruhig, zufrieden und entspannt gefühlt. So, als könnte mir nichts etwas anhaben. Mit viel Geduld und über zwei

Stunden lang beschäftigt sich Michael Kurzbauer mit meiner Angelegenheit, kommt dabei scheinbar vom Hundertsten ins Tausendste, was schön zeigt, wie die Dinge miteinander verbunden sind. Und alles, was er mir dazu erklärt, also warum sich welche Emotion bei mir eingestellt hat, klingt wirklich logisch. Ich fühle mich immer gelassener und wenn er mich auffordert zu beschreiben, was ich empfinde, während er mir neue Emotionen und Glaubenssätze „aus dem Universum ‚herunterlädt'", sehe ich tatsächlich wunderschöne Bilder vor meinem inneren Auge. Und körperlich fühlt sich alles warm in mir an.

Etwa im letzten Drittel der Sitzung mache ich eine eigenartige Erfahrung: Meine Hände, die auf meinen Oberschenkeln ruhen, fühlen sich plötzlich wie aufgeblasen an, als wären sie auf ein Fünffaches ihrer normalen Größe angeschwollen. Sobald ich die Hände hebe und bewege, gibt sich das, aber wenn ich sie erneut ablege, kommt das Gefühl sofort zurück. Es ist ein wenig unangenehm und lenkt mich vom Inhalt der Sitzung ab, doch da weist mich der Theta Healer an, meine Hände auf mein Herz zu legen und die überschüssige Energie dorthin abfließen zu lassen, wodurch sich das gefühlte Angestaute verabschiedet, wie beim Auslassen der Luft aus einer Luftmatratze. Die zu Beginn erwähnte zweite Situation, die ich als einen ursprünglichen Auslöser für mein aktuelles Problem vermute, wird nicht mehr angesprochen – ich weiß nicht, ob Michael Kurzbauer schlicht darauf vergessen hat, oder ob er sich bewusst nicht darauf einlässt, weil es nicht mehr nötig ist oder den zeitlichen Rahmen sprengen würde, und mir selbst erscheint es nicht bedeutend genug, um zu unterbrechen und darauf hinzuweisen. Ein Nachgespräch gibt es auch noch, allerdings unangekündigt, das heißt, ich merke irgendwann, dass es wohl an der Zeit ist, die Augen wieder zu öffnen, weil das jetzt nicht mehr Teil des Prozesses ist und es mir unhöflich erscheint, mein Gegenüber nicht anzusehen, während ich mich mit ihm unterhalte. Ob es mir lieber gewesen wäre, konkret und bewusst aus meinem meditativen Zustand geholt zu werden oder ob es genau so richtig war, dass ich selbst entscheide, wann ich diesen abschließe, kann ich gar nicht sagen. Wir beenden die Sitzung jedenfalls bald darauf und ich verlasse den Ort des Geschehens einerseits aufgewühlt, andererseits ganz ruhig. Klingt blöd, ist aber so.

Mein Fazit: Allein vom Körpergefühl her war diese Behandlung wie eine besonders tiefe Meditation. Ich war total ruhig, hätte währenddessen mehrmals sofort einschlafen können, so angenehm hat sich der Großteil angefühlt (mal abgesehen vom eigenartigen Erlebnis meine Hände betreffend). Ich fühle mich auch irgendwie zufrieden, richtig erholt und ausgesöhnt – was nicht immer der Fall ist, wenn ich über ein Problem nachdenke oder spreche, denn häufig sind die automatischen Begleiterscheinungen Ratlosigkeit oder Wut, weil ich es nicht mag, keine Lösung zu finden. Dass Michael Kurzbauer während des Prozesses wie nebenbei meine anderen Schwierigkeiten, über die ich gar nicht sprechen wollte, gefunden und geöffnet und auch nach Theta-Healing-Manier bearbeitet hat, finde ich erstaunlich und bemerkenswert. Doch das Beste passiert kurze Zeit später in meinem Auto: Ich bekomme einen Anruf, der ein erster echter Schritt aus meiner Problematik sein könnte, denn er bietet zumindest die Möglichkeit eines Weges aus der Krise an. Und gute vier Wochen später hat sich mein Negativ-Thema tatsächlich in Luft aufgelöst. Wow, das fühlt sich nun doch recht mystisch an!

27. Träume – Projektionen aus den Tiefen der Seele

Was ist Traumdeutung?

„Der Traum ist eine Psychose, mit allen Ungereimtheiten, Wahnbildungen und Sinnestäuschungen einer solchen“, sagte der österreichische Neurologe und Psychoanalytiker Sigmund Freud (1856–1939) und wusste dabei vermutlich, wovon er sprach. Um zu klären, wie das menschliche Innenleben funktioniert und welche Bedeutung dabei dem Unterbewusstsein zukommt, deutete er die Träume seiner Patienten. Unter anderem aus den dabei gewonnenen Erkenntnissen entwickelte Freud sein Modell der drei Instanzen (Es, Ich und Über-Ich), aus welchen sich die Struktur der Psyche zusammensetzt.

Medizinisch gesehen ist der Traum, im ursprünglichen Sprachbegriff als „psychogenes Trugbild“ bezeichnet, eine psychische Aktivität, meist begleitet von bewegten Bildern und häufig auch von intensiven Gefühlen, die in allen Abschnitten des Schlafes (Ein- und Aufwachphasen, REM- und NREM-Schlaf) auftritt. Das Traumgeschehen, an das sich einige Menschen gar nicht oder selten, andere wieder fast immer oder zumindest häufig, erinnern (Frauen im Schnitt eher als Männer), ist meist nicht realistisch (auch wenn es sich auf die Realität, auf die aktuelle Situation beziehungsweise Erinnerungen, bezieht, oder in Verbindung mit starken Emotionen möglicherweise einen Wunsch oder eine Befürchtung widerspiegelt) – die Ereignisse könnten zum überwiegenden Teil unmöglich im wachen Leben stattfinden oder sind zumindest unwahrscheinlich.

Träume unterliegen nur bedingt dem Einfluss des Ichs, des Bewusstseins, und entspringen vermutlich unbewussten Gefühlen, Gedanken oder Beobachtungen (Ursachen und Funktion der Träume sind medizinisch bis heute nicht gänzlich erforscht), wobei intuitive Eingebungen, beispielsweise

Ahnungen, in den Vordergrund und kognitive Fähigkeiten, etwa logisches Denken, in den Hintergrund treten.

Träume kann man deuten und damit angeblich einen Einblick in die Tiefen der Psyche erhalten oder zumindest einzelne Puzzlestücke der Vorgänge im Unterbewusstsein erkennen. Ein immer wiederkehrendes Schlaferlebnis soll besonders signifikant sein, weil es ein Problem symbolisiert, häufig in Form einer Metapher, das über einen längeren Zeitabschnitt von größter Bedeutung für die betreffende Person ist (womöglich ohne deren Kenntnis dieser Belastung).

Im Lexikon wird die Traumdeutung, auch Oneirologie (vom griechischen Wort *oneiros*, auf Deutsch „Traum") als jene Tätigkeit definiert, die hinter den im Traum erlebten Bildern, Handlungen und Gefühlen jeweils eine bestimmte, meist wichtige symbolhafte Botschaft vermutet und versucht, sie methodisch zu deuten.

Woher kommt sie, wie hat sie sich entwickelt?

Im Altertum nahm die Deutung von Träumen eine wichtige Funktion als Orakel ein, mithilfe dessen man in die Zukunft zu blicken glaubte, in der sich das Schicksal der menschlichen Existenz offenbarte. Als Auslöser der visionären Schlaferlebnisse galten Dämonen oder Götterboten, die diese Bilder suggerierten und auf diesem Weg eine Botschaft übermittelten.

Religiöse Annahmen gingen eher in die Richtung, dass der Teufel mit schönen Träumen seine Opfer in Versuchung führen wollte. In der mesopotamischen Kultur haben Traumdeuter sogenannte Traumhauch-Hütten gebaut, die als eine Art Traumfänger fungierten. Mittels der unzähligen dort gesammelten Visionen, die als Omen der Reihe nach analysiert wurden, wollten die weisesten Männer des Landes in die Zukunft blicken. Im griechischen Delphi sowie im ägyptischen Memphis haben Priesterinnen die Träume der Pilger interpretiert. Auch im Alten Testament spielte die Traumdeutung eine Rolle, etwa als Josef in Ägypten die Schlaferlebnisse eines Schenken und eines Bäckers analysierte (1 Mose, 40,5 ff.).

Auch die nordamerikanischen Ureinwohner maßen den Träumen seit jeher große Bedeutung zu, ganz besonders bei der Ausführung von Ritualen.

Im mittelalterlichen und spätmittelalterlichen Abendland erfolgte die Fortführung der antiken Tradition durch die Verbreitung sogenannter Traumbücher, auch Losbücher, die zur mantischen Literatur zählen. Diese Werke dienten der Weissagung von Wetter- oder Krankheitsverläufen, politischen Entwicklungen und anderen alltäglichen Fragen. Traumbücher wurden als Teil der Zauberei angesehen und daher sowohl nach kirchlichem als auch nach weltlichem Recht verboten.

Die moderne Traumdeutung beruht auf den Forschungen von Sigmund Freud, der die Visionen im Schlaf als wichtige Informationsquelle über unbewusste Erlebensweisen des Menschen verstand. Im Rahmen seiner Tätigkeit als Tiefenpsychologe systematisierte er die Entstehung und Bedeutung der Träume sowie ihre Deutung und bezeichnete seine Arbeit als Traumanalyse. Er entwickelte darüber hinaus einige Mechanismen (Verdichtung, Verbildlichung, Verschiebung etc.), mithilfe derer ein Schlaferlebnis leichter entschlüsselt werden kann.

Auf Freud folgte Carl Gustav Jung (1875–1961), ein Schweizer Psychiater und der Begründer der analytischen Psychologie, der den Traum als unmittelbar deutlich werdende Darstellung der inneren Wirklichkeit des Träumenden verstand. Er war aufgrund seiner These der Annahme, dass es vom Schlafenden keiner freien Assoziationen bedürfe, um den Traum verstehen zu können.

Was kann sie konkret bewirken?

Der Traumdeutung wird seitens der Psychologie und Psychoanalytik eine wichtige Rolle zugeschrieben, gelten die nächtlichen Visionen doch als Ausdruck des Unterbewusstseins, als Guckloch in die Seele. Sie liefern, unglücklicherweise oft kompliziert verschlüsselt, wertvolle Informationen in Bezug auf das aktuelle Befinden sowie Befürchtungen und Hoffnungen, enthalten zahlreiche Hinweise auf Bedürfnisse und geben Aufschluss über die Persönlichkeit der betreffenden Person. Oft enthalten Träume auch Warnungen vor bestimmten Situationen oder Mitmenschen beziehungsweise Tipps zur Lebensplanung – es handelt sich dabei um Intuitionen, die tief im Unterbewusstsein schlummern und sich mithilfe der Träume an die Oberfläche kämpfen.

Werden Träume richtig interpretiert, können sie auch dabei helfen, unterdrückte Wünsche zu erkennen, die man sich im Wachzustand, möglicherweise aufgrund sozialer oder moralischer Zwänge, nicht eingestehen würde.

Was kann sie nicht, wo liegen ihre Grenzen?

Laienhafte Traumdeutung verleitet unter Umständen dazu, Lebenssituationen, nahestehende Personen und sich selbst falsch einzuschätzen, schlechte Entscheidungen zu treffen oder kontraproduktiv zu handeln und sich damit zu schaden. Wer sich auf das Experiment Traumdeutung einlässt, riskiert stets eine Falsch- oder Überinterpretation. Beispiel: Wenn man vor einer Reise ans andere Ende der Welt träumt, dass ein Flugzeug abstürzt, ist das kein Omen und bedeutet nicht, dass der betreffenden Person im Schlaf das dritte Auge geöffnet wurde und sie damit in die Zukunft blicken konnte. Die Vision wird vermutlich viel eher eine noch nicht bekannte oder unterdrückte Flugangst zum Ausdruck bringen. Auch die oberflächliche, einmalige Interpretation eines signifikanten Symbols oder typischen Angsttraums, wie zum Beispiel die Bedrohung durch eine dunkle Gestalt, hat keinerlei seriöse Aussagekraft.

Sich also ein einschlägiges Lexikon herzunehmen und von A wie Aal (Schlüpfrigkeit, Angst vor Verantwortung) bis Z wie Zypresse (Enttäuschung und Trauer, möglicher Verlust) alles zu deuten, was einem nachts im Schlaf schon untergekommen ist, macht bei einer Frauenpyjamaparty mit Prosecco sicher Spaß, hat ansonsten aber wenig Sinn.

Was sagen ihre Anwender?

Seine eigenen Träume kann jeder Mensch selbst deuten, wenn er sich mit der Thematik beschäftigt und langfristig seine Schlaferlebnisse beobachtet. Nur einen einzigen Traum, der einen besonders beschäftigt oder aufgeregt hat, zu analysieren, bringt nicht viel, weil er kaum wirkliche Aussagekraft hat – davon abgesehen, dass man in solchen Fällen ohnehin meist ahnt, welches Ereignis diese Vision ausgelöst hat (wie zum Beispiel ein Tadel vom Chef – man träumt daraufhin möglicherweise, bei einer Prüfung durchzufallen, plötzlich winzig klein zu sein oder vom Partner verlassen zu werden, weil das Selbstbewusstsein angeschlagen ist). Einzelerlebnisse können außerdem verfälscht sein, unter anderem durch äußere Umstände – wird zum Beispiel in der Nacht irgendwo im Haus eine Türe zugeknallt und man träumt daraufhin von einem Schuss, ist das per se nicht verwunderlich. Interessant wäre in diesem Fall lediglich die Umsetzung der Interpretation dieses akustischen Auslösers: Was genau träumt man im Zusammenhang mit diesem Schuss? Schießt man selbst? Wird man erschossen? Mord? Notwehr? Und so weiter ...

Wesentlicher als die Interpretation einzelner Bilder ist das Zusammensetzen des Puzzles aus allen Ereignissen, auch in Kombination mit weiteren Träumen, um irgendwann verstehen zu können, was einem das Unterbewusstsein mitteilen will. Es handelt sich dabei um die Traumsprache, die generell auf der ganzen Erde in allen Kulturen gleich ist und sich inhaltlich im Laufe der Zeit nicht verändert hat.

Konsultiert man einen professionellen Deuter, muss der Verbindungen zu seinem Klienten knüpfen, etwa die Persönlichkeit und die genauen Lebensumstände der betreffenden Person kennen und mehrere Träume in Kombination betrachten, beziehungsweise sich nur den immer wiederkehrenden Visionen widmen, um seriöse Angaben machen zu können. Die meisten Anwender raten daher, eine Zeit lang ein Traumtagebuch zu führen und dieses dann zum ersten Termin mitzubringen. Diese Niederschrift sollte folgende Punkte enthalten: nicht alltägliche Ereignisse, Zustände und Tätigkeiten am Tag zuvor (fühlte man sich krank, war man genervt von einer Situation oder einem Menschen, gab es Streit etc.), intuitive Schätzung des ungefähren Zeitpunkts des Traums (kurz nach dem Einschlafen, mitten in der Nacht, kurz vor dem Aufwachen) und zuletzt Handlung und mitwirkende Personen der nächtlichen Vision sowie eventuelle Zusammenhänge zu einem früheren Traum und mögliche Erklärungen (spontan).

Sollte man versuchen, seine Träume selbst zu deuten, gibt es einige Tipps, die dieses erleichtern können: Nicht alles muss interpretiert werden – man sollte daher versuchen, das Wichtige vom Unwichtigen unterscheiden zu lernen. Wiederkehrenden ähnlichen Situationen oder dominanten Symbolen sollte man besondere Aufmerksamkeit schenken – was sich mehrfach wiederholt, ist am aussagekräftigsten. Auch auf scheinbare Nebensächlichkeiten gilt es zu achten – oft „versteckt" das Unterbewusstsein eine wichtige Botschaft als kleines Detail am Rande, weil sich eine bestimmte Entwicklung erst andeutet. Doch je früher man sie erkennt, desto eher kann man handeln. Nach einiger Zeit der Traumbeobachtung ist vielleicht ein bestimmtes Muster zu erkennen, das nun gedeutet werden kann.

Im Zusammenhang mit anderen Personen muss auf Folgendes hingewiesen werden: Nur weil man zum Beispiel immer wieder träumt, die neue Arbeitskollegin sei eine Intrigantin, die nur Böses im Schilde führt, bedeutet das nicht, dass das Unterbewusstsein so schlau ist und das schon weiß (und dass es auch stimmt). Es bedeutet nur, dass man unbewusst fürchtet, die Arbeitskollegin könnte einem schaden wollen, was sich im Traum in Bildern ausdrückt.

Was sagt die Wissenschaft?

Von der Hirnforschung werden die Visionen im Schlaf als physikalische und biochemische Vorgänge und Antwort auf gehirngesteuerte Prozesse betrachtet. Es herrscht bei diesem Zweig der Wissenschaft kein bis wenig Verständnis für den Wunsch, Träume zu verstehen oder gar zu deuten, vor. Die Tiefenpsychologen als Erben der Freud'schen Lehren sehen in den Schlaferlebnissen Reflexionen des Unbewussten. Auf dieser Seite besteht also sehr wohl das Bedürfnis, Träume zu interpretieren, um damit einen Blick auf verdrängte Erinnerungen oder tiefliegende Ängste werfen zu können. Anhand der gewonnenen Bilder gelingt es Experten dann möglicherweise, Probleme der Menschen zu lösen, von denen sie unter Umständen nicht einmal wussten, dass sie sie hatten.

Andere wissenschaftliche Erklärungen für das grundsätzliche Vorhandensein von Träumen lauten zum Beispiel: Überbleibsel aus der Evolution, Wunscherfüllung, Neutralisation von Stimmungen und Verarbeitung von Problemen oder starken Emotionen aus dem Wachzustand. Darüber hinaus dienen sie laut Vermutungen der Schaffung kreativer Lösungsansätze oder stellen einen Entspannungszustand zur Bewältigung von angstbesetzten Inhalten dar. Eine weitere Hypothese besagt, der Traum sei der Zeitraum, in dem der Geist den Körper verlässt und in einer Art Parallelwelt Erfahrungen sammelt, die der Mensch dann als Schlaferlebnis wahrnimmt.

Der Praxistest

GABRIELE HASMANN BEI CHRISTA REGENSPURGER

Traumdeutung ist für mich eines der interessantesten Gebiete überhaupt, da diese Praktik nichts mit „fremden Mächten" zu tun hat, sondern es sich dabei um verschlüsselte und oft mystische Botschaften von einem selbst an einen selbst handelt. Man könnte es auch folgendermaßen beschreiben: Im Schlaf öffnet sich das Unterbewusstsein und projiziert aus seinen Tiefen sinnbildliche Filme auf eine Leinwand im Kopf, um relevante Themen vom Verstand bearbeiten zu lassen. Träume sind so eine Art feinstoffliche Feng Shui-Berater, die für Harmonie und Ausgeglichenheit zwischen Seele und Geist sorgen.

Ich mag meine nächtlichen Visionen und interpretiere gerne laienhaft daran herum, allerdings eher zu meiner eigenen Unterhaltung als mit dem Wunsch, Botschaften zu entschlüsseln. Dazu muss allerdings gesagt werden, dass ich seit meiner Pubertät keine Albträume mehr habe und dank häufigen Klarträumens (luzide Träume) meist ohnehin aussteigen kann, wann immer ich will – ich wecke mich dann einfach selbst auf, wenn eine Situation unangenehm zu werden droht.

Zwei meiner häufiger wiederkehrenden harmlosen Schlaferlebnisse habe ich mithilfe einschlägiger Literatur bereits unter die Lupe genommen und werde sie nun auch noch von der Expertin Christa Regenspurger deuten lassen.

In meinem ersten Traum spiele ich mit einer großen grauen Dogge, die nicht mir gehört, in einem weitläufigen Garten oder Park. Es ist warm und sonnig, und der lebhafte Hund und ich haben viel Spaß.

In der zweiten Vision betrete ich einen Aufzug und drücke einen Knopf, komme aber nie dort an, wo ich hinwill. Ab und zu steige ich dann in dem falschen Stockwerk aus und sehe mich um, meist fahre ich aber weiter, hinauf und wieder hinunter, und verlasse den Lift irgendwann an der Stelle, an der ich eingestiegen bin. Ich finde die Situation aber nicht großartig dramatisch, ärgere mich immer nur ein wenig.

Laut meiner schlauen Traumfibel bedeutet die erste Vision, dass mein Liebhaber treu ist. Angesichts der Tatsache, dass ich über so einen Mann gar nicht verfüge, ist diese Interpretation ein wenig befremdlich. Nach einiger Gehirnakrobatik und dem Versuch, die Dogge doch noch irgendwie mit einem Typen in Verbindung zu bringen, gebe ich auf und kontaktiere die Profideuterin, der ich auch von den tatsächlichen Umständen in der Realität berichte (also etwa, dass ich einen Hund, aber keine Dogge besitze, keine Angst vor fremden Vierbeinern habe etc.).

Frau Christa Regenspurger erklärt mir dazu Folgendes: „Ihren Traum sehe ich als Hinweis, dass Freunde in Ihrem Leben wichtig sind und dass Sie für Menschen in Ihrem Umfeld, die älter sind als Sie, offen sein, deren Ratschläge und Weisheiten nutzen und auch ernst nehmen sollten."

Ja, meine Leute sind mir wichtig, allerdings sind fast alle jünger als ich. Doch eine Person fällt mir spontan ein, die bereits über sechzig Jahre auf dem Buckel hat, sehr klug ist und mir tatsächlich oft gute Ratschläge erteilt. Ich nehme mir vor, häufiger auf diesen Freund zu hören.

Mein zweiter Traum ist laut Traumdeutungsbuch so zu interpretieren, dass der Aufzug für eine Wandlung steht, die ich jedoch nicht aus eigenem Antrieb vollziehe. Die Geschwindigkeit wiederum kann angeblich ein Hinweis darauf sein, dass man sich selbst überschätzt und Ansinnen hat, die nicht verwirklichbar sind.

Also mit Sicherheit verändert sich jeder Mensch von Zeit zu Zeit, somit handelt es sich bei dieser Aussage nicht unbedingt um eine Erkenntnis, die einem den Mund offenstehen lässt. Und auch das Faktum, dass man sich hin und wieder etwas wünscht, das so gar nichts mit der Realität zu hat, ist meiner Meinung nach Standard und sogar notwendig, um nicht irgendwann einmal überzuschnappen. Dass beide Deutungen passen, ist für mich jetzt kein echtes Mirakel.

Ein weiteres Mal bitte ich daher die Expertin um ihre

Meinung. Ihre Erklärung für meine unbefriedigende Liftfahrt sieht folgendermaßen aus: „Der Traum zeigt Ihre unerfüllten Wünsche der Vergangenheit. Es ist offensichtlich kein Problem für Sie, dass Sie manche Ziele nicht erreicht haben, aber Ihre Seele hat sich davon noch nicht verabschiedet. Ich sehe diesen Traum als offenes Loslass-Thema."

Es wundert mich ein wenig, dass diese Deutung sich doch in der Nähe der Interpretation aus meinem Buch befindet – nur dass sich die erste auf die Gegenwart, die zweite auf die Vergangenheit bezieht. Aber außer dass ich nicht wunderhübsch, stinkreich und superschlau geworden bin und keinen heißen Typen abbekommen habe, der mir jeden Tag mit nacktem Oberkörper Frühstück ans Bett bringt, sind eigentlich alle meine Wünsche in Erfüllung gegangen. Und mein Ziel Nummer eins, Schriftstellerin zu werden, habe ich erreicht. Aber okay, dann sage ich wohl jetzt leise „Servus" zu Schönheit, finanziellem Wohlstand und Weisheit, lasse endgültig los und bin froh, gesund zu sein. Und auf den knackigen Kerl warte ich noch, man muss sich ja schließlich nicht gleich von jedem Anliegen trennen.

Mein Fazit: Wenn man gerne Träume deutet, kann es durchaus Spaß machen, das unter Zuhilfenahme einschlägiger Literatur zu tun – ganz ernst nehmen sollte man diese Erklärungsversuche allerdings nicht (in etwa so wie das Horoskop in der Tageszeitung). Es ist aber durchaus ratsam, wenn man sich seine Visionen nicht selbst erklären kann (oft ist das ja recht einfach, weil logisch – so wie es niemanden vor eine große geistige Herausforderung stellen wird, wenn er nach dem Konsum eines Horrorfilms von blutrünstigen Menschenschlächtern träumt), einen Profi aufzusuchen. Der kombiniert die reale Situation seines Klienten mit den nächtlichen Vorführungen von dessen Unterbewusstsein mithilfe seiner Kenntnisse und Erfahrungen und kommt zu einem Ergebnis, das relativ fundiert sein sollte. Es ist jedoch darauf zu achten, dass der Experte die Lebensumstände des Ratsuchenden kennt – deutet er ausschließlich die symbolischen Schlafbilder, ohne jeden Realitätsbezug, ist er nicht mehr als eine sprechende Traumfibel.

28. Wünsche ans Universum – ein Auftrag für das Unterbewusstsein

Was sind Wünsche ans Universum?

Wünsche ans Universum sind Imaginationen einer anderen Wirklichkeit, die man sich zum Ziel der Realisierung schafft.

Allerdings sollte man das Wort „Wunsch“ in „bereits erfüllter Auftrag“ umformulieren, da „Bitten an den Himmel“ laut indigenem Wissen nur Bestätigungen eines Mangels und daher Ausdruck einer Unzufriedenheit sind, welche die Götter als Undankbarkeit auslegen könnten.

Das Universum steht bei der Kreation dieses anderen Schicksals, dieser neuen Zukunft, stellvertretend für das eigene Unterbewusstsein, das mit dem festen Glauben an die eigene Macht beeinflusst werden soll, und ist auf diese Weise beim Wechsel in eine andere Realität behilflich. Denn: „Die einzige Konstante im Universum ist die Veränderung“, sagte der griechische Philosoph Heraklit von Ephesus (etwa 540–480 v. Chr.).

Es existieren zahlreiche Regeln und Vorgehensweisen zum Ablauf bei den „Wünschen ans Universum“, zusammengefasst in Ratgebern von unter anderem der deutschen Autorin Bärbel Mohr, die im Jahr 2010 erst 36-jährig an Krebs verstarb. Ihrer Meinung nach sollen lediglich fünf Punkte ausschlaggebend für den Erfolg sein.

Man muss das Gewollte ...

- ... bewusst denken und unbewusst wissen, damit es existent wird. (Man muss im tiefsten Inneren der festen Überzeugung sein, dass etwas wahr ist, damit es tatsächlich wahr wird. Meditation oder auch Hypnose können dabei helfen, den bewussten Gedanken ins Unbewusste zu verschieben und dort als Wissen zu verankern.)
- ... für alle Beteiligten positiv sein lassen. (Das Böse fällt karmisch immer auf die Person zurück, die es bewusst oder unbewusst aussendet.)
- ... klar und eindeutig formulieren und exakt visualisieren. (Da das Unterbewusste alles, was man denkt und/oder ausspricht, wortwörtlich nimmt, muss man auf die genaue Formulierung des Auftrags achten. Zusätzlich sollte im Kopf ein exaktes Bild von der gewollten Situation entstehen.)
- ... als bereits erreichtes Ziel in der Gegenwartsform darstellen. (Nicht „Ich möchte ..." oder „Ich werde ..." in der Zukunft, sondern „Ich habe ..." und „Ich bin ..." jetzt.)
- Man darf den Erfolg niemals bezweifeln!

Woher kommt es, wie hat es sich entwickelt?

Die Idee von einer kosmischen Kraft, mit der wir in Verbindung treten können, gründet auf uralten mythologischen Vorstellungen. Auch einige Märchen profitierten von dem zauberhaften Gedankengut aus der Vergangenheit – so beginnt etwa der „Froschkönig" von den Gebrüdern Grimm mit den Worten: „In den alten Zeiten, wo das Wünschen noch geholfen hat, ..."

Der erste „Beweis" dafür, dass innere Zustände äußere Umstände schaffen, kommt von Gott selbst, der – metaphorisch gesprochen – aufgrund seiner Überzeugung zum Schöpfer unserer Welt wurde.

In der Folge waren über alle Kulturen hinweg fast immer die Himmelswesen für die Wunscherfüllung zuständig – sie schraubten, wenn nötig, sogar an den Naturgesetzen und machten das Unmögliche möglich, wenn der Glaube der Menschen nur stark genug war.

So schwebten bis zum Mittelalter übernatürliche Gestalten wie Geister, Götter und Engel durch Zeit und Raum, um unser Schicksal zu lenken. Erst die Wissenschaft des 17. Jahrhunderts entzauberte den Himmel und vertrieb die kosmischen Lebewesen – das All, das nach den Naturgesetzen mit der Präzision eines Schweizer Uhrwerks funktioniert hatte, war mit einem Mal leer und kalt.

Im 18. Jahrhundert, zur Zeit der Aufklärung, griff der philosophische Pantheismus um sich, der die Auffassung vertrat, das Göttliche sei im Kosmos und in der Natur zu finden. Somit war der „Wunsch ans Universum" wieder auf eine Art Gebet reduziert, wenngleich auch nicht zum „allmächtigen Vater im Himmel".

Seit damals hat der Mensch nie aufgehört, eine Veränderung mithilfe des Glaubens zu bewirken, verlagerte diesen im Laufe der Zeit und des intellektuellen Fortschritts aber mehr und mehr auf die eigene Person – auch wenn er dafür häufig immer noch Metaphern verwendet (etwa „Universum") beziehungsweise andere Menschen zwischenschaltet (beispielsweise „Hexen").

Was können sie konkret bewirken?

Im besten Fall geht der Wunsch ans Universum in Erfüllung – ob das dann dem Universum, dem Glauben an die Macht des eigenen Unterbewusstseins oder schlicht einem Zufall zuzuschreiben ist, muss jeder Mensch für sich selbst entscheiden.

Man sollte jedoch stets vorsichtig sein und bescheiden bleiben, denn „der Feind des Glückes ist der Wunsch" (Verfasser unbekannt, aus „Fliegende Blätter“, erschienen von 1845 bis 1925).

Was können sie nicht, wo liegen ihre Grenzen?

Im schlechtesten Fall geht der Wunsch nicht in Erfüllung – ob das Universum keine Lust hatte, der Glaube an die Macht des eigenen Unterbewusstseins zu schwach war oder einfach kein Zufall eingetreten ist, sei dahingestellt.

Darüber hinaus werden keine Aufträge angenommen, die sich auf andere Lebewesen auf der Erde negativ auswirken oder die ausschließlich auf finanziellen Zugewinn hinauslaufen – mit materiellem Reichtum haben kosmische Energien nämlich nichts am Hut.

Was sagen die Anwender?

Bärbel Mohr beruft sich in ihrem Werk größtenteils auf den 1986 verstorbenen bulgarischen Guru Omraam Mikhaël Aïvanhov, der die Meinung vertrat, dass der Mensch nach dem Bilde Gottes erschaffen wurde und somit ebenfalls erschaffen kann. Man müsse dafür laut Einweihungslehre nur im Besitz des Lichtes sein, das man durch Meditieren, Herbeiwünschen und Visualisieren in sein Innerstes einatmet – am besten bei Sonnenaufgang, wegen der dann besonders starken Verbindung zur Schöpfungsenergie.

Mohr behauptet außerdem: „Bestellungen beim Universum“ ist nur eine andere Formulierung für „Ich erschaffe meine äußere Welt mit meiner inneren Welt“. Das heißt, es funktioniert *nicht*, sich alle möglichen Dinge zu wünschen, weil man den Ist-Zustand unerträglich findet und das Universum soll dann ein neues *Ist* erschaffen, während man seine inneren Zustände so lässt, wie sie sind. Die inneren Zustände *sind* ja die Bestellung ans Universum. Es geht also darum, eine bewusste und klar definierte Absicht zu kreieren.

Was sagt die Wissenschaft?

Die Wünsch-dir-was-Praktik bezieht sich auf nichts Geringeres als auf die Quantenphysik. Die Inspiration dazu lieferten die Filme „What the Bleep Do We (K)now!?“ und „What the Bleep/Down The Rabbit Hole“, die beide folgenden Inhalt haben: Der Urgrund allen Seins sind Geist und Bewusstsein – wir Menschen sind daher Teil einer kosmischen All-Intelligenz, mit der wir kommunizieren können. Dieser Theorie kann die Wissenschaft nicht widersprechen, weshalb die „Bleep“-Filme auch von renommierten Physikern unterstützt wurden.

„Die Forscher müssen endlich begreifen, dass alles im Kosmos miteinander verbunden ist“, fordert etwa Amit Goswami, ehemaliger Physikprofessor an der University of Oregon. „Und das bedeutet, dass alles durch die Kraft der Gedanken radikal verändert werden kann.“ Der Wissenschaftler spricht von einem Energiefeld, von dem das ganze Universum durchzogen sei, und das von jedem Menschen „angezapft“ werden könne.

Von anderen Forschern wird jedoch angemerkt, dass die Wünsche-Mystiker bloß die Erkenntnislücken der modernen Physik genutzt und dort geschickt ihre Theorie platziert sowie den Raum für die entsprechende Kommunikation gefunden haben.

Auch wenn wir Menschen laut vieler kluger Physiker-Köpfe im Universum keine bloßen Beobachter seien, sondern aktiv am kosmischen Geschehen teilnehmen würden, bestreitet die kritische Wissenschaft dennoch, dass wir in der Lage sind, diesen Einfluss bewusst und absichtsvoll auszuüben und daher die Materie in eine gewünschte Richtung zu verändern.

Der Praxistest

GABRIELE HASMANN

Mein Wunsch ans Universum ist ein bescheidener, soll aber ein Geheimnis bleiben.

Zuerst einmal definiere ich mein Anliegen, danach formuliere ich es wie laut der „fünf goldenen Regeln“ erforderlich – also wortwörtlich und so, als wäre die Bestellung bereits eingetroffen. Zusätzlich vergewissere ich mich mittels check, re-check, double-check, dass mein Ansinnen keine negativen Auswirkungen auf irgendein Lebewesen oder auf die Umwelt hat. In einer Anwandlung von schlechtem Gewissen kommt mir zwischendurch der Schmetterlingseffekt in den Sinn ... würde ich mit meinem Experiment die Zukunft verändern? Was, wenn das Schicksal etwas ganz anderes für mich plant, als das, worum ich die kosmische Macht nun ersuchen werde? Würde es dann „Zisch“ machen und ich mich in Luft auflösen, weil ich es gewagt habe, in vorherbestimmte Abläufe einzugreifen? Oder lässt sich da dann ohnehin nichts deichseln, wie in den „Final Destination“-Filmen eindrucksvoll demonstriert?

Andererseits heißt es doch auch: Jeder ist seines Glückes Schmied! Also lasset uns Hufeisen herstellen, denn eine etwas positivere Entwicklung meines Lebens könnte ich gerade ganz gut gebrauchen. Speziell eine davon, die ich mir ja nun im Begriff bin, herbeizuwünschen.

Nachdem ich den Gedanken an die Beeinflussung des Schicksals mit unlauteren Mitteln erfolgreich verdrängt habe, versuche ich mir den Zustand nach erfolgter Lieferung aus dem All bildlich vorzustellen. Ich beantrage außerdem eine kosmische Eilzustellung, da die Erfüllung des Wunsches pressiert.

Besondere Probleme bereiten mir der erste und der letzte Punkt: Man muss das Gewollte bewusst denken und unbewusst wissen, damit es existent wird, und darf niemals daran zweifeln, dass es funktioniert. Leichter gesagt, als getan! Vor allem: Wie weiß ich, ob ich unbewusst etwas weiß? Nun gut, es kommt eben auf den Versuch an.

Mehrmals täglich formuliere und visualisiere ich ab sofort, versuche außerdem, nicht daran zu zweifeln, dass es klappt. Doch obwohl ich sorgsam in der Gegenwart denke, vergeht ein Tag nach dem anderen, ohne dass der Wunsch in Erfüllung geht. Es muss sich dabei um eine Störung im Raum-Zeit-Gefüge handeln ... anders ist es nicht erklärbar. Oder ich habe nicht gewusst, dass ich unbewusst nicht gewusst habe. Fakt ist: Ich lebe bis heute ohne die positive Entwicklung, von der ich dachte, dass der Kosmos dafür zumindest den Stein ins Rollen, wenn schon nicht zur Reife bringt.

Mein Fazit: Man muss wohl wirklich davon überzeugt sein, dass so etwas klappt, damit es tatsächlich funktioniert. Denn nur so kann man offenbar seinen Geist überlisten und in weiterer Folge das Schicksal beeinflussen. Mir ist aber ohnehin wohler bei dem Gedanken, dass alles so kommt, wie es kommen soll, weshalb ich auch weiterhin mein Unterbewusstsein aus meinen Zukunftsplänen heraushalten werde. Aber es kann sich durchaus zu einer netten Zeremonie entwickeln, wenn man sich morgens, oder wann immer man eben Zeit hat, hinsetzt und seinen Wunsch visualisiert – irgendwie rückt seine Erfüllung ja schon alleine durch das Ritual in greifbarere Nähe.

Anhang: Service-Teil

Die Experten sowie weiterführende Infos und Literatur – unsere zusätzlichen Empfehlungen

Viele der Informationen stammen aus Interviews und Gesprächen mit jenen Personen, durch die auch die im Buch beschriebenen Selbsterfahrungen mittels Praxistests möglich waren – diese Spezialisten stellen wir hier mitsamt ihrer Kontaktdaten vor. Außerdem haben wir eine Auswahl an passender Literatur zu allen Methoden bereitgestellt – für den Fall, dass Sie in die eine oder andere tiefer eintauchen möchten.

Astrologie – das Erkennen der archetypischen Kräfte im Menschen anhand der Stellung der Gestirne zum Zeitpunkt seiner Geburt

Romana Hasenöhrl, Astrologin und Autorin; www.astrologie.im

Buchtipp: Claus Riemann: Der tiefe Brunnen. Astrologie und Märchen. Goldmann-Verlag 2006.

Aurareading und -healing – energetisches Farbenspiel mit Tradition

Tobias Vees, Student; Schriftsteller und Auraleser

Buchtipps: Rosa Rosetree: Die Aura erkennen – mit allen Sinnen bei Mensch, Tier und Pflanze – Ihr Vorteil im täglichen Leben. München 2005

Linn Hammer: Die Aurafarben des Menschen – der Energiekörper als Spiegel der Persönlichkeit und unserer Entwicklung. Darmstadt 2013

Bachblüten – alternative feinstoffliche Substanzen, die eine aus der Mitte geratene Seele wieder ins Gleichgewicht bringen sollen
Martin Siegl, Diplom-Energetiker; www.feel-harmony.at
Buchtipp: Dr. Edward Bach: Heile dich selbst. Die 38 Bachblüten. Mit Kommentar und Symptomregister von Ute York. Goldmann-Verlag 1998.

Bäume umarmen – grüne Telegrafen als „Sorgenhotline“ und Seelentröster
Johanna Kothbauer, Alternative Heilerin und Naturkommunikatorin; www.kothbauer.eu
Buchtipps: Doris Laudert: Mythos Baum. Geschichte – Brauchtum – 40 Baumporträts von Ahorn bis Zitrone, Blv Buchverlag 2009.
Markus Berger: Von der Heilkraft der Bäume. Verlag Neue Erde 2008.

Body Talk – dem Körper den Impuls geben, seine Selbstheilungskräfte zu aktivieren
Hildegard Öllerer, CBP (= certified Body Talk Practitioner); bodytalk-salzburg@gmx.at, IBA (= International Body Talk Association); www.bodytalksystem.de
Buchtipp: John Veltheim: Das Body-Talk-System. Heilung durch die innere Weisheit unseres Körpers. Lüchow-Verlag 2007.

Familienaufstellungen – sich selbst verstehen und seinen Platz in einem Gesamtsystem erkennen, um tiefsitzende Muster aufzulösen
Angela Koschier, Management Consultant, Coach und Kinesiologin; www.2coach.me, www.anjo.at
Buchtipp: Thomas Schäfer: Was die Seele krank macht und was sie heilt. Die psychotherapeutische Arbeit Bert Hellingers. Knaur-Verlag 2000.

Feinstoffliche Reinigung von Räumen – den eigenen Lebensraum von schlechten Energien befreien

Ferdinand J. Heindl, Feinstoffliche Reinigung von Räumen und Orten; www.midgards-rauch.com

Feng Shui – mehr Harmonie im Wohnbereich, um die einzelnen Lebensbereiche positiv zu beeinflussen

Karin Wimmeder, Einrichtungsberaterin nach energetischen Kriterien; http://fengshui-salzburg.jimdo.com, www.kunstundraum.at

Buchtipp: Thomas Fröhling/Katrin Martin: Wohnen mit Feng Shui. Bassermann-Verlag 2004.

Fernheilung – Telekommunikation mit den Energien

Klaus Tobisch, Energetiker; KlausTobisch@gmx.net

Buchtipp: Frank Kinslow: Quantenheilung erleben: Wie die Methode konkret funktioniert – in jeder Situation. Vak-Verlag 2013.

Handlinienlesen – Landkarte samt Wegweiser

Margit „Maggie" Böhmer, Hellfühlige und magisch-spirituelle Beraterin; www.hexentruhe.at

Buchtipps: Carmen Schüle: Die Handlesekarten. Die Kunst der Liniendeutung. Silberschnur-Verlag 2006.

Werner Koch: Das Handlese-Handbuch: Eine Anleitung in die spirituelle, psychologische und karmische Praxis des Handlesens. Verlag Windpferd 2003.

Heilsteine – sich die Wirkung von Steinen zunutze machen, um physische wie psychische Probleme zu lindern

Michael Tmej, Lithotherapeut; www.lithotherapie.at

Buchtipp: Werner Kühni/Walter von Holst: Enzyklopädie der Steinheilkunde. AT-Verlag 2009.

Kartomanische Zukunftsperspektive – wahrsagen mit Bube, Dame und König

Christa Regenspurger, Medium und Kartenlegerin; www.regenspurger.at

Buchtipps: Dietmar Bittrich: Das Gummibärchen-Orakel – Sie ziehen fünf Bärchen aus der Tüte. Und wissen alles über Ihre Zukunft! Goldmann-Verlag 2006.

Colette Baron-Reid: Weisheitskarten der Seele. Knaur MensSana 2012.

Kinesiologie – mittels Muskeltest den Verstand austricksen, um Blockaden zum richtigen Zeitpunkt auf die passende Weise zu lösen

Angela Koschier, Management Consultant, Coach und Kinesiologin; www.2coach.me, www.anjo.at

Tipp: www.kinesiologie-online.net/event/content/pid/441/Übungen-für-den-Alltag/index.html

Klangschalen – mit angenehm klingenden, schwingenden Tönen zu mehr Wohlbefinden im hektischen Alltag

Annelies Heller, Energetikerin im Fluss der universellen Energie; www.sheina-kraftderelemente.at

Buchtipp: Peter Hess: Die heilende Kraft der Klangmassage. Entspannen, Stress abbauen, Schmerzen lösen mit Klangschalen. 3. Auflage. Südwest Verlag, 2006.

Kraftorte – Energietankstellen und wie man sie findet

Verband für Radiästhesie und Geobiologie, www.radiaesthesieverband.at/index.php

Buchtipps: Fritz Fenzl: Magische Kraftorte in Österreich. Rosenheimer Verlagshaus 2013.

Gabriele Hasmann/Gerhard Kunze: Das magische Wien. Amalthea-Verlag 2014.

Käthe Bachler: Direktsuche des guten Platzes. Np-Buchverlag 2004.

Magische Rituale – Besiegelung eines Herzenswunsches oder Erfüllung anderer persönlicher Anliegen

Margit „Maggie" Böhmer, Hellfühlige und magisch-spirituelle Beraterin; www.hexentruhe.at

Buchtipp: Margit Böhmer: Meine Hexenrituale: Das Praxisbuch. Heyne HC 2006.

Mondkalender – was nicht in den Sternen steht, weiß der Mond

Buchtipps: Johanna Paungger/Thomas Poppe: Alles erlaubt! Zum richtigen Zeitpunkt – Ernährung und

Körperpflege in Harmonie mit Mond- und Naturrhythmen. Goldmann-Verlag 2007.

Johanna Paungger/Thomas Poppe: Mondkalender. Die Jahresübersichten 2014 – 2024. Mosaik-Verlag 2013.

Mystische Begleiter im Alltag – wachsame Schutzengel und glücksbringende Talismane

Buchtipp: Jana Haas: Schutzengel: Wie uns die himmlischen Begleiter zur Seite stehen. Knaur-TB 2013.

Numerologie – mittels Persönlichkeitsanalyse anhand von Zahlen Lösungen auf Sinnfragen finden und selbstbewusst Entscheidungen treffen

Susanne Josefine Heindl, Numerologin auf Basis der Zahlen 1-22; www.numerologie.at

Marianne Kowarz, Dipl. Familien- und Lebensberaterin und Mediatorin; marianne.kowarz@kabsi.at

Buchtipp: Editha Wüst & Sabine Schieferle: Das große Handbuch der Numerologie. Mit den Zahlen sich selbst erkennen. Verlag Neue Erde 2013.

Pendeln – wenn das Unterbewusstsein Kreise ziehen oder hin- und herschwingen lässt

Margit „Maggie" Böhmer, Hellfühlige und magisch-spirituelle Beraterin;
www.hexentruhe.at

Buchtipps: Dick Hellwich: Erwecke die Pendelkraft in Dir. Artha-Verlag 2004.

Petra Sonnenberg: Das praktische Pendelset für Einsteiger. Verlag Neue Erde 2012.

Reiki – mit der universellen Lebensenergie ausgleichen, entspannen, reaktivieren und heilen

Christine Dreu, Reiki-Meisterin und -Lehrerin; www.reiki-seminare.at/

Buchtipp: Yamaguchi, Tadao: Jikiden Reiki. Traditionelles japanisches Reiki. Windpferd-Verlag 2006.

Rückführung – der Aufzug in die Vergangenheit

Margit „Maggie“ Böhmer, Hellfühlige und magisch-spirituelle Beraterin;
www.hexentruhe.at
Buchtipp: Ursula Demarmels: Wer war ich im Vorleben? Die positive Wirkung spiritueller Rückführungen. Heyne-Verlag 2012.

Schamanismus – spirituelle Reisen in die jenseitige Welt, um sein Krafttier und Antworten zu finden
Dipl. Ing. Hermann Hader, Consultant, Coach, Shaman; http://www.syst-biz.bplaced.net
Buchtipps: Joan Hallifax: Die andere Wirklichkeit der Schamanen. Goldmann-Verlag 1989.
Jeanne Ruland: Krafttiere begleiten dein Leben. Schirner-Verlag 2004.

Schüßler-Salze – Biochemie, die unterstützend bei körperlichen Beschwerden wirken kann
Veronika Ritz, Ernährungsberaterin und Kinesiologin; www.gesundessen.co.at
Buchtipp: Günther H. Heepen: Schüßler-Salze: Das Basisbuch. GU-Ratgeber Gesundheit 2013.

Tarot-Karten legen – im Spiegelbild der Situation oder der eigenen Emotionen lesen, wie der Weg aus der Krise zu finden sein könnte
Annelies Heller, Energetikerin im Fluss der universellen Energie; www.sheina-kraftderelemente.at
Martin Siegl, Diplom-Energetiker; www.feel-harmony.at
Buchtipps: Hajo Banzhaf: Das Arbeitsbuch zum Tarot. Deutscher Bücherbund 1988.
Akron/Hajo Banzhaf: Der Crowley-Tarot. Das Handbuch zu den Karten von Aleister Crowley und Lady Frieda Harris. Kailash 2004.

Theta Healing – die bewusste und positive Neuprogrammierung des Gehirns über das Tor zum Unterbewusstsein
Michael Kurzbauer, Theta Healer und Theta-Healing-Trainer; www.thetahealing-akademie.at

Buchtipp: Vianna Stibal: Theta Healing. Krankheiten und Beschwerden heilen. Allegria im Ullstein-Taschenbuch 2013.

Träume – Projektionen aus den Tiefen der Seele und ihre Deutung
Christa Regenspurger, Medium und Kartenlegerin; www.regenspurger.at
Buchtipp: Klausbernd Vollmer: Das große Praxisbuch der Traumdeutung. Wie man seine Träume verstehen lernt. Verlag Knaur-TB 2011.

Wünsche ans Universum – der Auftrag für das Unterbewusstsein
Buchtipp: Bärbel Mohr: Bestellungen beim Universum. Ein Handbuch zur Wunscherfüllung. Omega-Verlag 2004.

Quellenverzeichnis

Bücher

Edward Bach: Heile dich selbst. Die 38 Bachblüten. Mit Kommentar und Symptomregister von Ute York. Goldmann-Verlag 1998.
Hajo Banzhaf: Tarot und die Reise des Helden. Hugendubel 1997.
Brandon Bays: The Journey. Der Highway zur Seele. Ullstein-Verlag 2004.
Thomas Feichtinger: Schüßler-Mini-Guide. FST-Verlag 2013.
Thomas Fröhling/Katrin Martin: Wohnen mit Feng Shui. Bassermann-Verlag 2004.
Gabriele Hasmann: Hexen, Heiler und Dämonen, Ueberreuter-Verlag 2010.
Bärbel Mohr: Bestellungen beim Universum. Ein Handbuch zur Wunscherfüllung. Omega-Verlag 2004.

Christian Scherl: Nomen est Omen? In: Wellness-Magazin, Dezember 2010.
Vianna Stibal: Theta Healing. Krankheiten und Beschwerden heilen. Allegria im Ullstein-Taschenbuch 2013.
Yamaguchi, Tadao: Jikiden Reiki. Traditionelles japanisches Reiki. Windpferd-Verlag 2006.
Eva Tillmetz: Familienaufstellungen. Sich selbst verstehen – die eigenen Wurzeln entdecken. Kreuz-Verlag 2001.
John Veltheim: Das Body-Talk-System. Heilung durch die innere Weisheit unseres Körpers. Lüchow-Verlag 2007.

Internetquellen

http://astral.lichtnetz.eu.org/aura/aurafarben2.htm
http://de.wikipedia.org
http://derstandard.at/1363710549782/Wasseradern-Eine-Erfindung-der-Wuenschelrutengeher
http://mondkalender.mo.funpic.de
http://science.orf.at/stories/1684703
http://scienceblogs.de/astrodicticum-simplex/2008/05/23/vom-richtigen-zeitpunkt-esoterischer-unsinn-uber-den-mond/
www. tarot.de
www.3in1concepts.at
www.astro.com
www.augsburger-allgemeine.de/wissenschaft/Gluecksbringer-koennen-tatsaechlich-helfen-id8325311.html
www.aura-reading.at/aura-auraanalyse.html
www.bachblueteninformation.at
www.baerbelmohr.de
www.bodytalksystem.de
www.bretten.de/cms/node/566
www.christliche-reinkarnation.com/Ruckfuhrung.htm
www.dgh-ev.de
www.domig.net/www.domig.net/Rauchern.html
www.energiewohlklang.at/angebot/aurareinigung
www.engelundelfen.com/index.php/kraft-der-baeume
www.fremdwort.de
www.geistertrommel.de/trommel/gesaenge.html
www.gesundheitlicheaufklaerung.de

www.gesundheitspower.de
www.gwup.org/component/content/article/104-aberglaube/64-mondglaube
www.gwup.org/infos/themen-nach-gebiet/853-orakel-techniken?catid=107%3Asonstige-themen
www.hand-lesen.ch/93/Handlesen/kl._Handleselehrgang.html
www.handleser.org
www.heidemarie-wolf.at/Behandlungen/Klangschalentherapie.htm
www.heilende-blueten.de
www.ibaglobalhealing.com
www.innereharmonie.at
www.kinesiologie.at
www.kinesiologie-oebk.at
www.klangschalentherapie.net
www.lichtinfo.net/aura-soma/einleitung.shtml
www.lichtkreis.at/html/Wissenswelten/Pendeln/pendeln.htm
www.lithotherapie.at
www.mara-thoene.de/html/mythos_der_baume.html
www.numerologie.in
www.peter-hess-institut.de
www.pm-magazin.de/a/w%C3%BCnsche-das-universum
www.pm-magazin.de/r/mensch/das-geheimnis-der-schutzengel
www.psp-tao.de/spiritualitaet
www.realpeacework-akademie.info/sofia/German/D_BessereWelt/DiverseSchriften/Haziel-Die72Engel.pdf
www.reiki-info.at/index.html
www.reiki-seminare.at
www.relinfo.ch/aura/fotografietxt.html
www.schuessler-salze-verzeichnis.de
www.tagesspiegel.de/weltspiegel/archaeologe-jesus-starb-nicht-am-kreuz-sondern-an-einer-baumgabel/9765568.html
www.textatelier.com/index.php?id=3&link=505
www.thetahealing.com
www.touch-for-health.at
www.traumdeutung-traumsymbole.de
www.u-mildenberger.de
www.vollmond.info
www.wegeinslicht.net
www.werner-giessing.de/html/handlesen.html
www.woman.at/mondkalender

Gabriele Hasmann, Pamela Obermaier

Seitensprung

Treuetester decken auf

Schiebt Ihr Partner unerklärlich häufig Überstunden? Hört man bei Anrufen immer öfter „falsch verbunden"? Verhält sich Ihr Mann plötzlich sonderbar? Würden Sie jeden Eid auf seine Treue schwören?

In spannenden Episoden erzählen Treuetesterinnen, wie es um die Treue von gebundenen Männern und Frauen steht. Diese Lockvögel ködern mit heißen Flirts und überprüfen mit raffinierten Annäherungsversuchen, ob die untreue-verdächtige Testperson den Verlockungen widersteht. Auftraggeber und getestete Opfer lassen die Leser an ihrer Perspektive teilnehmen und schildern, wie es ihnen ergangen ist.

Pures Lesevergnügen, das die eigene Wahrnehmung schärft und vielleicht Alarmglocken zum Läuten bringt oder aber das Vertrauen in die eigene Beziehung stärkt.

GOLDEGG VERLAG

Hardcover ca. 320 Seiten
(erscheint Früjhar 2013)
Format 13,5x21,5cm
ISBN: 978-3-902903-12-9

Preis: 19,95 €

Bestellen Sie unter +43 (0) 1 505 43 76-30 oder per Fax: +43 (0) 1 505 43 76-20 oder unter verlag@goldegg-verlag.com

Gabriele Hasmann & Claudia Böhm

Warum Schokolade nicht glücklich macht ...

... Schadenfreude aber schon

Was Sie glauben, aber nie hinterfragt haben: Schokolade macht glücklich? Als unverzichtbarer Seelentröster bei Liebeskummer gilt Schokolade. Aber machen uns die Inhaltsstoffe wirklich glücklich? Kann ein Trompetenspieler tatsächlich nicht mehr weiterspielen, wenn jemand vor seinen Augen in eine Zitrone beißt? Werden Stiere aggressiv, wenn sie Rot sehen? Parken Frauen schlechter ein als Männer?

Pseudoweisheiten, die sich in unserer Welt bereits einen Platz erobert haben, sind schwer zu widerlegen. Wenn Sie wissen möchten, was wirklich dahinter steckt, liefert dieses Buch Ihnen zahlreiche fundierte Argumente für Diskussionen und unterhaltsame Storys!

GOLDEGG VERLAG

Hardcover 304 Seiten
Format 13,5 x 21,5cm
ISBN: 978-3-902903-75-4

Preis: 19,95 €

Bestellen Sie unter +43 (0) 1 505 43 76-30 oder per Fax: +43 (0) 1 505 43 76-20 oder unter verlag@goldegg-verlag.com

Gabriele Hasmann

Das Böse-Frauen-Buch

Lieber rotzfrech als kreuzbrav

Schluss mit Bravsein! Dieses Buch wendet sich an Frauen, die es satt haben, auf ihre eigenen Kosten immer nur nett zu sein.

Mädchen sind hübsch, süß, gepflegt und stets freundlich, lieb und höflich. Diese von klein auf gepflogene Erwartungshaltung kann zur Folge haben, dass erwachsene Frauen unfähig sind, zu sagen, was sie wirklich empfinden und ihre wahren Gefühle unterdrücken.

Die ironischen, teilweise sogar bösen und zynischen Geschichten sollen ihnen auf ungewöhnliche Weise dabei helfen, umzudenken und ihr Leben zu ändern. Ab sofort sind alle Gedanken erlaubt, auch wenn sie gänzlich frauenuntypisch und „politisch unkorrekt" sind.

Ein angriffiges, schonungslos offenes und freches Frauenbuch von Gabriele Hasmann!

GOLDEGG VERLAG

Hardcover 320 Seiten
Format 13,5x21,5cm
ISBN: 978-3-902729-82-8

Preis: 22,00 €

Bestellen Sie unter +43 (0) 1 505 43 76-30 oder per Fax: +43 (0) 1 505 43 76-20 oder unter verlag@goldegg-verlag.com

Univ.-Prof. DDr. Helmut Retzl

Unheilbar gibt es nicht

Das Selbsthilfeprogramm für Krisenfälle

„Ein paar Jahre werden Sie schon noch leben!" – wie der Autor mit dieser Diagnose umging

Im Alter von 26 Jahren wurde Helmut Retzl mit einer schockierenden Diagnose konfrontiert, die ihn aus seinen Lebensträumen riss: ein schwerer Fall von Multipler Sklerose – keine Chance auf Heilung und nur mehr wenig Lebenszeit. So wurde Helmut Retzl zum ersten Mal mit dem Phänomen „unheilbar" konfrontiert. Heute ist der Autor 57 und fühlt sich wie neugeboren.

Der Autor ermutigt andere, ihr Schicksal auch bei deprimierenden Diagnosen selbst in die Hand zu nehmen. Er entwickelte die 7 Lebensprinzipien der Lebensqualität, die zahlreichen Menschen geholfen haben, mit ihren Krankheiten und Krisen umzugehen.

GOLDEGG
VERLAG

Hardcover ca. 320 Seiten
Format 13,5x21,5cm
ISBN: 978-3-902903-78-5

Preis: 19,^{95} €

estellen Sie unter +43 (0) 1 505 43 76-30 oder per Fax: +43 (0) 1 505 43 76-20 oder unter verlag@goldegg-verlag.com

Peter Riese

Einmal sterben und zurück

Die wahre Geschichte eines medizinischen Wunders

Nach einem Herzstillstand war Peter Riese tot. Eine der Hauptarterien seines Herzens ist bis heute auf einer Länge von fünf Zentimetern vollständig verschlossen. Doch sein Körper brachte das Wunder zustande, sich selbst neue Adern wachsen zu lassen, die ihm das Leben gerettet haben. Nach 20 Minuten ohne Leben erwachte Peter Riese neu.

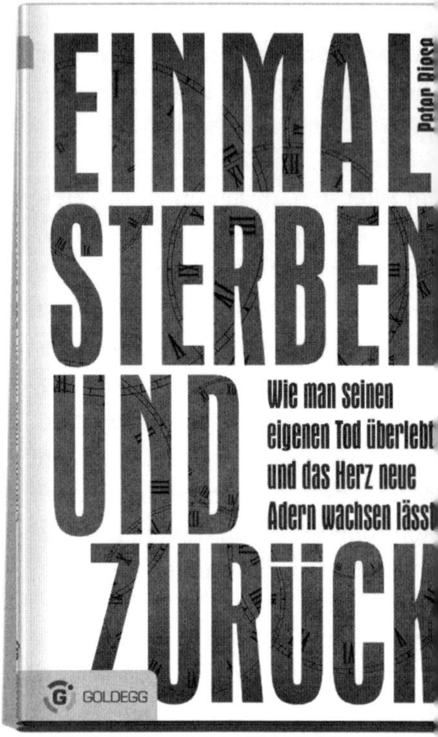

Voller Selbstironie erzählt der Autor von seinem psychischen und physischen Überleben nach einem langen Blick ins Jenseits. Er berichtet von seinem Leben vor und nach dem Herzinfarkt, von seltsamen Behandlungen und von Erlebnissen mit einem „dunklen Begleiter", der nun an seiner Seite ist.

Seine Erfahrungen machen anderen Menschen Mut, sich dem Leben zu stellen und trotz Krankheit neue Ziele ins Auge zu fassen. Peter Riese selbst bereitet sich derzeit auf seinen ersten Marathonlauf vor ...

GOLDEGG VERLAG

Hardcover 252 Seiten
Format 23x23cm
ISBN: 978-3-902991-06-5

Preis: 19,95 €

Bestellen Sie unter +43 (0) 1 505 43 76-30 oder per Fax: +43 (0) 1 505 43 76-20 oder unter verlag@goldegg-verlag.com

Claudia Kloihofer

Signale des Körpers

Wie Sie besser leben, wenn Sie Ihrer inneren Stimme vertrauen

Unser Körper sendet uns unermüdlich Signale. Er ruft deutlich „Stopp!", wenn unser Leben eine falsche Richtung nimmt.

Doch die Show muss weitergehen. Wir ignorieren Warnzeichen wie Nervosität, Gereiztheit, Bluthochdruck, Schlafstörungen, Allergien, Herzrasen, Kopfschmerzen oder Stresssymptome und die leise innere Stimme, die uns sagt, dass sich etwas ändern muss. So lange, bis es zu spät ist.

Ein schwerer Unfall reißt Claudia aus ihrem gewohnten Leben. Erst im Nachhinein erkennt sie, dass ihr Blackout vermeidbar gewesen wäre, wenn sie die Signale ihres Körpers beachtet hätte.

GOLDEGG VERLAG

Hardcover 272 Seiten
Format 13,5x21,5cm
ISBN: 978-3-902903-76-1

Preis: 19,95 €

estellen Sie unter +43 (0) 1 505 43 76-30 oder per Fax: +43 (0) 1 505 43 76-20 oder unter verlag@goldegg-verlag.com

Beate Handler

Meine magische Persönlichkeit

Persönlichkeitsanalyse mit der Erdgeistchen-Methode

Wie bin ich – und warum? Sind wir uns nicht oft selbst ein Rätsel? Seit jeher sind Menschen auf der Suche nach ihrer Identität.

Dieses Buch bietet Ihnen etwas Besonderes: Es kombiniert fundiertes psychologisches Wissen mit einer fabelhaften magischen Welt.

Es führt Sie auf eine spannende Reise zu sich selbst, auf der Suche nach dem Geheimnis Ihrer Persönlichkeit.

Kehren Sie zurück in die magische Phase Ihrer Kindheit, geben Sie Fantasie und Kreativität Platz in Ihrem Leben und erfahren Sie auf unterhaltsame Weise mehr über Ihre Schwächen und Stärken und nehmen Sie Kontakt zu Ihrem „persönlichen" Erdgeistchen auf.

GOLDEGG VERLAG

br, 224 Seiten, bunt illustriert
Format 16,5 x 23,5 cm
ISBN: 978-3-901880-91-9

Preis: 19,[80] €

Bestellen Sie unter +43 (0) 1 505 43 76-30 oder per Fax: +43 (0) 1 505 43 76-20 oder unter verlag@goldegg-verlag.com

Angelika Kail

Auf Samtpfoten zum Lebensglück

Leben wie eine Katze

Leben wie eine Katze, selbstbestimmt und frei – wer möchte das nicht?

Katzen sind geheimnisvoll, sanft, wild, genießerisch, unberechenbar und leben instinktiv nach den Kriterien der modernen Glücksforschung.

Katzen können uns als Vorbild für ein glückliches und zufriedenes Leben dienen. Sie leben uns vor, wie man scheinbar unvereinbare Charakterzüge in sich vereint – Freiheit und Unabhängigkeit mit Verbundenheit und Nähe oder starker Wille und zielorientiertheit mit Hingabe und Genussfähigkeit.

Die Katze lebt alles, was sie ist, gibt sich bedingungslos dem Leben hin und lässt uns erahnen, wie auch wir richtig glücklich sein können!

GOLDEGG VERLAG

Hardcover 208 Seiten
Format 13,5x21,5cm
ISBN: 978-3-902729-29-3

Preis: 19,80 €

Bestellen Sie unter +43 (0) 1 505 43 76-30 oder per Fax: +43 (0) 1 505 43 76-20 oder unter verlag@goldegg-verlag.com

Charlotte Mitsch

Psychisch fit wie nie zuvor

Wie Menschen es schaffen, sich selbst und ihr Leben zu verändern

Perfektionismus, die Unmöglichkeit „Nein" sagen zu können, Ängste, Krisen, das Gefühl, vom Alltag überrollt zu werden – all das belastet viele Menschen. Ein Neuanfang ist schwer.

In diesem Buch kommen jene Menschen zu Wort, die es geschafft haben, sich selbst und ihr Leben zu verändern.

Ein unterhaltsamer Mix an bunten Erfahrungsberichten, begleitet von fundiertem psychologischen Wissen der Autorin, bietet verschiedene Problemlösungsstrategien und die Chance, einen Weg zu finden, glücklich, zufrieden und im Einklang mit dem eigenen Ich zu leben.

GOLDEGG VERLAG

Hardcover 304 Seiten
Format 13,5x21,5cm
ISBN: 978-3-902903-72-3

Preis: 19,95 €

Bestellen Sie unter +43 (0) 1 505 43 76-30 oder per Fax: +43 (0) 1 505 43 76-20 oder unter verlag@goldegg-verlag.com